Reginald Rudorf · Nie wieder links

Reginald Rudorf

# Nie wieder links

## Eine deutsche Reportage

Ullstein

Umschlagentwurf: Maria Rudorf


Gesamtherstellung: Ebner Ulm
Printed in Germany 1990
ISBN 3 550 06591 4

CIP-Titelaufnahme der Deutschen Bibliothek

*Rudorf, Reginald:*
Nie wieder links: eine deutsche Reportage /
Reginald Rudorf. – Frankfurt/M; Berlin: Ullstein, 1990
ISBN 3-550-06591-4

# Inhalt

# I
# My Old Flame

## Was einen so prägt:
## Wie ich Kommunist werde
## und Jazz-Fan bleibe

## *My Old Flame*

1929 geboren. Das Jahr des Crash, der großen Wirtschaftskrise. 1935 Pimpf. Jungvolk in Leipzig. Sehe Adolf Hitler. Geländespiele. Dann HJ. Krieg. Siegreicher Vormarsch der Wehrmacht an allen Fronten. Der Luftkrieg kommt zu uns. Bomben. Tote. Siegreicher Rückzug der Wehrmacht an allen Fronten. Mein Vater berichtet von Judenmorden im ukrainischen Uman. Erste Zweifel. 1944. Die Gestapo verhaftet mich. 1945. Eine Bombe vernichtet unser Haus. Wir kommen lebend aus den Trümmern. Ende.

Die Amis kommen. Die Amis gehen. Die Russen kommen. Der Iwan bleibt. Leipzig. Thomasschule. Karl-Marx-Universität. Der Marxismus fasziniert mich.

1948: Ich werde aus Überzeugung Mitglied der SED. Studiere Marxismus-Leninismus, absolviere mit Bravour.

Lerne Leipzigs Literaturpapst Professor Hans Mayer kennen. Durch die Freundschaft mit ihm kommen wieder Zweifel – diesmal am Kommunismus. Die Partei rügt mein Hobby Jazz. Erste Kräche mit den Kommunisten. Werde in SED-Zeitungen als »Aufweichler« und »Titoist« angegriffen. Wechselbäder. Werde aus der SED ausgeschlossen. Nach einem Jahr rehabilitiert.

Ende 1956 überfällt mich während eines Vortrages im Leipziger Kirow-Klubhaus eine Schlägergang der SED. Mir gelingt die Flucht nach Frankfurt am Main. Aber, offenbar im Wahn der eigenen Unverwundbarkeit, fahre ich zurück nach Leipzig. Werde am selben Tag von der Stasi verhaftet. An Ketten gelegt. Komme als Sträfling ins Steinbruch-KZ Röcknitz, später ins Zuchthaus Waldheim. Schließlich die Endstation, die »Bremen«, das berüchtigste Zellenhaus der DDR.

Nach Entlassung 1959 in den Westen geflohen und mit Erstaunen registriert, daß die SED in intellektuellen Salons hier mehr Freunde hatte als drüben.

In den marxomanischen Zirkeln der Bundesrepublik war die DDR irgendwie immer in. Und out war, wer dieses Land weder als deutsch noch demokratisch oder gar Republik erkannte.

*Deutsche Zeitung, FAZ, Abendpost, Frankfurter Rundschau, Welt, Bild* waren die journalistischen Stationen; schließlich selbständig, Herausgeber des Mediendienstes *rundy*, in welchem ich die Medienlinke im Lande unter die Lupe nehme.

Ich lerne Max Grundig kennen, der mir wirtschaftlich-politische Zusammenhänge erklärt, die mir so bislang unbekannt waren. Schließlich der Zusammenbruch des kommunistischen Ostens. Ich reise nach drei Jahrzehnten Abwesenheit von Februar 1990 bis zum 14. Juno 7000 Kilometer durch die DDR, die verwahrloste Republik.

Bilanz. NIE WIEDER LINKS.

Aber das war nicht alles. Sicher haben meine zahllosen Leipziger Gespräche mit Hans Mayer die latente »Rechtsverschiebung« meines marxistischen Weltbildes eingeleitet. Wichtiger aber ist eigentlich, warum ich den Versuchungen des Kommunismus letztlich nicht erlag. Das können nicht allein Gespräche und Herkunft bewirkt haben. Da war noch etwas anderes. Ich will das so beschreiben:

DIE BLACKOUT-BAND von *Spike Jones and his City-Slickers* ist für klassisch genormte Altohren die pure Kakophonie.

Aber als ich Spikes' Evergreen *My Old Flame* irgendwann in den frühen Fünfzigern hörte, machte es klick.

Ich spürte: Das ist der kulturelle Kontrapunkt, auf den ich mich verstehe. Spike spielte so, wie ich fühlte. Amerikas famoseste Gagkapelle aller Zeiten war für mich so etwas wie das Eintrittsbillett ins 20. Jahrhundert. Als ich 1972 in New York Frank Zappa bei *Sardi's* nach seinem musischen Ziehvater fragte, kam die Antwort wie aus der Pistole geschossen: »Spike Jones.« Ich war darüber glücklich, daß der damals als »absoluter Avantgardist« (*Time*) gepriesene »King of Rock« (*L. A. Times*) ausgerechnet mein Idol Spike Jones auch als seines sah.

»Spike«, so Zappa, »hat ja Amerika nicht nur auf die Schippe genommen, sondern ein Lebensgefühl verbreitet, das ich als die pure Antiideologie bezeichne. Spike war so was wie das vertonte Hip Amerikas, der Gag, der sich selbst verspottet. Spike hat alles und alle relativiert. Aber eben nicht nachtragend ernsthaft, sondern aktuell lachhaft.«

Zappa hatte recht: Die pure Antiideologie. Vielleicht war's das.

*My old Flame* – diese typisch amerikanische Superschnulze knöpfte sich Spike Jones vor und pervertierte sie persiflierend zur Endlösung des dreimal aufgestrichenen Soundschmalzes: Ein Crooner greint . . . »Meiiiiii Ouuuld Flääääiiime«, Scheuerleisten schluchzen unisono. Die Träne schickt sich an zu tropfen. Doch ehe sie quillt, explodiert der Blechsatz in heißer Messingorgie, daß Fräcke flattern und Dekolletés platzen. Ich wußte, ahnte, spürte oder was weiß ich was: Genau das ist es. Bach ist tot. Was der Jazz vom Thomaskantor übriggelassen hatte, beseitigte Spike mit links. Auch das gespreizte Feuilleton-Gesäusel, Bach wäre mit seinen polyphonen Kunstgriffen der erste verkannte Jazzer gewesen, ein im Grunde akustisch Untoter, barockisierender Zombie-Pionier, brachte nichts. Es war alles anders. Und Bach tot.

Er blieb zwar unter den klassisch Toten stets der edelste Vorzeigetote. Aber tot ist tot. Spike Jones ist mittlerweile auch gestorben, und den Jazz empfinden die Kids heute als Opagetöse von vorvorgestern. Alles richtig.

Nur: Spike Jones, die offizielle Verhohnepipelung des American Way Of Drive, hatte bestätigt, daß meine durch die Hotmusic bewirkte Abkoppelung von allem, was, zumal hierzulande, als vermeintliche Klassik und Kultur gehandelt wird, nicht falsch war.

Ich habe mich daher auch nie an den permanenten Umbettungen der Kulturtoten beteiligt, für die nahezu alle besseren Blätter ganze Friedhöfe angelegt haben.

Ich unterlag, armstronggefeit und goodmangesichert, nie den Versuchungen der subventionierten Hochkultur.

Ich sehe mich heute im Lager des politischen Konservatismus. Der Jazz begleitet mich durch Rock & Rap. Ich sah jüngst die

Stones, liebe die Beach Boys, mag Michael Jackson. Höre Heavy Metal – mein Jazz hat sich in die Rockmoderne gerettet und gemausert.

Also ist konservativ nicht, wer stehenbleibt. Mein Konservatismus bezieht sich auf Wertvorstellungen, die gleichermaßen vom klassischen Humanismus, sozialer Marktwirtschaft, dem letzten Schrei des Papperla-Pop und dem aktuellen Stand von Technik und wissenschaftlicher Erkenntnis bestimmt sind.

Ich begreife diese Werte allerdings nicht als unverrückbare Konstanten, die Denkmälern gleich, den Veränderungen der Geschichte widerstehen.

Ich sehe diese Werte als höchst bewegliche und bewegte Meßinstrumente, die, bedingt durch die Permanenz der Veränderung aller Dinge, ständig überprüft und neu justiert werden müssen. Viele meiner konservativen Freunde haben diese Fähigkeit und Beweglichkeit, zur Überprüfung der vermeintlichen Konstanten nie erlernt. Sie justieren nicht um.

Deshalb habe ich auch nie den Weg zur Union gefunden. Nie den zur FDP. Dort herrscht oft noch jener Konservatismus vor, der unser Denken aus der Unmittelbarkeit unserer Zeit verbannt, genauso wie auch bei denen, die ich verlassen hatte – bei den Linken. Auch deren fatale ideologische Rezeptur bestand immer darin, das Denken in eine unerlebte Vergangenheit zurückzuschicken. Oder auf ein rosarotes Übermorgen, das nie stattfindet, zu vertrösten.

In Deutschland gibt es eben Linien zwischen rechts und links, die gar nicht so amüsant sind, wie sich das hier anhört.

# II

## Prügel für den Judenstrick

### Die Nazizeit: Hitler aus Braunau, Bomben aus Engelland

## *Prügel für den Judenstrick*

11. August 1929. Ich werde in Hamburg geboren. Doch haben mich weder Hamburg noch Erfurt, erste Stadt-Stationen meines Lebens, geprägt – und auch heute läßt mich Hamburg merkwürdig kalt.

Leipzig war die Stadt, die mich nachhaltig beeindruckte, mein Lebensgefühl bestimmte. Ich habe das bei meinen Besuchen 1990 – nach über dreißig Jahren erzwungener Abwesenheit – deutlich gespürt. Die hanseatische Mentalität kommt nicht mit der Leipziger auf einen Nenner. Ich meine, Leipzig gehört zum deutschen Süden – Verwandtschaftliches fand ich auch in Frankfurt, der ersten und lange Jahre währenden Station nach meiner Flucht aus Ulbrichts gar nicht deutscher Sowjetrepublik.

Aber in Hamburg begann mein Leben. 1929. Mein Vater versuchte sich in der großen Wirtschaftskrise ausgerechnet mit dem Verkauf von landwirtschaftlichen Traktoren über Wasser zu halten. Meine Mutter stand abends am Fenster und hoffte, daß ihr Mann ohne Traktor wieder nach Hause kommen würde. Er kehrte aber immer mit dem Traktor zurück. Kurz: Über der Karriere meiner Eltern standen damals in der Hansestadt schlechte Sterne. Wir zogen um – nach Erfurt. Hier kommen erste Erinnerungen auf. In einem modernen Mietshaus in der Tannhäuserstraße hatte ich ein kleines, schmales Kinderzimmer mit einer merkwürdigen Lampe aus gefaltetem Glas. Wenn der Bruder meiner Mutter, Onkel Heini, mit seinen zwei Metern Lebendgröße in mein Zimmer kam, stieß er regelmäßig an die komische Glaskugel. Das ist überhaupt die erste Erinnerung, die ich habe: Onkel Heini und die Lampe. Im Haus soll ich durch Geschichtenerzählen aufgefallen sein. Wenn ich vom Brötchenholen zurückkam, plauderte ich aus voller Überzeugung, gerade einem leibhaftigen Löwen begegnet zu sein, den ich jedoch mühelos durch Anherrschen verscheucht hätte. Meine Mutter erinnert sich, daß ich ... »immer derartige Lügengeschichten« auf Lager gehabt hätte, die mich gleichsam von Kindesbeinen an zum Journalisten prädestiniert hätten. Mütter! Da ich bei meinen Eltern mit diesen Geschichten keinen Erfolg hatte, habe ich sie Onkel Großkopf im Parterre erzählt, einem geduldigen Zuhörer, bei dem ich später in Erfurt oft meine Sommerferien verlebte. Erinnerung zwei, es muß 1933 gewesen sein, beinhaltet, daß stets zur Mittagszeit ein Zeppelin über Erfurt flog, den ich aus meinem Handtuchzimmer staunend beobachten konnte. Dieser Eindruck muß so stark gewesen sein, daß er vielleicht die psychologische Geschäftsgrundlage für meinen Flugzeug-Fanatismus war. Sobald ich den Zeppelin sah, brüllte ich vor Begeisterung. Auch der Erfurter Bahnhof – vor dem später Willy Brandt das erste gesamtdeutsche Szenario mit Stasi-Begleitung absolvierte – faszinierte mich. Lokomotiven, die Lokschen, und Omnibusse, Straßenbahnen, alles, was nach Technik aussah, war meiner ungeteilten Zuneigung sicher.

Mein Vater kam zu Siemens/Erfurt. Wir zogen in die Herderstraße um, ein Betuchtenquartier mit schönen Villen, direkt am Erfurter Wald, dem Steiger. In der Villa wohnten oben zwei ältere distinguierte Damen – Fräulein Oberberger, Gesellschafterin irgendeines Unternehmens, und Frau Natusius. Wir hatten die ganze untere Etage, dazu einen schönen Garten mit Tischtennisplatte. Mein Freund war Günther, dessen Vater, ein Arzt, schräg gegenüber wohnte. Günther war Jude – ich wußte nicht, was das war, aber er war Jude, und es wurde einfach erwähnt. Man schwieg dann immer etwas betreten – aber mehr war nicht. Jude. Für mich war Günther mein erster Spielkamerad. Ich habe nach dem Krieg nach einer Spur von Günther gesucht – ich fand keine mehr.

Mein Vater trat damals dem NSKK bei, dem NS-Kraftfahrer-Korps. Wenn mein Vater mit seinen NSKK-Freunden im Garten zusammensaß und Bier getrunken wurde, dann hieß es, daß das Kürzel NSKK für »Nur Säufer, keine Kämpfer« stünde. Ich weiß nur, daß die Leute von Siemens und vom NSKK sehr lustig waren – Politik spielte kaum eine Rolle, und wenn, dann eher in Form ironischer Kommentare. Abends trafen sich meine Eltern regelmäßig im Café Horst Kohl auf Erfurts Prachtstraße Anger, die auch jetzt wieder Mittelpunkt der aufstrebenden thüringischen Metropole nach Honeckers Ende sein wird.

Ich war fünf, als wir von Erfurt wegzogen. Mein Vater wurde Vertriebschef von Siemens/Leipzig, und wir zogen in der Großgörschenstraße ein, direkt an der prächtigen, breiten Straße des 18. Oktober, der großen repräsentativen Messeallee der sächsischen Industriestadt. Das NSKK war vergessen. Der NSDAP trat mein Vater nie bei.

Eine meiner ersten politischen Wahrnehmungen war, daß im Siemens-Büro meines Vaters in der Leipziger Schützenstraße viele seiner Kollegen Bonbons trugen, Parteiabzeichen. Auf meine Frage, warum, lachten die Herrschaften und erklärten, das sei reine Formsache.

Hitlers Herrschaft war für mich nicht als Diktatur zu spüren. Ich glaube, auch für die meisten anderen nicht. Im Gegenteil. Meine ersten Erinnerungen an Leipzig sind die an eine aufblühende Stadt, an Reichtum, viele schöne Autos, zufriedene Leute – es gab alles.

Der Augustusplatz – der spätere Karl-Marx-Platz, von dem aus Honeckers Regime gestürzt wurde –, dieser Riesenplatz war eine Augenweide und für die Bildung eines kosmopolitischen Lebensgefühls wie geschaffen – so groß, so prachtvoll der Brunnen, die alte Universitätskirche, die beiden den Platz umsäumenden Hochhäuser. Die turbulente Petersstraße mit ihren Luxusgeschäften, die enge, emsige Hainstraße, die Grimmaische. Die Kinos, das *Astoria* in der Windmühlenstraße, die *Lichtburg*, das *Filmeck*, das *Capitol* mit Erich Neumann an der Kinoorgel. Das *Gloria*, wo ich später – 1941 – mit Oma Rühmanns legendären *Quax, der Bruchpilot* sah, erster Slapstickversuch des deutschen Kintopps, der den Krieg für Stunden vergessen ließ und mir neben Billy Wilders *Manche mögen's heiß* als beste Filmkomödie gilt. Der klotzige Hauptbahnhof, der größte Europas. Dahinter der Europa-Schornstein, auch der größte Europas. Die russische Kirche, deren goldene Pracht noch heute besticht, die Deutsche Bücherei, das Messegelände, der Ring um die Innenstadt, das dominierende Neue Rathaus auf dem Torso der alten Pleißenburg, das wunderschöne Alte Rathaus.

Ich fühlte mich pudelwohl, wenn meine Eltern mit mir ins *Café Felsche* gingen, direkt Ecke Grimmaische/Augustusplatz. Dort traf sich die Bourgeoisie der Stadt, livrierte Kellner liefen ständig mit einer Tafel herum, auf der irgendein Herr Direktor oder Herr Doktor Soundso zum Telefon gebeten wurde. Adrett gedreßte Zigarettenfräuleins verkauften elegant verpackte Glimmstengel – mein Vater rauchte R6 und Eckstein, beide mit kleinen Sammlerscheinen versehen, für die man dann Albumbilder beziehen konnte. Im Park zwischen Königs- und Augustusplatz lag das *Pavillon*, ein gläserner Rundbau, in dem zu Softswing getanzt und geschnäpselt wurde. Das war natürlich das absolute Nonplusultra für einen Schulbuben, wenn er mit Muttern zusammen ins *Pavillon* gehen konnte. Mein Vater hatte einen Freund namens Kronenwert, der Geschäftsführer im Nachtclub *Eden* auf der Windmühlenstraße war. Dort mit den Eltern an einem reservierten Tisch zu sitzen und grüne Limonade mit dem Strohhalm zu schlürfen, das war einer der ganz großen Höhepunkte in den gesammelten ersten Eindrücken meines Leipziger Volksschuldaseins.

## *Gurkenschill & Schlamperbein*

Ich ging in die 9. Volksschule in der Nürnberger Straße, und deren Einzugsgebiet war so eine Art Kontrastprogramm zu *Felsche, Pavillon* und *Eden* und eben dem feinen Leben, das meine Eltern führten.

Die »Neunte« stand nämlich mitten im proletarischen Zentrum Leipzigs, zwischen Brüderstraße und Seepiepe, der Seeburgstraße, dem absoluten Nullpunkt der Stadt. Hier wohnten Arme und Asoziale. Hier guckten meine Schulkameraden immer recht neidvoll, wenn mein Vater mich mit unserem DKW-

Reichsklasse an der Schule auslud. Ein Auto war für die allermeisten in der »Neunten« ein Traum.

Leipzig war bei all seinem hochgebildeten Bürgertum, welches die Stadt und das Stadtbild beherrschte, auch eine Arbeiterstadt – und was für eine. Leipzig war die Wiege der deutschen Arbeiterbewegung. Die geistige Substanz der Leipziger Arbeiterschaft bildeten die hochgebildeten Drucker in dem riesigen Buch- und Druckereirevier im Osten Leipzigs.

Mein Klassenlehrer hieß Caspar, ein untersetzter, bulliger Mann, der Deutsch unterrichtete. Er war Mitglied der NSDAP, trug das Bonbon während des Unterrichts. Ich erinnere mich an einen der Höhepunkte seiner Unterrichtung. Wir sollten es uns einfach machen und die britischen Politiker Churchill und Chamberlain einfach »Gurgenschill« und »Schlamperbein« nennen.

Politik kam langsam in mein Leben. Ich wurde Pimpf. Wir machten im Jungvolk-Zeltlager tolle Geländespiele in der Dübener Heide. Diese Geländespiele waren unheimlich aufregend – daß sie vormilitärische Erziehung sein konnten, auf die Idee kam keiner. Ich hatte ein fesches Braunhemd an, auf dem rechten Ärmel prangte ein schwarzes Dreieck mit der Aufschrift »Mitte Sachsen« – das war unser Bann. Die Sprachregelung war immer germanisch, altdeutsch, kernig. Bei den Geländespielen gab es ordentlich zu essen. Rundenessen zum Beispiel. Erst kam eine Runde furztrockenen Brotes, dann Brot mit dünnstem Belaghauch – wer sich bis zur zehnten Runde durchfressen konnte, hatte dann ein elegant dünnscheibiges Stückchen Brot mit fingerdickem Aufstrich. Ich habe mich immer durchgefressen – bis mir kotzübel war. Pimpfsein hieß kurze Haare, kurze Hose. Da blond und blauäugig, galt ich a priori als Edelpimpf und Aufzuchtmaterial für einen echten Topgermanen. Mehrfach suchte der Jungbannführer – der hatte schon was zu sagen – meine Mutter auf, um sie dazu zu bewegen, mich an eine Napola zu schikken, eine der berüchtigten Nationalpolitischen NS-Erziehungsanstalten. Meine Mutter lehnte ab. Nicht aus politischen Gründen, sie wollte einfach, daß ich zu Hause bliebe. Mein Vater hätte sowieso abgelehnt, weil er nicht viel mit den Nazis anfangen wollte. Viele seiner Freunde waren Juden – so der Berliner Gattel, den er auf der Flucht aus Deutschland 1938 tagelang in der Leipziger Großgörschenstraße versteckte.

Gattel kam wohl raus aus Nazideutschland – aber wir haben dann nie wieder etwas von ihm gehört. Wie bei Günther – keine Spur.

Ich entging jenem Karriereweg vieler Napola-Adepten, die sich heute als linke Umerzieher aufspielen, wenn ich an Werner Holzer und Theo Sommer denke, und man sollte daran denken.

Höhepunkt meines Pimpfseins war eine Fahrt ins Riesengebirge, wo wir zu zwölft auf einer Bude hausten und mit Skiern über die Geiergucke zur Schneekoppe zogen – mitten im Schneesturm. Ich bin dabei vor Erschöpfung zusammengebrochen und wäre im Schneesturm fast erfroren, wenn mich meine Kameraden nicht weitergezogen hätten. Wir erreichten dann am Abend wieder die rettende Geiergucke. Für mich schien klar: Nie wieder Riesengebirge, das mir als ein wunderschönes, großflächiges Gebirge mit großen Tälern und gestreckten Hängen in Erinnerung ist – viel schöner als das enge, dunkle Erzgebirge, wohin wir mit der Familie im Winter fuhren.

Das Riesengebirge war ein tolles Erlebnis – bis auf ein kurzes Zwischenspiel. Am unmittelbaren Gipfel der Schneekoppe, deren total zugeeiste Wetterstation wir tagsüber besuchten, lag eine Baude, und in dieser wurden wir offen im Speiseraum von Polen oder Tschechen angefeindet. Nachts kam es sogar zu einer Schlägerei. Unser Jungvolkführer erklärte, das seien Untermenschen.

Aber schön waren auch die Urlaubsreisen mit meinen Eltern nach Riezlern in die österreichischen Alpen. Auch hier schlug uns oft Feindschaft entgegen – ich erinnere mich, wie auf einer zugeschneiten Straße ein Mann auf meinen Vater mit gezogenem Spaten zuging. Diese Wahrnehmungen blieben an der Oberfläche hängen.

Viel imposanter war dagegen eine Durchfahrt Hitlers in Leipzig. Wir standen stundenlang an der Ausfallstraße nach Probstheida, Zehntausende in dickem Spalier. Und dann kam der braune Abgott – wir alle brachen in Heilrufe aus: »Heil, mein

Führer, Heil, Heil, Heil!« –, ein großes, unwirkliches Erlebnis. Gott kannte ich nicht, da wir atheistisch aufgezogen wurden, zu Hause, in der Schule sowieso. Leipzig war nie eine sehr religiöse Stadt, meine Freunde waren keine praktizierenden Christen. Hitler, von dem wir nichts wußten, als daß er der Führer war, wurde uns als Gott eingeimpft. Also schrien wir »Heil, mein Führer!« Ein großes Erlebnis, wir gingen beglückt nach Hause, wir hatten ihn gesehen, den Führer. Ich hatte ihn gesehen, stehend im Mercedes-Cabrio, die rechte Hand zum Führergruß nach oben gewinkelt. Er schaute ohne Lächeln, stolz und siegesbewußt, auf die skandierende Masse. Gott war eben vorbeigekommen.

An Führers Geburtstag wurde in unserer Straße, Ecke Straße des 18. Oktober, eben an dem alten Prachtboulevard der Reichsmessestadt, eine Tribüne aufgebaut, auf der dann Generale und Offiziere des Leipziger Standortkommandos Aufstellung nahmen, um die alljährliche Militärparade zu Ehren des Führers abzunehmen. Wir konnten von unserer Wohnung aus das martialische Schauspiel beobachten – Panzer rollten vorbei, Militärlaster, paradierende Elitetruppen. Das war was, imponierend, großartig.

Ich war inzwischen neun und alles andere als ein guter Schüler. Mein Klassenlehrer war mittlerweile ein Herr Klausnitzer, der öfters seinen Ärger über mich bei meinen Eltern ausschütten mußte – ich war faul, spielte lieber auf der Straße Bandenkrieg mit der Carolinenstraße am Bayerischen Bahnhof, war mit meinem Freund Fritz Hemm zusammen, der dann aber unbekannt verzog. Da war noch ein Lothar – aber keine Freundschaft ging da tiefer und dauerte länger. Ich war bei aller Pimpferei, Geländeübung und Bandenkrieg so was wie ein kontaktfreudiger Einzelgänger, der sich am liebsten immer wieder auf sich selber zurückzog.

## *Eine Welt durch Winnetou*

Eine gute Beziehung hatte ich zur Großmutter, *der Oma,* Mutter meines Vaters, die im Leipziger Musikviertel in der Grassistraße ein großes, prächtiges Mietshaus besaß, dort wohnte. Hier verbrachte ich mit meinen Cousinen Inge und Eva viele Silvester – Oma kochte Biersuppe und brühte Punsch. Oma war couragiert gegen die Nazis, haßte Hitler, konnte nie ihren Mund halten, wenn es in Gesprächen politisch wurde.

Oma war lange geschieden. Mein Großvater, den ich nur einmal zufällig am Bayerischen Platz sah, war Anzeigenchef beim *Leipziger Tagblatt.* Er starb einsam und verbittert. Oma hatte einen Freund, einen pensionierten Anwalt, dessen Namen ich vergessen habe. Auch er, wie hätte es bei Oma anders sein können, ein Nazigegner. Er muß sie beeinflußt haben. »Was Hitler sagt, ist gelogen«, so Oma. Es machte auf mich schon Eindruck, aber keinen tiefergehenden. Das war eben Oma. Ende.

In einer Bibliothek entdeckte ich den *Schatz im Silbersee* von Karl May – für mich die größte Entdeckung der Volksschulzeit. Karl May. Ich habe von diesem Tage an nicht geruht, bis ich alle 65 Bände durchgeschwartet hatte, mit Taschenlampe unter der Bettdecke, wenn Muttern auf Nachtruhe achtete. Bis dahin hatte ich nur die berüchtigten Heftchen und die deutschen Heldensagen gelesen.

Die Schundschwarten reichten von Hein Class bis zu Fred Farber. Aber Karl May, das war's. Seine Geschichten führten in fremde Länder. May hatte sich der Mühe unterzogen, völkerkundliche Details darzustellen – er öffnete mir die Welt. Ich war über Nacht ein so fanatischer Karl-May-Enthusiast geworden, daß ich meiner Mutter Geld aus dem Portemonnaie klaute, um klammheimlich nach Dresden zu fahren. Dort wollte ich Karl Mays Villa Bärenfett in Radebeul besuchen und ein Autogramm von Patty Frank ergattern. Ich fuhr, fand aber die verdammte Villa Bärenfett geschlossen. Da stand ich mit meinen Karl-May-Träumen, und Patty Frank machte irgendwo Urlaub. Ich fuhr mit der Straßenbahn an die Elbe und setzte mich ans Ufer, um auf Brühlsche Terrassen und Schloßkirche zu schauen – ein imposanter Blick. Ich fand Dresden im Unterschied zu Leipzig schöner und feiner, obschon ich nie getauscht hätte. Leipzig war Action, Dresden mehr statisch amtlich. Aber sehr schön. Ich fuhr später wieder mit der Bahn nach Dresden, um die Schau der schönen Gebäude zu wiederholen.

Über Karl May kam ich zu B. Travens *Schatz der Sierra Madre,* zu Gerstäckers *Flußpiraten des Mississippi* und den *Regulatoren in Arkansas,* Karl May öffnete mir den Weg zu Jack London, dessen Bücher ich mir später komplett bei meinem Klassenkameraden Klaus Italiaander – jüngerer Bruder von Rolf Italiaander – auslieh und dessen *Abenteuer des Schienenstrangs* mich tief beeindruckte. Auch Coopers *Lederstrumpf* fehlte in dieser Sammlung nicht – alles, was mit Indianern zu tun hatte, faszinierte mich. Beim alljährlichen Hauptfest in Leipzig, dem legendären »Tauchschern«, kämpfte ich immer auf seiten der Indianer. Es war für einen Leipziger Buben absolutes Muß, eine komplette Indianer- oder Trapperuniform zu haben. Zu Tauchschern tobte durch die Straßen von Leipzig ein Bandenkrieg, in den Kleingartensiedlungen und in den zahlreichen großen und gepflegten Parks wurden Kidgang-Kriege zwischen Indianern und Trappern geschlagen. Das Rupfen eines Federstutzes war der jeweils größte Sieg eines Trappers. Die Erbeutung eines Trapperhutes war für uns Indianer die begehrteste Trophäe. Wir schossen mit den nicht ungefährlichen Knallkorkrevolvern, zündeten Karbidbomben. Mancher verlor bei Tauchschern ein Auge oder eine Hand. Die Polizisten, im Leipziger Straßenjargon »Illen« geheißen, hielten sich zu Tauchschern sehr zurück. Ich bin mehrfach in die Hände von Trappern geraten und gnadenlos »gerupft« worden.

Zu den Karl-May-Bänden wurden die »Reiserouten« von Kara Ben Nemsi, respektive Old Shatterhand, in speziellen Landkarten geliefert. Das war angewandte Geographie. Amerikas Westen war mir alsbald vertrauter als die deutsche Landkarte. Mays Beschreibung fremder Völker befreite uns auch von enger, nationalistischer Sicht. Ich glaube, daß ich jenen Kosmopolitismus, der mich prägte, Karl May zu verdanken habe. Deshalb führte auch einer meiner ersten Wege nach Öffnung der DDR in Karl Mays Geburtsort Hohenstein-Ernstthal – ein trauriger Anblick, wie die SED das Geburtshaus hatte verkommen lassen. Meinem Sohn Tilly habe ich als Zweitnamen den Namen Winnetou zugemutet (er ist heute damit einverstanden) – aber das erst nach einem Prozeß vor dem Landgericht Darmstadt, den ich mit Hilfe des bekannten Professors Claus Roxin, Präsident der Karl-May-Gesellschaft und Dekan des Instituts für Straf- und Prozeßrecht in München, gewann. Das Amtsgericht im hessischen Langen hatte Winnetou als »unzumutbar« zurückgewiesen. Ein deutscher Junge, so das Gericht, könne nicht Winnetou heißen. Roxin befand in einem Gutachten für das LG Darmstadt, daß Winnetou durchaus ein deutscher Jungenvorname sein kann. So wurde mein Sohn Tillmann Winnetou der erste Bundesbürger, der aktenkundig laut Gerichtsbeschluß Winnetou heißen durfte. Das war 1972.

Zuckmayer hatte übrigens seine Tochter auch Winnetou genannt – nur: Das war in der Schweiz und beeindruckte die Richter am LG Darmstadt nicht. Aber Professor Roxins Gutachten zog.

Die Reichskristallnacht. Die Synagogen brannten. Jüdische Kaufhäuser wurden geplündert. Am Pelz-Brühl war der SA-Teufel los. Die Lehrer schickten uns nach Hause. Wir hörten, daß alle Juden vogelfrei seien, daß man aus ihren Geschäften alles mitnehmen könne. Wir zogen in die Brüderstraße, vier Buben. Da war ein kleines, altes Schreibwarengeschäft mit eingeschlagenen Scheiben und der aufgeschmierten Parole »Juda verrecke«. Ich langte rein und holte mir eine Rolle Bindfaden aus dem Judengeschäft. Die Beute zeigte ich stolz meiner Mutter.

Als Antwort bekam ich eine Tracht Prügel und mußte den Bindfaden wieder in die Brüderstraße zurücktragen und in das Geschäft zurücklegen.

Mein Vater: »Das war eine Schweinerei. Die Juden haben uns nichts getan. Hitler wird an der Judenfrage scheitern. Das gibt Krieg.«

Er behielt recht.

## *Unsere Stukas sind die besten*

1. SEPTEMBER 1939. Ich hing den ganzen Tag am Radio. Wir hatten einen großen Blaupunkt mit dem grünen magischen Auge. Ich konnte die ganze Welt hören. Unsere Truppen stürmten Polen. Ich war stolz auf unsere Soldaten, wie sie den Polen einheizten. Toll die Fotos von den Landsern, die Polens Grenzbäume zerbrechen. Am meisten machten uns Jungens natürlich die Sturzkampfbomber Freude. Wir rannten in die Kinos, um in der Wochenschau zu sehen, wie die Stukas Warschau angriffen. Ich ging mit Oma in den *Gloria*-Filmpalast am Roßplatz. Der Streifen, der lief, gefiel mir nicht sonderlich. Aber die Wochenschau war pfundig. Wie das krachte und blitzte und unsere Truppen vorwärts kamen! Ein Hit. Niemand von uns Buben hatte auch nur eine Sekunde lang das Gefühl, daß unter den Zentnerbomben der Stukas Menschen starben, Kinder, Frauen – Menschen wie Oma und ich. Die Idee kam nicht, weil die Wochenschau – wie alle Kriegs-Wochenschauen – die Aufnahmen immer aus der heroischen Perspektive der Sieger, der Stukas, zeigte – aus der Sicht der Jäger – und nie aus der Sicht der Getroffenen, der Opfer.

Die Wochenschau vermittelte den absoluten Eindruck von der deutschen Waffenüberlegenheit, von der deutschen Soldatenmoral, die alles in den Schatten stellte, was die Ostvölker, das schnöde Albion oder gar die hasenfüßigen Franzmänner anzubieten hatten. In uns waren keine rassistischen Parolen wach, sondern subkutan gespritzter Chauvinismus. Wir waren Übermenschen, Deutsche, denen die Welt alles Gute verdankt, dazu berufen, dem Rest der Welt zu zeigen, wieviel besser wir sind. Und wenn alles in Scherben fällt. Dieser Chauvinismus ging nie einher, wenn ich mich richtig erinnere, mit Haß auf Juden oder Franzosen, sondern da war stets nur eine Emotionswoge in uns, das uns besser, eben als Topmenschen erscheinen ließ. Dazu paßte kein Haß. Haß war für uns ein Gefühl von Untermenschen. Wir aber dünkten uns als Übermenschen. Uns war nie klar, daß eben dieser germanische Edelrassenwahn die Vernichtung der von Hitlers Rassenhaß erfundenen Unterrassen und Mindervölker nach sich ziehen mußte – eben, weil wir nur positiv und nie vernichtend dachten. Andere Völker, andere Rassen entzogen sich unserm Blick, sie waren nur Opfer »unserer« Siege. Wenn ich von »uns« berichte, dann von jenem kleinen Freundeskreis, der sich herausbildete, als ich im ersten Kriegsjahr von der Volksschule zur Thomasschule kam und bei Dr. Eichelbaum, dem späteren CDU-Bundestagsabgeordneten, lateinische »Förmchen« paukte. Ich mußte *amare* bis zum Es-geht-nicht-mehr konjugieren – und wenn der Rektor oder der Schulrat kamen, winkte mich Eichelbaum, den wir Acade nannten, vor die Klasse, damit ich die auswendig eingeübten Förmchen runterleierte ...

»Amo, amas, amat ...«

»Rudorf, Förmchen, Förmchen Pillgepiff«, rief mich Acade mit schneidender Stimme vor die Klasse. *Pillgepiff* war Eichelbaums Abkürzung fürs Plusquamperfekt. Also legte ich zum insgeheimen Schmunzeln der Pauker wie ein MG los: *amaveram, amaveras, amaverat.*

Dennoch kam ich in Latein nie auf einen grünen Zweig. Ich blieb auf der Thomasschule zweimal sitzen. Musiklehrer Oettel, ein Extenor mit gewaltiger Stimme, verpaßte mir jedesmal eine Kopfnuß: »Mann Gottes, Rudorf, du Idiot.« Meine Zeugnisse waren Abstürze nach Noten. Die blauen Briefe, die Acade meinen Eltern schrieb, füllen heute noch einen Leitzordner. Mitursache war der Ehrgeiz meines Vaters, der nie an eine Oberschule gedurft hatte, weil Großvater dagegen gewesen war, ihn auf die höhere Bildungsstufe zu hieven. Nur rannte ich lieber ins Kino, klaute meiner Mutter ein paar Mark und verschleckte die in der italienischen Eisdiele in der Windmühlenstraße. Schulaufgaben machte ich nie oder morgens vor der Schule schnell noch im Keller, den ich heimlich aufsuchte, um danach verspätet in der Sexta oder Quinta aufzutauchen und mit immer neuen Ausreden, warum ich mich verspätet hatte, die Geduld der Pauker einer harten Probe auszusetzen. Ich mußte mehrfach in den Karzer, weil ich irgendwas Blödes erzählte oder einen Pauker provozierte. Es war fast so wie in der späteren *Feuerzangenbowle,* nur die Mädels fehlten.

Die ersten Mädchenbekanntschaften hatte ich hinter mir. Und die waren auch nicht berauschend. Meine erste Flamme war Hannelore Schneider, deren Vater Hausmeister in der Gerichtlichen Medizin auf der Johannisallee war. Ich stand stundenlang vor der Leichenhalle. Direkt über der Aufbahrungsstätte hatte man sinnigerweise die Wohnung des Hausmeisters gebaut. Ich stand da und starrte hoch. Ich glaube, sie hat dann ein oder zweimal runtergeguckt, und ich war glücklich. In der Volksschule hatten Hannelore und ich – sie ging in die Parallelklasse – nach einem Volkslied einen gemeinsamen Reigen zu tanzen – es war was mit Holunderbusch. Ich mußte mich um sie drehen. Sie war blond und groß, und das fand ich eben alles wundervoll.

Nach Hannelore kam Rollschuhfreundin Irmchen. Sie wohnte im Osten der Stadt, in der Josephinenstraße in Reudnitz. Irmchen kam die drei Kilometer gelaufen, um mit mir auf der großen Straße des 18. Oktober Rollschuh zu laufen. Auch das verlief harmlos. Meine Leidenschaften reagierte ich beim Rollschuhfahren ab. Ich raste auf der Straße des 18. Oktober zum Einkaufen, zum Eisschlecken in die Windmühlenstraße, und wurde dann auch irgendwann einmal Stadtmeister beim Schnellaufen.

Mit den Mädchen blieb zunächst alles platonisch – Krieg, Gymnasium und die Ängste vor der eigenen Pubertät schnitten uns weithin von den Mädchen ab. Sie spielten keine große Rolle bei uns Herren Junggymnasiasten. Das sollte dann erst nach dem Krieg anders werden – und wie.

Mein Freund in der Thomasschule war Peter Groß, der einen jüdischen Vater hatte und von seiner Mutter, die wieder geheiratet hatte, in Peter Teichmann umbenannt wurde, um ihn vor den Judenhäschern zu schützen – er blieb auch nach dem Krieg in Leipzig, kam nicht aus der DDR raus und ist wohl Zahnarzt geworden. Mit ihm war ich eng befreundet. Oft fuhren wir zusammen nach Frohburg und Burg Gnandstein, wo seine Mutter ein kleines Häuschen hatte – eine sächsische Hügellandschaft südlich von Leipzig, sehr reizvoll. Diese wenigen Ausflüge zählen zu den angenehmsten Jugenderinnerungen – ich habe daher bei meinen Fahrten durch die DDR nach Öffnung im November '89 die Gegend um Frohburg ausgespart, um diese Erinnerungen nicht zu beschädigen.

Ein anderer Freund war Wolfgang Klüpfel, der in unserem Haus in der Großgörschenstraße wohnte. Sein Vater war irgendein hohes Chemie-Tier in Böhlen. Und die Klüpfels hatten neben der Stadtwohnung in Großdeuben bei Böhlen eine herrliche Villa, unmittelbar an der Harth, einem großen Waldgebiet, das nach 1945 durch den Braunkohlenraubbau Böhlens völlig vernichtet wurde. In Klüpfels Park ließ sich's nach Herzenslust ausleben – das war anders als im kleinen Hof in der Großgörschenstraße und dem gegenüberliegenden verwilderten Baugrundstück, wo wir hustend unsere erste Eckstein im Laubzelt qualmten und Flitzebogen aus Rohrstock und Holunderbaumstücken bastelten.

Unser Leben verlief weiter unbeschwert. Mein Vater war weiter bei Siemens, rechnete zwar als Nichtparteimitglied jeden Tag mit seiner Einberufung zur Wehrmacht, aber die kam 1939 noch nicht. Meine Mutter kochte immer das Beste, es war alles vorhanden, der Krieg war weit weg, und wir siegten an allen Fronten.

Ab und zu hielt Hitler eine Rede. Das war wie Straßengottesdienst – der Verkehr ruhte, die Leute stellten ihre Volksempfänger, die Goebbelsharfen, in die Fenster, um Vorbeilaufenden die Rede des Führes auch auf die Straße zu schallen. Wenn der »Adolf« sprach, war Ruhe im Lande. Die Stimme Hitlers faszinierte, die rollenden R, das Rauchige, dieser demagogisch perfekt gehandhabte Kontrast zwischen dem leisen, langsam anschwellenden Drohen und der plötzlichen Explosion seiner Stimmbänder. Hitlers Rede war von suggestiver Tiefenwirkung, die den meisten Zuhörern das Nachdenken durch den emotionellen Druck seiner Sprache verstellte. Auch Goebbels verfehlte nie seine Zuhörer – er sprach mit penetrant gekonnter Eindringlichkeit, singend wie ein Pfarrer. Ich habe nie ein Wort verstanden, aber war mit allem um so einverstandener. Das war eben der Führer, der überall siegte. Und das war Goebbels, der seinem Führer beim Siegen half. Dann war da noch Göring für den gemütlicheren Teil. Und Himmler fürs Gestrenge. So ungefähr sah das in mir und vielen anderen aus.

## *Bomben aus England*

In diese Idyllen meiner Nazizeit fiel die erste Sprengbombe, unweit des Leichenschauhauses, wo Hannelore wohnte. Unsere Scheiben waren zerborsten. In Vatis Bett fand sich ein riesiger Bombensplitter von zwanzig Zentimeter Durchmesser. Eine Pilgerwanderung zur Leichenhalle setzte ein – Leipzig staunte, welchen Trichter eine Bombe reißen konnte. Irgendein britisches Flugzeug soll sich verirrt gehabt und die Bombe aus Treibstoffmangel, so hieß es, über Leipzig abgeladen haben. Erstaunlich, daß plötzlich mitten im Siegen ein feindlicher Bomber über der Mitte Deutschlands aufkreuzen konnte. Das muß wohl ein Versehen gewesen sein. Wir verdrängten diese erste Leipziger Bombe – das war 1940.

Der Krieg klopfte an. Ich war vom Jungvolk zur Hitlerjugend gekommen – automatisch. Dort versuchte ich mich in der Musikkapelle des Stamms als Querflötist. Ich habe es nie geschafft, dem Instrument auch nur einen Ton zu entlocken. War also nichts mit dem Stamm-Musikzug der HJ. Ich ging der HJ aus dem Wege, es gab ja sowieso keine Geländespiele mehr, und die plötzlich von der HJ veranstalteten politischen Schulungen interessierten niemanden.

Wenn ich konnte, schlich ich mit Peter Teichmann ins *Capitol*; durch den Seiteneingang zur Nachmittagsvorstellung. Unter dem nachmittags leeren Gestühl der Seitenlogen lagen wir und schauten uns so ziemlich alles an, was lief. Wir wechselten gleichsam im laufenden Galopp von der zusehends schlechter werdenden Realität in die Zelluloidwelt der Scheinspektakel. Immer öfter ertönten die Alarmsirenen. Je weiter unsere Truppen gen Ostland marschierten, den Balkan vereinnahmten und ihren Fuß sogar auf den afrikanischen Kontinent setzten, um so mehr Bomber kreuzten über Deutschland auf. Wir hörten von verheerenden Luftangriffen auf Hamburg. Aber auch das wurde sofort wieder verdrängt, zumal unsere Luftwaffe es den Briten heimzahlte und unsere U-Boote England zeigten, was eine Harke ist. Die Siegesfanfaren der OKW-Sondermeldungen waren meine Lieblingssendung.

Die Schundschwarten von John Kling, der in chinesischen Opiumhöhlen Gangster jagte, waren längst von der Reichsschrifttumkammer durch Abenteuer- und Kriegsserien nationalen Zuschnitts abgelöst wurden. Ich erinnere mich an eines der ersten Hefte, der übrigens gut gemachten Abenteuerserie, die hieß, glaube ich, *Mit Filchner übers Dach der Welt.* Die später gestartete Kriegsabenteuerserie – alles im DIN-A4-Format mit kriegsmalerisch gecoverten Farbbildern – pries die Überlegenheit und den Heldenmut des deutschen Soldaten. Langsam, aber systematisch wurden wir in die Kriegspsychose psychologisch integriert.

Im Herbst 1941, Hitler hatte am 22. Juni die UdSSR überfallen, schlagzeilte das erste Kriegsabenteuerheft »Wir jagen die Sowjets«.

Zunächst begann die Jagd auf meinen Vater. Er erhielt den seit langem befürchteten Einberufungsbefehl. Schon einen Tag später lief er von Weißenfels bis Leipzig zu Fuß, etwa sechzig Kilometer, um sich die Füße so kaputtzumachen, daß er bei der Musterung abgelehnt werden würde. Er wurde natürlich nicht – der Trick war zu alt.

Plötzlich war mein Vater nicht mehr da und ich mit meiner Mutter allein in der großen Wohnung. Ein komisches Gefühl, alles war spürbar leerer. Ich war dadurch geneigt, immer öfter von zu Hause abzuhauen. Ich hatte längst ein Fahrrad, mit dem ich ab und zu in unseren Schrebergarten nach Schleußig strampelte oder die Schwester meines Vaters besuchte. Immer öfter hatten wir Luftalarm. Immer mehr Bomben fielen, noch keine Terrorangriffe, aber die Vorboten der Flächenbombardements hatten Leipzig erreicht. Die Stimmung wandelte sich. Einmal mußten wir im Ranstädter Steinweg nach einem Bombenangriff mit der Schulklasse Trümmer vom Fußweg beseitigen. Dabei kamen Juden mit dem gelben Stern an uns vorbei. Wir riefen den

Gelbsternen Hohnworte hinterher. Da griff Acade ein, der Lateinlehrer, der uns beaufsichtigte. Er sagte etwa, es sei nicht anständig, Juden zu verspotten. Die seien genug bestraft durch den gelben Stern. Später erfuhr ich, daß Eichelbaum Halbjude war.

Wir hatten uns längst an Judensterne gewöhnt und gelernt, nur in Geschäften zu kaufen, an denen auf einem Querstreifen zu lesen stand: »Arisch«. Wir hatten auch längst gelernt, automatisch mit »Heil Hitler!« zu grüßen; wir machten uns einen Scherz draus, den Gruß zu »Heitler!« abzukürzen – aber wir grüßten mit erhobener rechter Hitlerhand. Unten im Parterre der Großgörschenstraße wohnte eine ältere Jüdin, eine freundliche, vornehme Dame. Eines Tages wohnte sie nicht mehr im Parterre – sie war »abgeholt« worden. Abgeholt, das Wort kam immer öfter vor. Erstmals hörten wir auch von unseren Bekannten in Weimar, von Hubert Hillebrandt, der auch nach dem Krieg die Firma Fissan vertrat, von Buchenwald, wo angeblich Hitlerfeinde verwahrt würden. In Buchenwald, auch das hörten wir damals oder 1942, gingen schlimme Dinge vor – ich wurde bei Besuchen von Onkel Hillebrandt aus dem Zimmer geschickt. Aber Buchenwald war ein Begriff, der sich schon in der Zeit einprägte, als Hitler noch voll beim Siegen war.

Eines Tages beschlossen Peter und ich, mit unseren Fahrrädern an die Ostsee zu fahren. Mitten im Krieg. Wir fuhren mit der Bahn bis Berlin-Friedrichstraße, luden dort die Fahrräder aus und strampelten über Bernau bis zu einem See direkt hinter Eberswalde. Hier schlugen wir unser Zelt auf. Ich wollte wieder ein Stück schöner Vergangenheit aus der Zeit vor dem Krieg zurückholen, als mein Vater in Scharbeutz zwei große Zelte hatte, ein Freund aus Hamburg dazu kam, Onkel Dierk. Wir waren an dem riesigen, leeren Strand 1937 und 1938 die einzigen und wohl ersten Zelter. Eine herrliche Zeit. Abends, wenn die Familie zum Bier ging, spannte mein Vater durch die Dünen rund ums Zelt, in dem ich schlief, einen Draht, den er mit einer elektrischen Klingel verknüpfte. Diese konnte er bis zur fünfhundert Meter entfernten Strandkneipe hören. Ich wurde jede Nacht von der elenden Klingel wachgerasselt – mein Vater war regelmäßig nach den vielen Bieren über den eigenen Klingeldraht gestolpert.

Wir fuhren über Pasewalk zur Insel Wollin, dann rüber nach Usedom. In einer Pension in Misdroy kamen wir unter, in der ich auch mit den Eltern oft gewesen war. Man kannte mich noch, und wir konnten zum Nulltarif in einer Kammer schlafen.

Hier hatte ich vor dem Krieg mit meinem Vater ein großes Erlebnis. Wir besichtigten den Kreuzer *Leipzig*, das war 1938, der vor Misdroy Anker geworfen hatte. Ein Kriegsschiff, so unvorstellbar groß – und in der Phantasie noch unwahrscheinlich monströser, als die Erinnerung sie projiziert.

Aber jetzt, im Krieg, hatten wir nach zwei Tagen das längst erstorbene Strandleben satt und fuhren mit einem Dampfer von Swinemünde nach Stettin, immer die beiden Drahtesel neben uns.

STETTIN 1943. Unser Schiff aus Swinemünde legte nach zwei, drei Stunden Fahrt gegen neunzehn Uhr im Stettiner Hafen an. Wir sahen Torpedoboote. Kriegsmarine überall. Aber die Stadt zog uns nicht an, wir wollten zurück zu Muttern nach Leipzig und sagten uns: Land gewinnen, bis die Sonne untergeht.

Die Sonne ging blutrot über einem Kornfeld unter, weit oberhalb Stettins, das wir nur in der Ferne vermuten konnten, da es durch die totale Verdunkelung der Stadt nicht mehr zu sehen war. Wir legten uns im Kornfeld schlafen – urplötzlich wurden wir durch den ohrenbetäubenden Lärm fortdauernder Explosionen geweckt. Wir erlebten den ersten Luftangriff auf eine deutsche Stadt. In ununterbrochener Folge brummten britische Bomberverbände auf Stettin zu, wie Blitze zuckten die einschlagenden Bomben auf, ganze Stadtteile brannten, der Horizont wurde glutrot – wir waren entsetzt, erschüttert, entgeistert, in Panik. War das möglich? War das die heile Hitlerwelt? Wir starrten auf das Unfaßbare – diese Stettiner Nacht war der erste Anschauungsunterricht darüber, was Krieg ist – und vermittelte, wichtiger noch, daß Hitler kein Gott war.

Wir kamen wortwörtlich gerädert nach Leipzig zurück. Unsere Erzählungen über den Stettiner Angriff wurden offensichtlich unter Seemannslatein abgehakt. Uns ging es ja trotz knapp werdender Lebensmittel gut, mein Vater schickte aus der Ukraine ganze Lawinen von Feldpostpäckchen mit ukrainischem Speck. Meine Mutter kochte im Dauereinsatz ganze Speckzentner in Fettsteintöpfe um. Umgekehrt versorgten wir meinen Vater in Uman in der Ukraine mit Feuersteinen. Er bekam wohl für 10 Feuersteine 1 Kilo Speck. Uns ging es gut. Mein Vater kam erstmals auf Urlaub.

Seitdem stimmte die Welt nicht mehr.

Er erzählte, was in Rußland geschah, berichtete von Judenmorden, wie er sie auf dem Rathausplatz von Uman erlebte, wo ukrainische SS junge Jüdinnen mit ihren Kindern zusammentrieb und dann in Gegenwart der Mütter die Kleinen an den Beinen faßte und mit den Köpfen so lange gegen die Hauswände schmetterte, bis die kreischenden Kinder tot waren.

Mein Vater berichtete von Hunden, die das Blut der SS-Opfer aufleckten, das von den Pferdewagen tropfte, auf denen die Leichen der Ermordeten abtransportiert wurden.

Innerlich angefaßt aber hatte mich vorher schon ein Spaziergang mit meinem Vater nach Schleußig, zu unserem Schrebergarten. Es war unmittelbar nach Hitlers Kriegserklärung an Amerika. Mein Vater postulierte, daß damit der Krieg endgültig verloren sei. Hitler, so mein Alter, habe nie erfahren, was Amerika, wie stark dieses Land sei. »An Amerika geht Hitler kaputt.« Dieser Satz saß. Ich habe ihn nie vergessen. Er behielt recht.

Mein Vater mußte wieder nach Rußland. Er kam fast bis Stalingrad – und mehr als einmal beinahe um. Er war mittlerweile Hauptfeldwebel im Versorgungstroß, erlebte, wie die deutsche Armee sukzessive unter dem Winter und den durch US-Hilfslieferungen wiedererstarkenden Russen kaputtging. Seine Truppe wurde später – nach Stalingrad und der Wende im Osten – nach Rumänien verschlagen.

In Leipzig kam der Morgen des 4. Dezember 1943. Gegen halb vier Uhr morgens heulten die Sirenen Vollalarm. Noch ehe wir die Kellertreppe erreicht hatten, wurden wir vom Luftdruck explodierender Bomben in den Keller gedrückt. Etwa vierhundert Britenbomben waren zum ersten und verheerenden Flächenangriff auf Leipzig gestartet – Leipzig brannte, in der Windmühlenstraße stand nichts mehr, die Brüderstraße war dahin. Ich rannte durch das brennende Leipzig, über den in Flammen stehenden Bayerischen Bahnhof in Richtung Grassistraße, um zu sehen, ob meiner Oma was zugestoßen war. Über dem Zentrum von Leipzig tobte im Morgengrauen ein Feuersturm, der durch die zahllosen Brandflächen entfacht wurde. Ich lief durch einstürzende Häuser; daß mir nichts widerfuhr, reiner Zufall. Ich stand vor dem Haus meiner Oma – es war weg, dem Erdboden gleich. Aus den qualmenden Trümmern konnte niemand entronnen sein. Sechsundzwanzig Mieter waren im Haus umgekommen. Meine Großmutter hatte die Nacht zufällig bei einer ihrer Töchter in Schleussig verbracht – sie lebte. Halbtot war dagegen meine Mutter, der ich im Inferno der Nacht davongelaufen war. Sie irrte weinend durch die brennende Straße – wie durch ein Wunder blieb unser Haus unversehrt.

Der vierte Dezember 1943. Danach gab es keine Diskussion mehr über Endsieg. Es war nur noch ein Funken Hoffnung auf ein Wunder geblieben – und genau diesen Wunderglauben heizte Goebbels durch Wunderwaffen und Wendewahn im Osten an.

Nicht, daß ich jetzt Hitlergegner war, mit vierzehn wäre das kaum glaubhaft gewesen: Aber der Zweifel war jetzt da, die Erzählungen meines Vaters aus Uman – auch dann, wenn Hitler von dem Greuel selbst nichts wußte, wie wir vermuteten. Man begann im Innern zwischen dem guten Hitler und seiner guten Wehrmacht auf der einen, der bösen SS und Gestapo auf der anderen Seite zu feilschen.

Mein zuständiger HJ-Führer, Jochen Löschburg, er wohnte in der Funkenburgstraße, spürte den Wandel in mir und lud mich zu einer Diskussion ein. Da hielt irgendeiner aus dem Goerdeler-Kreis einen Vortrag über Spenglers *Untergang des Abendlandes* – es war mein erster Kontakt mit Antinazis. Sie waren mir aber viel zu intellektuell-theoretisch. Ich verstand wenig. Mit Spengler konnte man gegen Hitler, wie ich jetzt weiß, auch nichts ausrichten. In dem Funkenburg-Zirkel wurde vor allem viel geredet. Geredet habe ich auch. Zu einem Freund. Schäfer hieß der, seine Mutter war eine Nazisse. Irgendwann fragte er mich, als ich, wie so oft, aus dem Hofzimmer mit dem Kleinkalibergewehr meines Vaters auf schwarze Flecken an einer fensterlosen Hauswand schoß, was ich mit dem Gewehr denn sonst noch so alles anstellen würde.

Ich sagte: »Auf die Nazis schießen, wenn's losgeht.« *Wenn's losgeht,* das hatte ich irgendwo und nicht nur einmal gehört: »Wenn's losgeht.«

Los ging zunächst dies. Es klingelte Tage später an der Wohnungstür in der Großgörschenstraße. Zwei Figuren aus dem Schreckenskabinett der Gestapo. Ledermäntel. Schlapphut. Wie im schlechten Kino. Sie fanden das Gewehr, die Munition, die ich von meinem Freund Martin Peschel hatte, einem Luftwaffenhelfer. Ich wurde verhaftet. 1944. Ich war fünfzehn. Die beiden Geheimpolizisten schleppten mich ins Gestapo-Hauptquartier in der Auenstraße, sperrten mich dort, weil alles überbelegt war, in eine Hundehütte.

DER HUND BLIEB ANGEKETTET DRAUSSEN. ICH ANGEKETTET DRIN.

Die Gestapobeamten verhörten mich einen Tag lang – dann ließen sie mich laufen. Ich bestritt natürlich den Satz: »Wenn's losgeht, schieße ich auf die Nazis.«

Daß mich die Mutter eines Freundes denunziert hatte, bedeutete allerdings ein weiteres Stück Desillusion.

Ich hatte eine große Europakarte an die Wand gepinnt, um darauf mit rotem Wollfaden und grünköpfigen Stecknadeln unsere vorrückende Front abzustecken. Nach jedem OKW-Bericht spannte ich die Fäden neu.

Nach dem Gestapo-Zwischenfall verwaiste die Karte. Ich hatte keine Lust mehr, Krieg auf der Karte zu spielen. Statt dessen hörte ich an unserem neuen Philips-Kleinsuper, letzter Schrei der Elektronik, die deutschsprachigen Sendungen von *BBC, Radio Calais,* später auch die *Stimme Amerikas.* Vor allem *Radio Calais* faszinierte mich. *Calais* brachte zwischen den News Jazz. Der Bruder meines Freundes Hanno Gebbing, Sohn des Leipziger Zoodirektors Gebbing, besaß eine beachtliche Sammlung heißer Scheiben, vor allem Armstrong und Ellington. Shark, so Hannos Bruder, ließ uns ab und zu mal auf seine Jazz-Bude, und wir tankten Hot. Aber erstmals regelmäßig hörte ich Jazz über *Radio Calais.*

Jazz ließ mich nie wieder los – auch beim Schreiben dieser deutschen Reportage ist Jazz, vor allem Benny Goodman, mein ständiger Begleiter.

Wieder ein Bombenangriff – zwei meiner Freunde werden verschüttet. Tot. Die Thomasschule brennt ab. Wir ziehen in die Petrischule um. Nach jedem weiteren Angriff fliegen die Scheiben der Petrischule raus – mit Schultafeln werden die zerstörten Fenster gegen Wind geschützt. Wir bringen die Schultafeln so an, daß sie ständig umfallen, damit der Unterricht gestört wird. Heidrich wird erschossen. Aus unserem Nachbarhaus wird Professor Hohlbaum zur Rettung Heidrichs nach Prag geflogen, erzählt sein Sohn Gert. Wolfgang Deisel, Filius vom Opel-Deisel in Leipzig, der auch in dem Prachthaus auf der »Achtzehnten« wohnt, berichtet, daß sein Vater gesagt habe, der Krieg sei verloren. Dresden brennt nach zwei Angriffen – wir sehen in Leipzig, hundert Kilometer entfernt, den roten Widerschein des brennenden Elbflorenz am Nachthimmel, ein gespenstisches Fanal des kommenden Infernos – kurz vorher war ich noch mit dem Thomanerchor in der Dresdner Oper gewesen und hatte Bachs *Johannespassion* als Ersatz-Alumne mitgesungen, obschon ich realiter eher eine Schwächung des legendären Chores war – es war mein einziger Auftritt mit den Alumnen.

Der Bombenkrieg zerstörte immer mehr Teile Leipzigs. Schule war nur noch ab und zu möglich. Ich hörte Radio. Radio wurde meine Fluchtwelt. Nach Bombenangriffen suchten Freunde und ich nach nicht losgegangenen Brandbomben, die wir dann nach Beginn der Verdunkelung zündeten – die Polizei kam, und wir grinsten dazu aus unseren Verstecken. Nach schweren Angriffen fanden wir in den Trümmern der Häuser auch Tote, die der Luftschutz nicht aufspürte, weil er die Häuser drinnen nicht so gut kannte wie wir. Fast in allen dieser jetzigen Ruinen hatten wir ja Freunde gehabt, die wir oft besucht hatten. Es hat Jugendbanden in Leipzig gegeben, die diesen Toten mit Zangen die Goldzähne herausrissen, um sie zu verkaufen.

1944 etwa hörten die Nachtangriffe der Tommies auf – die Amis übernahmen die Luftherrschaft und gingen zu gezielten Tagesangriffen über, vor allem auf die Benzin- und Gummiwerke Leuna und Buna. Auch Böhlen und Espenhain sowie die Junkers- und Erlerwerke waren Ziel der täglichen Bombardements.

Die »Fliegenden Festungen« der Amis, gigantische Viermots, waren es, die meine Grundeinstellung endgültig änderten – dieser souveräne Tagesanflug in Pulks mit Jagdschutz, der vorab über Leipzig in riesigen Mengen »Lametta« abwarf, tonbanddünne Aluminiumfolien, die das deutsche Radar durch ihre reflektierende Wirkung lahmlegten und es damit den US-Bombern ermöglichten, weithin unbehelligt von der Flak, die die Maschinen nicht korrekt orten konnten, ihre Ziele anzufliegen. Sicherlich hatten die immer wiederkehrenden Berichte über Judenverfolgungen, Konzentrationslager, Morde und vor allem über Niederlagen der Wehrmacht an fast allen Fronten unseren Glauben an das Dritte Reich erschüttert – aber noch keimte in uns Jungen so was wie Nibelungentreue zu unserer heldenhaften Truppe. Wir waren begeistert von der V1, die gegen England eingesetzt wurde – und erst recht später von der V2, die Wernher von Braun in Peenemünde konstruiert hatte und die London zerstörte. Wir hörten vom ersten Jagdflugzeug mit Strahltriebwerk, der Messerschmitt-ME 262 – aber wir kriegten auch mit, daß unsere U-Boote schwere Verluste einstecken mußten, wir nahmen zur Kenntnis, daß im OKW-Bericht plötzlich von »glorreichen Rückzügen im Zuge von Frontbegradigungen« die Rede war. Wir spürten den Bombenkrieg am eigenen Leibe – oft konnten wir die Fenster wochenlang nur mit Pappe vernageln, da der Luftdruck der Bombenexplosionen die Scheiben immer wieder eindrückte. Wir waren tagelang ohne elektrischen Strom. Die Heizung fiel aus. Kein Wasser. Mehrfach mußten wir Brandbomben löschen, die auf dem Dachboden eingeschlagen waren – diese Thermitgranaten waren schwer zu löschen. Einmal wurde unser Haus von einem Phosphorkanister getroffen – wir konnten den Brand erst nach drei Tagen löschen. Das oberste Stockwerk brannte aus, das Haus wurde mit einem Flachdach notdürftig dicht gemacht. Ich lief auch mit der Volkslöschspritze oft in Nachbarhäuser, um beim Eindämmen von Bränden zu helfen.

Morgens stellte ich gegen neun den Drahtfunk ein, der die Anfluglinien der Bomberverbände aus England ansagte. Und sie kamen jetzt täglich.

## *Die Amis sind besser als unsere*

Ich wußte bald, welchen Anflugweg die US-Verbände nahmen, wenn sie Leipzig zum Ziel hatten – sie kamen dann meistens über die Lübecker Bucht, die sie, von England kommend, über Dänemark erreichten. Danach flogen sie über Frankfurt/Oder Sachsen von Osten her an, um Leipzig gleichsam beim Rückflug anzugreifen – aber es waren eben keine Flächenangriffe mehr, sondern Tages-Zielangriffe, vornehmlich auf die Leunawerke.

Die Amerikaner hatten erkannt: Die Nazis bauen noch jede Menge Flugzeuge und Panzer – 1944 waren das mehr als England und USA zusammen herstellten –, aber sie können diese Flugzeuge und Panzer nicht einsetzen, wenn Benzin fehlt. Deswegen griffen die Amerikaner mit Lebens- und Waffenhilfe den schwer angeschlagenen Sowjets in dem Moment unter die Arme, als die deutschen Truppen auf Baku zumarschierten, die Ölquelle Rußlands.

Deshalb bombardierten Geschwader der US-Luftflotte, aus Nordafrika anfliegend, die Ölfelder bei Ploiești nördlich von Bukarest.

Darum auch Leuna. Leuna brannte monatelang – ich glaube, bis zum Kriegsende. Wir hörten die anfliegenden Pulks schon eine Stunde vorher, die Erde bebte, in der Luft ein seltsames, unverkennbares Dröhnen. Dann sahen wir die Boeings – dieser monströse Aufmarsch Amerikas über Leipzigs Luftraum zerstörte in mir den Rest von insgeheimer Treue zur deutschen Wehrmacht. Die immer objektiven Berichte von *Radio Calais* und *BBC* taten das ihrige – ich wollte mich nicht mehr am OKW-Bericht des Großdeutschen Rundfunks orientieren, zumal *Radio Calais* Jazz brachte. *BBC* zu hören, war gefährlich, wegen des dumpfen *BBC*-Signals *»Bumbumbum-Bummm . . .«*

Zu oft holte die Gestapo *BBC*-Hörer ab, die von Nachbarn denunziert worden waren, die das selbst durch dicke Wände hörbare Signal geortet hatten. Viele wurden wegen Feindsenderhörens zum Tode verurteilt.

Gegen zwölf Uhr waren die Bomberverbände in den Großluftraum Sachsen eingedrungen, der Drahtfunk gab Vorwarnung mit einem bestimmten akustischen Zeichen – dann gab es fünfzehn Minuten später Voralarm, zehn Minuten später Vollalarm.

Die deutsche Flak schoß von Angriff zu Angriff weniger – Munitionsmangel. Die Magnesiumstreifen legten die Luftabwehr zudem ebenso lahm wie Benzinmangel die Messerschmitt-Jäger. Die neuen Düsenjäger, zur Wunderwaffe hochgepriesen, erwiesen sich als zu schnell und schwer lenkbar – sie schossen regelrecht an den elastisch manövrierenden US-Verbänden vorbei.

LANGSAM DRÄNGTE SICH UNCLE SAM IN UNSERE SEELEN. Satchmo siegte über SS, Jazz über Marsch – das alles waren keine ideologischen Verformungen, sondern schlicht und ergreifend die Vorboten des *American Way Of Life*, der uns faszinierte – wir Jungs sprachen offen darüber, daß die »Amis besser sind als unsre«.

## *Vogelfrei in Wien*

DANN KLOPFTE EINES TAGES DER TOD AN UNSERE TÜR – GOTTLOB NUR EIN SCHEINTOD. Das Entsetzen: Mein Vater, so der Brief von der Truppe, sei vermißt, irgendwo in Rumänien. Es gäbe kaum Aussicht auf Überleben, wahrscheinlich tot.

Alles zerfiel. Freundschaften. Die Familie schwerstbeschädigt, meine Mutter verbittert, aggressiv, ängstlich, mutlos. Mittlerweile war sie als Hilfsarbeiterin der Granatendreherei Görke dienstverpflichtet worden – irgendwo in den Fabrikvierteln im Leipziger Osten. Schule gab es nicht mehr. Ich zog durch die Straßen mit Freunden, sammelte Granatsplitter, die ich vornehmlich mit Wolfgang Deisel vom Nebenhaus gegen Wikingerschiffe tauschte – Wolfgang hatte eine komplette Wikingersammlung, ein Traum für alle Jungs. Wikinger waren kleine, zwei bis acht Zentimeter lange Originalnachbildungen von deutschen Kriegsschiffen aus Bleilegierung.

Wir verwilderten. Mutter hatte nur noch eine Freundin in der Funkenburgstraße. Anneliese, deren Mann Arzt war und dadurch über Kaffee und Alkohol verfügte. Koffein, Nikotin, Schnaps wurden für die Erwachsenen zu einer Art Überlebens- und Verdrängungsdroge – und zur eigentlichen Währung. Dann kam doch ein Lebenszeichen von Vater – aus einem Lazarett in Wien. Meine Mutter konnte das Glück nicht fassen.

Mir blieb alles unwirklich, schemenhaft, nicht mehr in seinen Einzelteilen wahrnehmbar. Die Ahnung, daß das Land wie in einer Erdspalte versank, mag mich umgetrieben haben. Ich weiß nur noch, daß die Eisenbahnreise nach Wien zu einem Alptraum wurde – wir fuhren zwei Tage, ständig von US-Tieffliegern angegriffen, bis wir völlig erschöpft in Wien ankamen.

Mein Vater lag schwerverletzt in einem Krankenhaus in der Wiener Innenstadt. Er war abgemagert, hatte Krücken überm Bett liegen und drohte, alle Ärzte mit den Stöcken wegzujagen, wenn sie ihm die Beine amputieren wollten. Der Preis dafür waren große Schmerzen – ich mußte ihm mehrfach aus der Apotheke schmerzlindernde Eu-med-Tabletten ins Krankenhaus schmuggeln. Mit eiserner Energie schaffte er, daß seine Beine nicht amputiert wurden. Und er steht heute noch, mit neunzig, fest auf beiden Beinen.

Die Rote Armee hatte seine Truppe bei Bukarest eingekesselt. Bei Nacht und Nebel hatte sich Vater aufgemacht, um mutterseelenallein über die Karpaten in Richtung Ungarn die deutsche Front zu erreichen.

Tagsüber schlief er auf den Gipfeln, nachts durchquerte er die Täler und gelangte unbemerkt über Straßen, auf denen der Nachschub der Russen rollte. Er lief, stolperte, keuchte in Richtung Geschützfeuer. Dort war die Front. Er erreichte diese bei einem Bahndamm. Hier geschah es. Er lief auf eine Mine. Übersät mit Splittern in beiden Beinen schleppte er sich unter dem

Gewehrfeuer russischer Schützen auf ein Bahnwärterhäuschen zu. Den Russen schrie er zu, sie sollten aufhören zu schießen. In dem Häuschen deckte er sich mit Morsestreifen zu. Nahe am Verbluten, versuchte er sich mit dem Kompaßglas das Leben zu nehmen – es mißlang.

Auch der Versuch, sich in dieser aussichtslosen Situation – die Russen schossen mittlerweile mit Granatwerfern in Richtung Bahnwärterhäuschen – mit einer Rucksackschnur zu erhängen, klappte nicht. Die Ungarn hatten die Schießerei mitbekommen und setzten einen Stoßtrupp in Bewegung, der ihn dann aus seiner mißlichen Lage befreite. Über die Bahnschwellen schleppten sie den Schwerverletzten hinter die Frontlinie. Wenig später fand er sich in einem Lazarettzug wieder, der in Richtung Wien rollte. Die mittlerweile vereiterten Beine, die noch in den Stiefeln steckten, waren mit Maden übersät, die den Eiter absogen. Er meint, das war lebensrettend. Jetzt lag er in Wien. Aber Wien war Ende '44 von Bombenangriffen gezeichnet. Zerfetzte Häuser. Jeden Mittag zerbombten die Amis Wien ein Stück mehr. Als wir uns während eines Angriffes in einen Keller retten wollten, wurden wir als Reichsdeutsche von den Wienern aus dem Keller getrieben. Mit uns wolle man nichts zu tun haben. Wir durchlitten den Luftangriff in einem Hausflur, nur geschützt durch eine Pforte. Meine Mutter war fix und fertig. Nach drei Tagen fuhren wir nach Hause und überließen meinen Vater einem ungewissen Schicksal in der brennenden Stadt, von ferne schon das Geschützfeuer der anrückenden Roten Armee hörend.

Er wurde wenig später nach Budweis verlegt, da Wien vor dem Fall stand.

## *Hurra, das Klavier brennt*

19. Februar 1945. Vati war aus dem Militärlazarett in Budweis, der Schweijk-Stadt, entlassen worden. Er kam am 19. Februar 1945 auf dem Leipziger Hauptbahnhof an. Wir hatten einen Lei-

terwagen dabei, da er nicht auf Krücken durch die Stadt zur Großgörschenstraße humpeln konnte. Der Hauptbahnhof war durch zwei Bombenangriffe schwer zerstört. Bei einem davon war die Querhalle eingestürzt, die mehrere hundert Menschen erschlug.

Der Zug rollte ein. Ein trauriges Wiedersehen. Wir packten Vati mit seinen Habseligkeiten auf den Leiterwagen und zogen ihn über den Augustus- und Königsplatz durch die rauchende Windmühlenstraße. Mein Vater heulte, als er die Wüstenei sah, in die der Krieg seine Geburtsstadt verwandelt hatte.

In der Großgörschenstraße stellte sich dann doch Wiedersehens- und Überlebensfreude ein. Unser Nachbar, Dr. Mühlberger, schenkte meinen Eltern zwei Flaschen Wein. Der 19. Februar 1945 war ein schöner Abend mitten im Untergang des Dritten Reiches – und unser letzter Abend in der Großgörschenstraße Numero 4.

Der 20. Februar 1945. Ich fuhr mit meinem heißgeliebten Dromos-Fahrrad zur Melde- und Lebensmittelstelle in der 9. Volksschule, um mit Paps' Entlassungspapieren dessen Lebensmittelkarte abzuholen. Auf der Rückfahrt, zwölf Uhr mittags, Voralarm. Ich trat in die Pedale, um rechtzeitig wieder in der Großgörschenstraße zu sein. Kurz vor dem Haus Vollalarm. Ich konnte mein Fahrrad nur noch in den Hausflur statt in den Keller schieben, um den Luftschutzraum zu erreichen. Die Bomber kreisten bereits über der Stadt. Zum ersten Male seit dem 4. Dezember 1943 hatten sich diesmal die Amerikaner Leipzigs City als Ziel gesucht – sie visierten jene Stadtteile an, die noch standen. Es war der dreizehnte und letzte Großangriff der Alliierten auf die alte Messestadt. Im Keller ging das Licht aus, die Sprengbomben heulten immer näher. Plötzlich kein Heulen mehr.

Eine Sprengbombe schlug in unser Haus ein. Ein Aufschlagzünder in der Großgörschenstraße 4. Die Bombe explodierte auf dem Dach und drückte das vierte Geschoß mitsamt dem Treppenhaus durch den Luftschacht nach unten. Im Nu war der Keller voller Kalkstaub. Über uns brach mit ohrenbetäubendem Getöse das Haus zusammen. Die Wände wackelten. Zitternd hörten wir, wie der Schutt des zusammenbrechenden Hauses in den Keller geschleudert wurde. Ein Wunder, die Schuttlawine kam vor der Luftschutzkellertür zum Stehen.

Die Frauen schrien in Panik, rannten umher, weinten, bis mein Vater mit der Krücke gegen eine leere Zinkwanne schlug und »Ruhe!« brüllte. In der eintretenden Stille hörten wir, daß die Hausnachbarn in der Großgörschenstraße 2 bereits am Mauerdurchbruch hackten und hämmerten, um uns aus dem verschütteten Keller zu befreien.

Zwischen allen Häusern, die nebeneinander standen, waren Mauerdurchbrüche angelegt worden, so daß Verschüttete im Notfall sich mit einem Hammer durchschlagen konnten, um das rettende Nachbargebäude zu erreichen.

Wir waren gerettet.

Der Angriff dauerte noch eine halbe Stunde. Ich stürmte nach draußen und sah, daß die Nummer 4 zur Straße hin fast vollständig stand – nur zum Hof zu waren schwere Beschädigungen zu sehen. Unser Glück: Die Bombe hatte Aufschlagzünder gehabt, sonst wären wir mit Sicherheit tot gewesen. Da das Treppenhaus zermalmt war, hangelte ich mich an Telefonleitungen durch das Innere des Hauses hoch in den dritten Stock. Ich war der einzig Jüngere im Haus. Mir half noch ein Freund aus der »Achtzehnten«, der bombengeschädigt aus Köln nach Leipzig evakuiert worden war und einschlägige Bombenerfahrung besaß. Wir kamen bis in unsere Wohnung im zweiten Stockwerk. Da stand noch alles. Wir kletterten in den dritten Stock. Hier steckte in der Zimmerdecke eine Brandbombe, die qualmte. Ich rief nach einer Wassereimerkette und forderte eine Spritze an. Die Spritze kam, zwei Wassereimer auch. Dann riß die Kette, weil die Leute im Parterre und im ersten Stock ihre Sachen rausschleppten, das Haus aufgaben, das wir ohne Mühe hätten retten können. Die eine kleine Brandbombe – ich hatte bei vorhergehenden Angriffen Dutzende gelöscht – machte das Haus zu Schutt und Asche. Ohne Wasser war ich machtlos. Ende der Großgörschenstraße Nr. 4.

Ich zog mich in unsere Wohnung im zweiten Stock zurück, begann runterzuwerfen, was nicht niet- und nagelfest war. Bettwäsche, Kleider – und das geliebte Radio, das ich sorgsam in Decken wickelte und langsam in den Hof abseilte. Drei Meter über dem Boden löste sich der Strick, der Philips zerbrach direkt vor den Füßen meines hilflos herumstehenden Vaters, der sich seine Rückkehr nach Leipzig anders vorgestellt hatte. Wir standen mit unseren Koffern und Säcken vor dem brennenden Haus – eine Stichflamme schlug aus dem Speisezimmer. »Hurra«, schrie ich, »das Klavier brennt.«

Alles, was meine Eltern in Leipzig einst geplant und gewollt hatten, es ging in Rauch auf.

In der Grassistraße 36, dem Haus meiner Oma, mußte ich Klavierunterricht bei Fräulein Bauermeister im obersten Stockwerk nehmen, einer berühmten Beethovenpianistin mit Mannesstimme und martialischen Erziehungsmethoden. Sie schlug mit einem Lineal auf die Finger, wenn du falsch spieltest. Da ich immer falsch spielte, hatte ich ewig blaue Finger.

Beethoven muß ein schlechter Mensch gewesen sein, wenn die, die ihn so gut spielte, einem den Meister einprügelte.

Da standen wir fassungslos, hoffnungslos, besitzlos vor dem brennenden Haus, als wie hergezaubert die »Liebermannsche« vor uns stand und sagte: »Ich habe eine Bleibe für euch. Güldengossaerstraße.« Die Liebermannsche war die Frau von Vaters Freund Pilo Liebermann.

Wir fuhren mit einem Leiterwagen nach Stötteritz. Zu den Liebermanns in der Gletschersteinstraße, dann rüber in die Güldengossaerstraße 35, wo uns ein schönes, modernes, leeres, zweistöckiges Haus erwartete. Hier hatte ein höherer SS-Führer gewohnt, der sich angesichts des nahenden Endes aus dem Staub gemacht hatte. Wir zogen ein, waren wie neugeboren. Trotz des Untergangs unserer Großgörschenstraße saßen wir abends schon wieder im trockenen, und wie trocken. Das haben wir der Liebermannschen nie vergessen. Sie war damals in einer karitativen Organisation eine nicht kleine Nummer, sie wußte, wo es langging, hatte Organisationstalent. Toll.

Vor allem aber: Mein Vater war für die Wehrmacht nach der Ausbombung nicht mehr greifbar – er desertierte, indem er sich nicht mehr beim Wehrkreiskommando meldete. Ich war kurz vor der Ausbombung von der Polizei auf das Gelände des Poseidonbades gebracht worden, wo etwa fünfzig politisch unzuverlässige Jugendliche kaserniert werden sollten. Ich kratzte aus. Die Polizei machte danach zur Auflage, daß ich binnen vier Wochen wieder im Poseidonbad anzutreten hätte. Die Ausbombung machte mich für die Polizei unsichtbar. So mußte ich auch nicht mehr wie früher in der Großgörschenstraße einmal in der Woche – die Gestapo hatte das nach meiner Freilassung angeordnet – in die Brüderstraße zur Polizeiwache, um dort eine Nacht zu verbringen und mit anderen politisch Unzuverlässigen – wie etwa den Brüdern Jakob aus der Karolinengasse – im Falle eines Angriffes als sogenannter »Bombenhelfer« eingesetzt zu werden.

Die Güldengossaerstraße liegt idyllisch an jenem großen Freigelände, das heute Sportanlage Leninstraße heißt, früher vom Feinsten, gepflegt, licht. Wir konnten weit ins Land schauen und hatten im Unterschied zur doch eher dunklen Großgörschenstraße einen sonnigen Wohnsitz in dieser finsteren Endzeit des NS-Regimes.

Das Ende kam schnell. Die amerikanischen Truppen näherten sich der Stadt von Süden her. Ein letztes Aufgebot alter Volkssturm-Männer wurde zusammengeschossen. Vati verhinderte, daß Mitmieter Lechelmeyer in der Güldengossaerstraße dem Volkssturmaufruf folgte. Er versteckte Lechelmeyer auf dem Boden, während Muttern im Keller Hitlers *Mein Kampf* verbrannte. Der Gefechtslärm näherte sich von Süden. Die US-Armee rückte über Altenburg in Richtung Leipzig vor. Jeder wußte, es sind nur Tage bis zum Ende – aber bis zuletzt wirkte das Gift der NS-Propaganda. Ich sah im Probstheidaer Filmtheater Veit Harlans *Jud Süß* – der Kanonendonner der Front war im Kino zu hören. Aber Ferdinand Marian in der Rolle des Jud Süß war so perfekt infam inszeniert, daß der braune Sud Wirkung tat. Die Wochenschau zeigte von Rotarmisten geschändete Frauen in Görlitz, das unsere Truppen wieder eingenommen hatten. Goebbels sprach. Ich ging aus dem Kino und dachte unter dem rollenden Donner der Geschütze, ob ich vielleicht doch spinne.

Die »Schlacht« um Leipzig war keine. Die SS, die sich im Völkerschlachtdenkmal verschanzt hatte, gab nach Artilleriebeschuß auf. Amerika rückte ein – und ich war von dieser Sekunde an Amerikaner.

Die alten Helden waren tot, ausgebrannt. Ein junger Mensch braucht Idole. Die Amerikaner waren Idole auf Kreppsohlen, mit Chesterfield im Mundwinkel. Jeep plus Jazz, die Neger, Kaugummi – alles, was mit den GIs kam, vor allem deren Sender *AFN*, wurde für uns über Nacht zum Nonplusultra.

Vor dem Hauptbahnhof errichtete die Army eine Baracke, in der sich alle ehemaligen Wehrmachtsangehörigen zu melden hatten. Mein Vater, er bereut das noch heute, meldete sich in blindem Gottvertrauen auf Krücken – und wir sahen ihn erst nach zwei Monaten wieder. Er wurde auf einen US-Laster gestoßen und bis an den Rhein nach Sinzig gekarrt, wo er acht Wochen lang auf verregneten Wiesen unter Zehntausenden Gefangenen mit knapper Not dem Verrecken entging. Viele Kameraden starben, so auch der bekannte Schauspieler Fred Muschau, der am Leipziger Operettentheater die großen Komödienparts spielte. Ich hatte ihn in *Maske in Blau* und *Hochzeitsnacht im Paradies* gesehen, meine beiden musikalischen Erlebnissen während der Hitlerzeit. Fred Raymonds Songs wie *Ja, das Temperament ...* zündeten, das war jazzig, zog mich an. Ich war vielleicht insgesamt zehnmal in *Maske in Blau.*

Auch später haben mir marxistische Freunde und linke Kulturspezis nie die deutsche Operette ausreden können. Sie war Quartiermacherin für Jazz und Swing. Fred Raymond, Theo Mackeben, Franz Grothe oder der gerade 90 gewordene Werner Bochmann – sie waren Komponisten, die die deutsche Operette und den deutschen Schlager trotz des Jazzverbots der Reichsmusikkammer auf den Swingsound brachten, alldieweil die akustischen Häscher des Herrn Goebbels nicht imstande waren, einen Jazzbreak von einem Feuerwehrsignal zu unterscheiden. Bochmanns *Die kleine Stadt will schlafen gehen* und Mackebens *Bei dir war es immer so schön* waren notierter Jazz.

Als Ellington-Trompeter Rex Stewart 1948 Berlin besuchte, griff Rex Mackebens *Bei dir war es immer so schön* auf und machte damit den ersten Jazzhit nach dem Krieg, zusammen mit deutschen Jazzern, die das Inferno überlebt hatten: Hans Berry, Macky Kasper, Walter Dobschinski, Helmuth Wernicke, Heinz Cramer und Teddy Lenz jazzten zusammen mit Stewarts Musikern Carlton Riley, Joe Appelton, Louis Stephenson und Clinton Maxwell. Ost-Berlins Amiga, damals noch in Regie des umtriebigen Managers Metaxas, rollte die erste heiße Scheibe nach dem Krieg auf den ausgetrockneten, damals noch gesamtdeutschen Musikmarkt. *Bei dir war es immer so schön* und der *Linden-Blues,* gemünzt auf den Berliner Prachtboulevard Unter den Linden, wurden über Nacht die ersten Jazzern nach dem Kriege. Der SS-Staat hatte den Hot-Bazillus nicht totgekriegt. Aber wir hatten zu früh frohlockt: Die SED verbot wenige Jahre später die eigenen Amiga-Platten mit dem *Linden-Blues,* dem *Airlift-Stomp* und Rex Stewart's *Hot Club Berlin Session* als »akustische Kriegsvorbereitung« *(Neues Deutschland).* Der Airlift-Stomp war ein Stück auf die Berliner Luftbrücke und daher staatsgefährdend.

## *In Pfaffschuhen zum Boogie*

Amerika. Die Antennen an den Jeeps waren wundervoll. BGs Swing aus *AFN* wonderful. Chewing Gum war wundervoll. Wir wußten natürlich nicht, daß alle diese sichtbaren Ingredienzen des *American Way Of Life* nur Ausdruck eines anderen Lebensprinzips waren, nämlich der Demokratie. Ein Fremdwort. Wir kannten nur den Führerstaat, das Zwangskollektiv von der NS-Kinderschar bis zum toten Volkssturmmann. Aber jetzt standen wir vor den Jeeps. Bill, der GI von der Military Police mit dem weißberingten Helm und der weißblauen Armbinde, für uns erster Anschauungsunterricht in Sachen Showbiz, bot mir ein Geschäft an, das richtig nach Chicago roch. »Also«, sagte Bill, der im MP-Quartier in der kleinen Störmthaler, direkt neben uns, eingezogen war und grinste, »also, du besorgst mir Pistolen von den Leuten, die hier wohnen. Und du kriegst für every pistol zwei Stangen Lucky Strike, drei Büchsen Nescafé und jede

Menge Chewing Gum.« Der Handel war perfekt, ich lief mit zwei alten, großen Aktentaschen los und bearbeitete alte, ehrbare Bürgersleute, die den Krieg in ihren Villen rund um die Güldengossaer überlebt hatten, mir ihre Pistolen für eine Stange Zigaretten und eine Büchse Nescafé herauszugeben.

Während auf Anschlägen, die an allen Fassaden klebten, die Einwohner aufgefordert wurden, ihre Waffen abzugeben, sonst drohe standrechtliche Erschießung, hatte ich in den Aktentaschen so an die zehn Pistolen, mit denen ich zur MP unterwegs war. Der Handel lief glänzend. Ich hieß »Pistolen-Mompi«. Meine Mutter hatte genug zum Rauchen, ich zum Kauen.

Bei der MP war alles auf Kommunikation ausgelegt. In jedem Jeep ein Telefon, im MP-Quartier auf der Störmthaler riesige Antennen, drinnen auf jedem Tisch Telefone.

Wir gingen immer wieder an die Probstheidaer Ausfallstraße, die heute Leninallee heißt – sicher nicht mehr lange. An den ersten Tagen des US-Einmarsches waren es fast nur Jeeps und kleine Mannschaftswagen, nun aber rollte der Nachschub mit schweren Militär-Lkws, meist von lachenden Negern chauffiert, die uns Kaugummis zuwarfen.

Und wie die angezogen waren! Kreppschuhe, schicke Uniformjacken, die Mützen, die Hosen, alles so un-uniform, lässig, cool, relaxed. Alles wie Jazz. Auf dem Sportplatz hatte ich eine erste Diskussion mit Bill und seinem MP-Kollegen, die über das KZ Sachsenhausen nach Leipzig vormarschiert waren.

Sie erzählten von dem Nazigreuel in Sachsenhausen, bohrten nach, was wir davon gewußt hätten. Bill hatte deutsche Eltern, sprach gut Deutsch.

Ich sagte ihm, daß wir davon gewußt haben, keine Details, aber wir wußten, daß Hitler eine monströse Vernichtungsmaschinerie in Bewegung gesetzt hatte, um die Juden auszurotten. Ich erzählte Bill vom Bericht meines Vaters aus Uman. Bill zeigte sich erstaunt darüber, daß ich mit meinen sechzehn von KZs wußte, aber die meisten anderen nicht. Es wird wohl eine Mischung aus Scham, Verbohrtheit und Verdrängung gewesen sein, die es den Deutschen schwermachte, den Fragen der Amerikaner eine aufrichtige Antwort zu geben.

Für mich blieb es immer ein Prüfstein bei politischen Gesprächen, ob jemand die KZs leugnete und behauptete, er habe von allem nichts gewußt. Alle haben davon gewußt. Alle, vor allem jene, die nichts davon wissen wollten. So sehr ich gegen eine Kollektivschuld bin, so sehr unterstelle ich, daß jeder von der Ungeheuerlichkeit in irgendeiner Form unterrichtet war – den totalen Auschwitzhorror freilich, den auch nur zu ahnen, das allerdings überstieg unsere Phantasie, menschliches Fassungsvermögen überhaupt.

Ich habe Dokumentationen, Filme und Fotos über den SS-Staat in mich eingesogen.

In allen politischen Gesprächen wurde für mich die Haltung zum SS-Staat und der Judenvernichtung zur Kardinalfrage. Hier hörte der mir anerzogene, liberalistische Kosmopolitismus auf. Wer in irgendeiner Weise die SS-Mordmaschine zu verharmlosen suchte oder gar leugnete, war und ist für mich erledigt. Hier kann es keine Diskussion geben. Das war Deutschlands größte Schmach.

Ich stand auf dem Sportplatz vor Bill wie ein begossener Pudel, als er mir die unfaßbaren Einzelheiten über die Leichenberge in Sachsenhausen erzählte. Ich glaubte Bill jedes Wort, weil mir Amerika, so wie es bei uns einmarschiert war, vom ersten Augenblick an glaubte. Amerika war für mich gefühlsmäßig überlegen, glaubwürdig, nachahmenswert und lebenswert.

Eines Tages gab es in unserem Viertel keine Revolver mehr. Ich hatte sie aus allen Halftern gezogen.

Ich verlor den Job, Bill schenkte mir aber weiter Kaugummi, und ich fand einen neuen, freilich weniger spannenden Job. Mit Heizspiralen für Kochplatten.

Die konnte man pro Stück für dreißig Mark losschlagen – ich kaufte die Dinger für sieben Mark bei einem Händler in der Innenstadt.

Zwischen Hauptbahnhof und Fleischerplatz wogte Tag für Tag eine tausendköpfige Menschenmenge, der Leipziger Schwarzmarkt. Da gab es fast alles. Die Camel für zwanzig Mark, ein Brot für hundertzwanzig. Das Pfund Zucker: fünfzig Mark. Man konnte sich ein paar Mark verdienen, indem man auf der Ostseite des Marktes ein Brot für hundert Mark einkaufte und auf der kilometerweit entfernt liegenden Westseite für hundertzwanzig Mark verkaufte.

Ich händelte das Geschäft mit den Spiralen so: Ich gab dem Händler siebenhundert Mark cash auf die Hand. Der verschwand in einem Haus in der Grimmaischen und kam nach fünfzehn Minuten wieder und brachte hundert Heizspiralen. Die verkaufte ich auf dem Schwarzmarkt am Bahnhof zu dreißig Mark das Stück – meine Rendite verwandelte ich in Brot, Butter und Zigaretten.

Der Typ bot mir immer mehr Spiralen an. Ich suchte nach einem Elektrohändler, der mir den Job finanzierte und dem ich die Spiralen zum Endpreis von fünfzehn Mark anbot – immer noch sieben Mark Gewinn pro Stück. Das Geschäft funktionierte immer auf die gleiche Art. Ich gab dem Spiralen-Spezi siebentausend Mark, er kam nach fünfzehn Minuten mit tausend Spiralen rüber. Meine Mutter zählte zu Hause das Geld, das ich mittlerweile verdient hatte. Der Eklat aber ließ nicht lange auf sich warten. Mein Schwarzmarktler offerierte mir zehntausend Spiralen für nur fünfzigtausend Mark. Ich besorgte die Summe vom Elektrohändler, ging in die Grimmaische, übergab den Pakken Geld, und der Gauner verschwand im Haus. Auf Nimmerwiedersehen. Ich wartete fünfzehn Minuten, dreißig, sechzig, der alte Trick mit dem Gewöhnen an eine Prozedur war aufgegangen. Und die fünfzigtausend waren weg. Ich pleite. Der Elektrohändler außer sich – meine Schwarzmarktkarriere beinahe beendet.

Endlich kam mein Vater wieder. Tagelang war ich vergebens mit dem Rad in Richtung Weißenfels–Naumburg gefahren, um dort bei Freunden zu erkunden, ob sie ihn gesehen hätten. Keine Spur. Eines Tages stand er, auf Krücken immer noch, in der Güldengossaer. Er war aus Sinzig zurück, ging in die Schützenstraße zu Siemens und nahm dort, als wäre kein Krieg gewesen, seinen Job wieder auf.

Nur dann war wieder alles anders: Die Amerikaner zogen ab. Wir glaubten es nicht. Das Gerücht schwelte in den Häusern vor sich hin. Die Russen kommen, hieß es. Wir sahen eines Tages einen US-Jeep mit Soldaten in US-Uniform, aber mit Sowjetstern auf dem Ärmel. Das waren, hieß es, aus KZs befreite Russen, die bereits Quartier für die Rote Armee machten.

Die Amerikaner zogen tatsächlich ab. Wir waren ratlos. Wir kannten niemanden im Westen Deutschlands, wir hatten eine gute Wohnung, der Krieg saß uns noch in den Knochen, und die Russen, so schlimm konnten sie auch nicht sein. Die Nazipropaganda hatte sich ja ohnehin als Hetze herausgestellt. Die Amis zogen ab – auf einen Ruck. Weg waren sie. Es blieb nur der *AFN* im Äther – sonst nichts.

Wie ein Lauffeuer verbreitete sich im Sommer 1945 die Kunde, daß sich eine unendliche Karawane von Panjewagen aus Torgau, wo sich US-Army und Rote Armee getroffen hatten, auf Leipzig zuwälzte. Dann war er da, der Iwan. Der Eindruck war niederschmetternd. Da rollte ein wilder Haufen Soldaten auf Pferdefuhrwerken, wie aus dem Dreck gezogen, über den Leipziger Asphalt, saufende, in die Luft schießende Muschiks, dazwischen ein paar requirierte Wehrmachtwagen mit russischen Offizieren.

Einer Abordnung Leipziger Kommunisten, die den Russen entgegenradelte, um die Befreier zu begrüßen, nahmen die Rotarmisten Fahrräder und Uhren ab. Tagelang schleppte sich der Troß der Roten Armee durch Leipzig. Wir hörten von Vergewaltigungen, Plünderungen – an der Peripherie in der Güldengossaer blieben wir ungeschoren. Auch in der City blieb alles ruhig. Sowjetische Offiziere regierten die Stadt von den Gohliser Kasernen aus, bestimmten, welche deutschen Funktionäre die ersten Kader bildeten, um Politik und Wirtschaft in der alten Reichsmessestadt zu übernehmen. Aus dem Stadtbild waren die Russen nach ihrem Einmarsch bald verschwunden – sie wurden kaserniert, erbarmungslos wie das liebe Vieh in Kasernen ohne jeden Komfort eingepfercht. Ich habe auch in den Jahren danach russische Soldaten immer nur auf Transporten, in Lkws, aber nie einzeln gesehen – lediglich Offiziere.

Im Betrieb meines Vaters traten die Kommunisten an. Später wurde Siemens »volkseigener« Betrieb, sprich SED-Besitz, und in RFT – für Radio- und Fernmeldetechnik – umbenannt. Die Genossen, die nun die Führung des Hauses in der Leipziger Schützenstraße übernahmen, hatten nicht die geringste Ahnung, wie Geschäfte zu führen waren. Mein Vater blieb also für eine gewisse Zeit unentbehrlich. Er hatte, da nie Nazi, eine weiße Weste in den Augen der Roten. Aber wie sollte Siemens Geschäfte machen? Die Russen rissen nicht nur das zweite Eisenbahngleis ostzonenweit aus den Verankerungen, um es dann als Beutegut in Rußlands Weiten verrosten zu lassen, sie rissen auch alle Telefonanlagen in Ämtern oder Konzernen aus den Angeln, schaufelten die Apparate auf Lkws und transportierten sie nach Gohlis und Schkeuditz ab.

Mein Vater hatte eine Idee, von der auch die neue kommunistische Siemens-Führung angetan war: »Wir besorgen den Russen Schnaps. Den tauschen wir gegen die requirierten Telefonapparate ein.«

Den Schnaps bekam mein Vater aus einer Spritfabrik in der Arndtstraße. In Fünfzig-Liter-Gallonen. Dazu besorgte er Flaschen. Nun mußte meine Mutter, zusammen mit unserem Hausmädchen, im Keller der Güldengossaer die Gallonen mit kleinen Ansaugschläuchen in Flaschen umfüllen. Beide lagen davon einmal so betrunken im Keller, daß wir Mühe hatten, sie wieder zum Leben zu erwecken. Aber den Zweck hatte es erfüllt, die Russen gingen auf den Handel ein und schaufelten die Telefone auf Siemenswagen zurück.

Mit den Telefonen wurde nun Geschäft Numero zwei gemacht. Autoreifen. Durch einen Berliner Freund besorgte mein Vater Autoreifen gegen Telefone – außerdem rollte aus Pößneck ein ganzer Konsum-Lkw mit Lebensmitteln an. Es ging so weit, daß sich die Leipziger Kripo ihre Reifen bei meinem Vater besorgte.

# III
# In Pfafflatschen zum Boogie

## Nachkrieg:
## Zwischen Rot und Hot

## *Ein Anzug aus Zucker*

Ich hatte mittlerweile ein neues Schwarzmarktgeschäft. Ich fuhr mit dem Zug eine Stunde nach Köthen, wo die Russen die Zukkerfabrik demontiert hatten. Der Zucker lag dort zu Bergen neben der Fabrik. Ein Freund und ich füllten jeweils einen Zentnersack mit Zucker und fuhren zurück – nicht im Abteil, sondern auf den Puffern der überfüllten Züge. Ich weiß nicht, wie oft wir nach Köthen rollten. Aber wir hatten zu Hause in der Güldengossaer gut zweihundert leere Luftschutzsandtüten mit Zucker gefüllt. Wir aßen Zucker zu allen möglichen Gelegenheiten, als Brotbelag, als Nachspeise, mit Kaffee angedickt oder pur. Ich verkaufte das Pfund für hundert Mark.

Für das Geld ging ich in die Tauschzentrale in der Hainstraße und kaufte mir einen großkotzig karierten Möbelbezugsstoff.

Ich brauchte einen Anzug, denn der jüngste Kick in Leipzig war Tanzen. Im alten *Felsenkeller* rauschten die wie Pilze aus dem Boden schießenden Big Bands die Hits von Woody Herman ab. Im *Haus Auensee* spielte Kurt Henkels. Es waren sechs oder sieben Big Bands, die in Leipzig um die Wette aus allen Hörnern jenen Hot bliesen, der sechzehn Jahre lang verboten gewesen war.

Durch Hanno Gebbing hatten wir einen geheimen Zutritt zum Zoo und dessen großem Festsaal. War das eine Zeit, die großen Bands der ersten Nachkriegsjahre zu erleben: Dobschinski, Widmann, RBT, Henkels, Ilja Glusgal am Schlagzeug, Macky Kasper, Trompete, Helmut Zacharias, Geige. Rolf Kühn, der Klarinettist.

In der Woche gingen wir, sooft wir konnten, in den RC-Tennisclub an der Heiligenbrücke. Ich hatte die Nase leicht vorn, da ich mit Zucker handelte. Mein Aufzug, großkarierter Anzug mit überlangem Sakko, das übers Knie rausschlotterte, kurzer Hose, die nur drei Zentimeter unter dem Sakkosaum vorlugte, Ringelsocken, riesigem Texashut, den mein Vater aus West-Berlin besorgt hatte, wurde am Fuße gekrönt durch Pfaffschuhe.

Fräulein Pfaff war eine gewiefte Kunsthandwerkerin, die aus alten Stoff- und Lederabfällen Schuhe montierte und mit einer Filzsohle versah. Die Schuhe sahen so lässig latschig aus, daß du bei allen Mädchen sofort *in* warst, zumal die Pfafflatschen signalisierten, der hat Kohle. Nur hatten die Pfaffdinger einen Nachteil: Wenn du eine flotte Jazzsohle auf dem Zooparkett hingelegt hattest, fielen die Filzlatschen in ihre Bestandteile auseinander. Also hatte die Pfaff-Elite – so ein Paar Latschen kostete ein paar hundert Mark, ein Vermögen – immer Werkzeug bei sich: Nadel und Faden, Zängchen und Hämmerchen. Im Zooklo standen wir »Pfaffen« dann stets zusammen und nagelten in jeder Tanzpause unsere filzigen Fußwerkzeuge wieder zusammen.

Meine Wahnsinns-Anzüge ließ ich mir in der Springerstraße vom Maßschneider Günther fertigen. Günther verzog nie eine Miene, verdiente er ja an den Kostümen, die er mir zu Mode-Karikaturen zuschnitt. Aber auf der Straße spürte ich schon, daß ich als ausgeflippt galt, wenn ich kurzbehost und langgesakkot, mit Ringelstrümpfen in Pfafflatschen und riesenbehütet wie ein Gockel über den Augustusplatz stolzierte. Mein Vater bat mich dringend, ihn bei zufälligem Begegnen möglichst nicht zu grüßen, denn dies sei absolut geschäftsschädigend. In der *Leipziger Volkszeitung* erschien ein Foto von mir mit der Unterzeile: »Dekadenter Amityp«. Klasse! Amerikanische Dekadenz. Das wollte ich. Super.

Im RC und im Zoo war ich im Gespräch. In der Tauschzentrale hatte ich ein Fahrrad ergattert. Ein Luxus. Ich war mobil.

Im RC-Club tanzten die jungen Wilden nach Boogie- und Traveller-Songs wie *Hallo, kleines Fräulein.* Das Wolfgang-Günther-Quartett heizte Abend für Abend die Hits auf. Dort lernte ich auch meine Frau Vera kennen.

Vorher aber hatte ich Hilde zur Freundin, ein langbeiniges Mädchen, das mit Schuhen schob und die Kunst beherrschte, ihren Busen durch raffiniertes Trippeln auf roten Holzpantinen besorgniserregend beben zu lassen. Sie war diverser Liebeskünste kundig, mondän, dominierend. Dann »Butter-Inge«, die mit Fettprodukten schob. Um die Tanzarien im RC anzuheizen, hatte ich in meinem Labor in der Güldengossaer Schnaps produziert. Zusammen mit Ottomar, meinem Busenfreund im Nachkrieg. Er wohnte auch in der Güldengossaer und hatte sich auf dem Sportplatz eine kleine Bude mit allem elektrischen Komfort gebaut, wobei er den Strom aus einem volkseigenen Strommast neben dem Sportplatz bezog, den er unbemerkt angezapft hatte. Das kam übrigens nie raus. Ottomars Bude, die ich später übernahm, war der absolute Hit für die erotischen Treffs in unserer frühpubertären Berührungsperiode mit dem feindlichen Geschlecht.

Den Schnaps braute ich aus Karotten. Mit dem Fahrrad fuhr ich nach Merseburg. Dort waren riesige Felder. Hier holte ich jede Menge Karotten. Die rieb ich zu Hause und preßte schließlich das Geriebene durch ein Bettuch. Den gewonnenen Saft setzte ich zur Gärung an. Eines Tages war ich so spät dran mit dem Schnapsbrauen, daß wir noch den warmen Akohol, den ich mit Zucker und Pfefferminzaroma versetzte, in den RC mitnahmen. Wer von diesem Gesöff trank, fiel um. Einer lag in der Pinkelrinne des Clubs, ein anderer fiel von der Heiligenbrücke ins Wasser. Ich kam mit »Butter-Inge« bis zum Taxistand. Sie begleitete mich in die Güldengossaer, klingelte meine Mutter wach und rief zum Fenster hoch: »Mompi ist besoffen.« – »Ruhe«, bat meine Mutter entsetzt, »mein Mann ist eben auch erst besoffen nach Hause gekommen.« Mein Vater war mit dem Taxifahrer, der offenbar noch blauer war als er, kurz vor mir in der Güldengossaer vorgefahren. Beide sangen *Die Fahne hoch* – damals blöd nachgereichter »Protest«. Das hörte unser Hausnachbar, Dr. Gerhard Dengler. Er war Oberleutnant in der 6. Armee gewesen. Sowjetische Offiziere hatten Dengler in Stalingrad lebend zwischen lauter Toten gefunden, eine jüdische Ärztin, deren ganze Familie von den Nazis ermordet worden war, hat ihn gesund gepflegt. Von seinen Verletzungen genesen, fragte Dengler die Ärztin, wie er sich revanchieren könne. Sie:

»Werde Kommunist, gehe zum NKFD, zum Nationalkomitee Freies Deutschland, wo deutsche Offiziere umlernen.«

Dengler tat's, wurde Kommunist, kam nach Leipzig als sowjetisch ausgebildeter Topmann, übernahm die Chefredaktion der *Leipziger Volkszeitung,* des Sprachrohrs der SED in Leipzig.

## *Wodka vom Genossen Plochodin*

Mein Vater eröffnete mir eines Tages, daß er in den Westen fliehen müsse. Seine schwarzen Geschäfte bei Siemens/RFT seien jetzt sozusagen aktenkundig im Polizeipräsidium auf der Wächterstraße.

Ich wollte nicht mit, denn ich war bereits auf dem marxomanischen Trip der Marke Dengler – also eher salonkommunistisch denn proletarisch.

Dengler sprach mich an, da er wußte, daß wir, mein Vater und ich, antikommunistisch waren. Und *Die Fahne hoch,* das ging natürlich nicht. Außerdem hatte ich Wahlplakate der Kommunisten am Sportplatz abgerissen.

Dengler fand einen Ansatzpunkt. Ich befaßte mich intensiv mit Naturwissenschaften. Mittlerweile lernte ich an der Leibnizschule am Leipziger Nordplatz. Ich war fasziniert von der Atomtheorie, studierte Heisenberg, las Max Planck. Und Bernhard Bavinks Naturphilosophie. So war ich für die Verführungen des alles beantwortenden dialektischen Materialismus regelrecht vorprogrammiert. Dengler lockte mich. Ich solle eine Artikelserie über die Geschichte der Atomtheorie für die *LVZ,* die *Leipziger Volkszeitung,* schreiben. Die Serie erschien, ich war 17, und in der Schule durfte ich, vom Physiklehrer stolz den Mitschülern präsentiert, aus meiner eigenen Serie vorlesen.

Dengler besaß ein Auto, einen großen Fiat. Damit fuhren wir einmal nach Dresden. Ich war erschrocken, die Stadt zerschmettert wiederzusehen. Das war 1947.

In Denglers modernem, bungalowhaftem Eckhaus neben dem unsrigen gab es jede Woche einen Diskussionszirkel. Dengler, ein hochgewachsener Intellektuellen-Typus mit blendenden Umgangsformen, kam aus guter Familie. Sein Vater war Professor in Eberswalde. Er erschoß sich kurz vor Kriegsende, als die Gestapo ihm sagte, daß sein Sohn Nachrichtensprecher des Moskauer NKFD-Senders geworden war und ein deutscher Professor ja wissen müsse, was er nun zu tun habe.

Er ging in den Garten, jagte sich eine Kugel in den Kopf. Gerhard verstand es, mich mit geschliffenen Argumenten aus dem toten Winkel der Naturphilosophie Bavinks in die vitale Ecke des Marxismus zu lavieren, in eine Wunderweltanschauung, die auf jede denkbare Frage die denkbar logischste Antwort gab.

Ich wurde Marxist, trat zum Entsetzen meines Vaters in die SED ein – 1948. Aber es blieb beim Jazz, bei Pfaffschuhen, RC und all den bürgerlichen Attitüden und Freunden, von Ottomar bis Hanno. Für meine Freunde war ich ein exotischer Salonkommunist, den man gut bei Parties als Kamikaze-Diskutierer vorführen konnte. Ich vermochte mit links jeden an die Wand zu reden. Meine Argumentationsstärke war durch das marxistische Top-Training bei Dengler erreicht worden. Ich hatte mich mit Leidenschaft auf Friedrich Engels' »Anti-Dühring« gestürzt, für mich ein brillantes Ideen-Feuerwerk an Logik und Polemik, mit dem Engels dem alten Dühring die Leviten las. *Das Kapital* folgte, die *Theorien über den Mehrwert,* Feuerbach. Ich las wie der Teufel. Ich wollte es wissen – bald war ich so was wie ein marxomanisches Allroundgenie. Ich wurde in den bourgeoisen Salons als Schocker rumgereicht – und genoß diesen zweifelhaften Ruhm in vollen Zügen.

Die dialektische Schulung und Belesenheit – ich studierte zudem alles, was ich von Lenin und Stalin bekommen konnte – schaffte eine Souveränität gegenüber Normalmenschen, die faszinierend war.

Nach meiner Flucht nach Frankfurt bat mich die emsige Ulla Illing, Leiterin des Frankfurter Seminars für Politik, ich möge doch einmal eine kleine ausgewählte Gruppe von Frankfurter Studenten sechs Wochen lang in Marxismus-Leninismus unterrichten, um zu sehen, ob das ankommt.

Es kam so furios an, daß ich Mühe hatte, die Jungs wieder aus den marxomanischen Wahnhöhen auf den real existierenden Erdboden zurückzuholen.

Mein Vater wollte also weg.

Ich bereitete die Flucht vor. Meine Eltern kamen irgendwo in Niedersachsen über die Grenze – mein Vater ging zu Siemens nach Braunschweig, dann Hannover, eine Zeitlang nach Istanbul, bis er dann den Vertrieb in Frankfurt übernahm. Ich kriegte es hin, daß mit einer gefälschten Fahrzeugnummer sein geliebter Opel P4 ihm durch einen Kfz-Schmuggler nach Braunschweig hinterhergefahren wurde.

Jetzt war ich allein. Die Güldengossaer mußte ich aufgeben. Ich zog in den Dietrichring 12, direkt neben das spätere Stasi-Hauptquartier. Die Wohnung steht noch, sieht auch im Mai 1990 gut aus. Ich hatte dort ein geräumiges, schönes Zimmer mit großem Schreibtisch, an dem viele Zeitungsartikel entstanden, vornehmlich für die *Berliner Zeitung*, deren Feuilletonredakteur, Jürgen Rühle, mich förderte. Er ging später nach Köln. Ich schrieb Buchkritiken, Jazzrezensionen. Unten, im Nebenhaus, ein Bier- und Weinkeller. Um die Ecke *Zills Tunnel, Kaffeebaum, Thüringer Hof*.

Schwarzmarkt war nicht mehr. SED und Vopo hatten flächendeckende Erfolge bei der Lahmlegung aller Privatinitiative erzielt.

Aber ich hatte Onkel Heini. Der Bruder meiner Mutter war während der Wehrmachtszeit »Versorgungsoffizier« gewesen. Smart und zwei Meter lang, ging er in Leipzig auch in die SED-Ära. Er wußte: Geschäfte kann man mit deutschen Kommunisten nicht machen, aber mit den Russen. So wurde er der deutsche Einkaufsdirektor des russischen Kaufhauses *Univermag* (für Universal Magazin) auf der Grimmaischen – später zog hier die HO mit einem unansehnlichen Möbelkaufhaus ein. Generaldirektor war ein untersetzter, energischer Russe namens Plochodin, der später von einem russischen Militärgericht zum Tode verurteilt und hingerichtet wurde – wegen zu gutgehender Geschäfte mit Deutschen.

Onkel Heini hielt mich über Wasser – mittlerweile war ich durch Denglers Fürsprache an der Gesellschaftswissenschaftlichen Fakultät der Universität Leipzig, der berüchtigten »Gewifa«, immatrikuliert worden. Ich mußte, da kein Abitur, eine Begabtenprüfung machen, um gleichsam vorzeitig an die Gewifa zu kommen. Ich bestand ob meiner marxistischen Kenntnisse die Prüfung und war dann mit achtzehn jüngster Student an der Gewifa – und der einzige Bürgerliche an dieser ersten Eliteschmiede des SED-Spitzennachwuchses.

Heini bedeutete mir, mittags gegen High Noon, durch einen Nebeneingang ins Univermag bis ins oberste Stockwerk zu steigen. Da zeigte er mir eine Bodenkammer, und in die brachte er jeden Tag gutes, reichliches Mittagessen, genau das, was die Herren Direktoren aßen. Eines Tages entdeckte mich Plochodin in der Kammer. Als er erfuhr, daß ich der Neffe seines deutschen Kollegen war, ordnete er an: »Du essen mit uns, nix Bodenessen.« Das sah dann so aus, daß ich mit drei sowjetischen Offizieren, meinem Onkel und Plochodin in einem Salon des *Univermag* vor dem Essen erst mal hundert Gramm Wodka, »Schdscho Gramm«, runterschütten mußte. Danach fand ich kaum noch den Teller. Aber Plochodin lehrte mich geduldig die Kunst, Wodka zu trinken, ohne umzufallen. Das Rezept war so radikal wie wirksam: Ein Schnapsglas pures Sonnenblumenöl, danach einen Speckkanten von vier mal vier Zentimetern, eine rohe Zwiebel mit Senfkörnern, die einem den Rachen ausbrannten. Danach war der fünfundfünfzigprozentige Wodka ein Labsal, eine Erlösung, die den Senfkornbrand löschte. Vor allem aber: Du warst nicht angeschlagen. In Leipzig von großem Nutzen, es wurde immer hart getrunken. Wenn ich zu meinem Lehrer, Hans Mayer, in die Tschaikowskystraße pilgerte, um mit ihm dort eine »Reise durch die Volksdemokratien« zu absolvieren, eine Tour durch die typischen Schnäpse dieser Länder, dann hatte ich mich vorher mit Plochodins Rezeptur trinkfest gemacht. Ich habe mich nur immer gewundert, daß Mayer ein Dutzend Schnäpse dieser verschärften Prozentklasse östlicher Provenienz vertrug, ohne die geringste Wirkung zu zeigen – vielleicht kannte er ein ganz ähnliches Mittel.

Die Gewifa war so etwas wie die Vorform einer SED-Parteiuni. Wir hörten bei Professor Berendt Vorlesungen über marxistisch-leninistische Ökonomie und wurden in Seminaren durch alle sechs Bände des *Kapitals* und der *Theorien über den Mehrwert* gepaukt. Das hatte folgenden Vorteil: Alle Welt redete über Karl Marx, ohne je eine Zeile von ihm gelesen zu haben. Aber wir hatten den ganzen Marx intus. Die Zeugnisse von der Gewifa liegen heute vor mir: In Dialektischem und Historischem Materialismus, Kernstück des Irrglaubens, hatte ich stets die Note 1. Aber mein Aufzug, meine Kleidung, meine Sprache – das alles gefiel den Genossen nicht. Ich war sichtlich keiner von ihnen, so gut ich auch meinen Marx kannte. Sie spürten die bürgerliche Erziehung, sie wußten, daß mein Vater mittlerweile wieder bei Siemens in einer westdeutschen Chefetage saß. Ich mied auch Versammlungen, gemeinsame Ausflüge und war lieber mit meinen Freunden im *Fürstenhof,* unserem bevorzugten Treff. Mein Freund war damals Helmut Uhlemann, Sohn eines Druckers. Wir zogen mit unseren Freundinnen durch Leipzigs Lokale, oft zu *Barmanns,* einer Bierbar in der Mozartstraße, direkt gegenüber dem zerstörten Gewandhaus. Eine wunderbare Kneipe. Helmut mit der schwarzen Uschi, ich mit der blonden Vera, die ich später heiratete.

Ich ging auch ideologisch eigene Wege. Ich besuchte, was bei der Gewifa als Sündenfall galt, die Vorlesungen von Mayer und Bloch.

Ernst Bloch war mir zu problemschwer, er verknotete seine Sentenzen zu oft zu kaum entwirrbaren Behauptungsknäueln, die zu entwirren ich weder die geistige Antriebskraft noch den ideologischen Sinn hatte. Günter Zehm war da an der richtigen Stelle. Die Vorlesungen von Mayer dagegen strahlten eine solche begriffliche und rednerische Brillanz ab, daß ich vom ersten Satz an zu seinen Jüngern zählte. Das lag auch an der Thematik: kein Marx, kein Mehrwert, sondern Literatur von Thomas Mann bis Franz Kafka – vor allem so viel Thomas Mann, daß wir spöttelten: »Thomas Mayer liest Hans Mann.«

Hans Mayer beeinflußte meine Denkwelt mehr als jeder andere.

Diese Welt war aus einander widerstrebenden und sich doch letztlich ergänzenden Ingredienzen zusammengefügt.

Da war zum einen die Abenteuerwelt aus den Groschenheften der dreißiger Jahre, eine Erlebnisebene, die sich auch stets an technischen Novitäten ergötzte; ich würde diesen Part meinen Action-Positivismus nennen, der mich vom humanistisch gebildeten Bildungsbürger unterschied. Dieser Positivismus wurde verstärkt durch Karl May, Jack London, Mark Twain, Joseph Conrad, B. Traven, Friedrich Gerstäcker.

In die Bildungsbürgerwelt stieg ich über die Seitenpforte der Bavinkschen Naturphilosophie ein, die mir die faszinierenden Erkenntnisse der Atomtheorie von Rutherford bis Heisenberg auf verständliche philosophische Formeln brachte, nämlich quasi-materialistische. Ich will diese Eigenschaft meine analytische Ambition nennen, den Hang, die Welt nach Daten aufzuschlüsseln. Das prädestinierte mich für die Formelhaftigkeit des Marxismus, der ohne weitere Denktiefen die Endlösungen aller Weltfragen im Dutzend servierte. Das war höchst angenehm.

Die dritte Eigenschaft war der Hang, die beiden ersten Parts permanent zu testen, ob sie stimmten. Also das Denken in Widersprüchen. Hier kommt Mayer ins Bild. Seine jüdische Intelligenz war von einer solchen dialektischen Beweglichkeit, daß ich tief bewegt war, wenn Mayer in einer einzigen Stunde umwerfend kluge Fundamentalerkenntnisse formulierte und wieder wegriß. Gelebte Dialektik, Denken in Gegensätzen.

Nach einer Reise durch die Volksdemokratien setzte sich Mayer ans Klavier und intonierte mit ebenso brüchiger wie schriller Stimme Eisler-Brecht-Songs. Als ich applaudierte, warf er mich raus, »weil Beifall immer ein Zeichen unkritischen Geistes ist«.

Eines Abends ertappte er mich dabei, daß ich Heines *Buch der Lieder* nicht kannte. Er beschimpfte mich, wie üblich, warf mich raus. Ich trottete betrübt ab.

Während der Haftzeit hatte ich im Arbeitslager Regis-Breitingen bei Espenhain die Gelegenheit, Wolfgang Harichs für den

Aufbau-Verlag besorgte Heine-Ausgabe in der Lagerbibliothek durchzublättern – Harich saß zu dieser Zeit in Bautzen ein.

Als ich aus dem Zuchthaus Waldheim entlassen war, besuchte ich Mayer und sagte ihm, daß ich in der Haft eine Lücke geschlossen hätte, nämlich die Liederlücke mit Heine. »Was«, fuhr Mayer hoch, »Heine. Heine ist völlig überschätzt. Ein literarischer Kretin, hochgespielt, verwaschen.«

Mayer blieb mein erstes Reich-Ranicki-Erlebnis – er sah diesem auch immer nicht nur ähnlich.

## *Jazzschutz contra Marxwahn*

Ich heiratete Vera. Sie war in Max Schwimmers Meistermalklasse die Numero eins und versuchte, ihre Begabung als Modezeichnerin zu merkantilisieren. Es gelang ihr später an der Seite von Katja Selbmann, der sympatischen Tochter des später in Ungnade gefallenen DDR-Industrieministers Erich Selbmann, das Deutsche Modeinstitut in Ost-Berlin zu leiten.

Wir zogen 1950 in die Schwägrichenstraße 15. Ich absolvierte ein Jahr später das Staatsexamen, erhielt den Titel Diplom rerum politicarum.

»Dipl. rer. pol. Reginald Rudorf« prangte fortan auf dem Messingschild an der Haustüre im zweiten Stock rechts.

Kurz darauf wurde ich im Zuge einer großangelegten Überprüfung aller Mitglieder und Kandidaten der Partei aus der SED als Parteifeind ausgeschlossen. Ich hätte mich des Titoismus schuldig gemacht. Titoismus war ein Totschlagwort für alle möglichen Abweichungen vom alleinseligmachenden Kurs der Partei. In meinem Falle wurde erklärt, ich wäre Titoist, weil ich für einen nationalen Weg des Sozialismus eingetreten wäre. Außerdem forderte ich, die Alleinherrschaft der SED durch ein Mehrparteiensystem abzulösen – die Blockparteien wurden von uns ohnehin nur als Mäntelchen für Scheindemokratie abgetan. Zudem sei ich gegen die damals gegründete Staatssicherheit. Was die Genossen jedoch im eigentlichen Grunde zu meiner

Verstoßung aus der SED bewegte, war meine bourgeoise Lebensweise, also Habitus, Aufzug, Kosmopolitismus, Hemingway und Jazz. Jazz, das spürten die Kameraden, ist antistalinistisch, antimarxistisch, antiparteimäßig und daher von Übel. Die Genossen spürten sehr genau, daß sich der Jazzfan individualistisch dem kollektiven Zugriff der Partei entzieht. Die SED war aber eine streng stalinistisch organisierte Partei. Es wurde unter dem verlogenen Motto »demokratischer Zentralismus« von oben nach unten getreten. Mein Lebensstil aber war bestimmt von der Lockerheit des *AFN*, den ich jeden Tag von früh bis spät hörte. Die Rolle des *AFN* in den Köpfen der jungen Studenten Ende der vierziger und Anfang der fünfziger Jahre ist bestimmt einer Untersuchung wert. Vor den Hörsälen wurden allmorgendlich die Hits des *AFN* und nicht die Klassiker des Marxismus-Leninismus diskutiert. Aus dem *AFN* erfuhr ich, daß Stalin starb. Aus dem fünfhundert Kilometer in Frankfurt entfernten *AFN* hörte ich, daß der 17. Juni stattfand – noch ehe ich die Schüsse vom Reichsgericht, nur fünfhundert Meter von meiner Wohnung entfernt, hörte. Die SED-Blätter waren deshalb nicht von ungefähr voll mit hämischen Polemiken gegen den *AFN*, die »Stimme der Wallstreetgangster in Westdeutschland« – so die *Leipziger Volkszeitung*. Die SED wußte natürlich, welchen immensen Einfluß der *AFN* auf die jungen Leute hatte. Er transportierte Amerikas Musik in die Ohren der VEB-Öde.

Die Funktionäre hatten den Widerspruch zwischen meinem theoretischen Marxismus-Bekenntnis und dem praktischen Antimarxismus, den ich lebte, durchaus richtig wahrgenommen.

Also ausgeschlossen. SED-los.

Mein Freund Gerhard Dengler war nicht mehr in Leipzig, sondern in der Chefredaktion des *Neuen Deutschland*. Ich fuhr zu ihm nach Berlin. Er wohnte mit seiner Frau Gerda in einer schönen alten Villa am Zeuthener See – ob es wohl die ist, in der Guillaume heute seinen Lebensabend verbringt?

Gerhard setzte sich für mich bei ZK-Revisionschef Hermann Matern ein. Matern befahl, daß in Leipzig die Parteileitung den »Fall Rudorf« nochmals überprüft. Es wurde ein sogenanntes Revisionsverfahren eingeleitet, das nach über einem Jahr »positiv« ausging. Der SED-Beschluß wurde zurückgenommen, ich 1952 wieder als Vollmitglied in die SED aufgenommen.

In der Zwischenzeit kam ich über das Ministerium für Kultur – und Fürsprache von Matern – als Dozent für Gesellschaftswissenschaften und stellvertretender Direktor an das Institut für künstlerische Formgestaltung auf die Burg Giebichenstein bei Halle an der Saale. Man hatte mich dort gleichsam auf ein Nebengleis geschoben, bis meine avisierte Rehabilitierung feststand.

Da stand ich nun in der alten, wunderschönen Burg mit ihren vielen Ateliers und Werkstätten, umgeben von namhaften Malern, Werkgestaltern und Restaurateuren, die unter Regie von Professor Funkat so etwas wie ein musisches Refugium in der DDR versuchten – allen voran ein eifernder Maler, der nichts von mir, Marxismus und Ästhetik wissen wollte, ein fanatischer Antikommunist. Sein Name: Willi Sitte, er wurde später der führende Staatsmaler Honeckers und SED-Chef-Ästhetiker – und heute?

Ein Staatssekretär im Ministerium für Kultur, Helmut Zschocher, hörte sich eine meiner Vorlesungen über *Ästhetik und Marxismus* auf Burg Giebichenstein an, war begeistert, weil bislang keiner versucht hatte, ausgerechnet den handkantigen und zutiefst amusischen Marxismus mit der eher flüchtig-feinen Lehre von der Ästhetik zu verbandeln. Ich hatte bei Hegel Anregungen dazu gefunden. Zschocher animierte mich, darüber ein Buch zu schreiben. Das tat ich. Unter dem Titel *Ästhetik als Wissenschaft* erschien die Arbeit im Leipziger Seemann-Verlag. Leider habe ich kein Exemplar mehr von der Arbeit, die ich Hans Mayer schenkte, der sie offensichtlich nie las und sie schon deswegen schrecklich schlecht fand. Aber er schanzte mir unmittelbar danach (!) einen von der Karl-Marx-Universität honorierten Forschungsauftrag zu. Ich sollte die Beziehungen Johann Sebastian Bachs zum Literaturpapst Gottsched untersuchen. Das tat ich mit großem Spaß. So kam der Jazzfan, der keine Beziehung zur Klassik hatte, zu Bach. Die Beziehungen Bachs zu Gottsched erwiesen sich übrigens als recht einseitig: Bach hatte nur zur Frau Gottscheds Beziehungen, zur legendären Gottschedin.

Auf Burg Giebichenstein wurde ich 1953 als Aktivist ausgezeichnet. In der Begründung heißt es: »Kollege Rudorf hat als Gesellschaftswissenschaftler und als Mitglied der Institutsleitung durch Verantwortungsbewußtsein und ständigen gesellschaftlichen Einsatz einen entscheidenden Anteil an der ideologisch-politischen Vorwärtsentwicklung unseres Instituts.« Und ich hätte entscheidenden Anteil daran gehabt, daß »die Einheit von gesellschaftswissenschaftlicher Theorie und künstlerischer Praxis vorwärtsgetrieben« worden sei.

Tatsächlich bestand meine Lehrtätigkeit darin, allen Sektionen auf der Burg, also Restaurateuren oder Töpferinnen, verbindlich zuzusichern, daß ihre ästhetischen Eigenheiten durch die marxistische Theorie nicht aufgehoben, sondern bestätigt würden. Im Klartext: Jeder solle so weitermachen wie bisher, also ohne Marx töpfern und ohne Engels restaurieren.

Mir war längst klar, daß der Marxismus-Leninismus möglicherweise alle Weltprobleme philosophisch lösen könne, vielleicht auch die der Wirtschaft, obwohl ich da meine Zweifel hatte – aber in der Kunst sollte Karl Marx außen vor bleiben. Das war auch Funkats Meinung, der seine Hand schützend über seine Künstler und meine Wenigkeit hielt – schützend vor dem SED-Kulturministerium und Zschocher, der zwar mein Ästhetik-Buch angeregt hatte, aber mit dem Resultat keineswegs zufrieden schien. Wo kämen denn Bach, Jazz, Töpfer und Metallkünstler hin, wenn sie ihre ästhetischen Konditionen an den faden Formeln über den Mehrwert messen müßten?

Natürlich fand ich in der Burg rasch Freunde, auch durch meine Jazzvorträge, die ich zwischen die Marxismusvorlesungen einstreute. Da war ein Zweimeter-Metallkünstler namens Rauschenberg und eine süße kleine Töpferin. Der Metaller hätte mich erschlagen, wenn ich ihm Marx ins Eisen gemengt hätte, Babette mit Liebesentzug reagiert, wenn sie mit Lenin statt Lehm an die Töpferscheibe hätte gehen sollen.

Zschocher schob mich von der Burg auf die Hallenser Musikhochschule ab. Ihm war nicht entgangen, daß ich mit den Künstlern zu enge Beziehungen aufgenommen hatte, statt die Linie der Partei auf Burg Giebichenstein durchzupauken.

Musikhochschule – da hatten die Genossen den Bock zum Gärtner gemacht. An dieser Hochschule hielt ich meine ersten Vorlesungen über marxistische Ästhetik. Ein smarter Student mit US-Brille und Westklamotten, Pianist, störte meine Vorlesungen unentwegt mit provokanten Zwischenrufen und abenteuerlichen Behauptungen. Der geltungssüchtige Smartie hieß Werner Rackwitz, ein noch fanatischerer Antikommunist als Willi Sitte auf der Burg. Aber der Antikommunist in Rackwitz war wie der Antikommunist von Sitte offenbar ein Stilmittel, um sich selbst zu inszenieren.

Rackwitz wurde Honeckers oberster Kunstwart, stellvertretender Kultusminister der DDR, ein fanatischer Stalinist, der sich auch nach der Wende als Intendant an Felsensteins Ostberliner Paradebühne hielt.

## *Freischaffender Jazzkommunist*

Burg, Musikhochschule, Ärger mit Zschocher und vor allem der 17. Juni leiteten meinen Rückzug aus der äußeren SED in die innere politische Emigration ein – der Hebel war dabei der Jazz.

Die Ereignisse des 17. Juni hatten sich seit Tagen angemeldet. Die Bauarbeiter in der Windmühlenstraße streikten, nachdem die SED die Normen hochgesetzt hatte. Vor dem Staatsanwaltschaftsgebäude standen die Frauen Verhafteter Schlange, um ihre Männer herauszudemonstrieren. Die Stadt gärte. Dann war der Aufstand da. Leipzig war in wenigen Stunden von unten nach oben gekehrt. Volkspolizei, Stasi, alles war wie weggeblasen.

Aber der 17. Juni hatte nur ein Ergebnis: Die sowjetischen Panzer rollten den 17. Juni zusammen, und die Stasi nahm alle fest, die unmittelbar am Aufstand beteiligt waren oder die sie schon lange festnehmen wollte; jetzt hatte sie einen Grund für jede Festnahme. Die SED-Diktatur demonstrierte für jeden sichtbar: Ihr Unterdrückungssystem war ausschließlich auf die Bajonette und Panzer der Roten Armee gegründet. Es gab –

innerhalb und außerhalb der SED – in all den Jahren nach dem 17. Juni unter den frei denkenden Bürgern in der DDR keine ernsthafte Diskussion mehr über die Legitimation des SED-Regimes. Die Panzer hatten jedem vor Augen geführt: Die SED ist eine Tochtergeschwulst des Stalinismus, nichts mehr, nichts weniger – nur westliche Korrespondenten berichteten darüber merkwürdig anders. Meine bürgerlichen Freunde attackierten mich: »Jetzt kannst du nicht mehr in der SED sein.« Vor dem Reichsgericht sagte mir Herbert Becke, einer der bekannten Leipziger Architekten: »Du mußt jetzt raus aus der SED.« Mein Freund Heinz Lukasz, Redakteur der *Leipziger Volkszeitung*, erkannte: »Wir müssen raus.«

Nur wie. Meine Idee war, wir müssen die DDR von innen her wandeln, mit Jazz, mit Swing, mit Hemingway, mit dem *Playboy*, kurz: Wir müssen amerikanische Lebensart subkutan als Konterbande in die DDR transportieren.

Ich kündigte bei der Musikhochschule und war plötzlich der erste und einzige freischaffende Jazzkommunist der DDR.

Die Schwägrichenstraße 15 wurde zum Mekka der Jazzfans und von Besuchern und Journalisten aus dem Westen, so Ben Russak, dem amerikanischen Buchhändler aus Kopenhagen, der uns die Jazz-Literatur aus den Staaten mitbrachte: Sidney Finkelstein und Rudy Bleshs *Shining Trumpets*. In die Schwägrichenstraße 15 kamen Hans Mayer, Professor Budzinsky, der mir Platten von Paul Robeson und Pete Seeger schenkte; Wieland Herzfelde, der legendäre Chef des alten Malik-Verlages im Berlin der Zwanziger, Förderer von George Grosz, Herzfeldes Bruder John Heartfield, der der Protagonist der politischen Fotomontage wurde.

Zu meinem Freundeskreis gehörte auch Max Schwimmer, mit dem ich oft in der *Künstlerklause* der Kammerspiele zusammensaß. Der Maler Schwimmer war ein großer Erzähler und Trinker vor dem Herrn, dessen Illustrationen zu Heine oder Tucholsky zum Feinsten zählten, was deutsche Federzeichner zu Papier oder Pergament brachten. Ein großer Maler. Vera verdankte ihm die Perfektion ihrer Begabung. Er war Marxist wie ich – nur mit der SED wollte er auch am Ende seines Lebens immer weniger zu tun haben. Schwimmer beschwor mich, eine Opposition in der SED zu gründen.

Auch den Rektor der Karl-Marx-Universität, Schorsch Meyer (nicht Hans Mayer) traf ich in einer famosen Pinte in der Markgrafenstraße. »Säbel-Meyer«, so genannt wegen seiner Fechtnarben im martialischen Antlitz, sah aus wie der Schauspieler Robert Meyn. Meyer war natürlich in der SED; aber wenn er seine Schnapsgrenze überschritten hatte, das war gegen achtzehn Uhr der Fall, zersägte er gnadenlos Ulbricht & Co.

Die damalige politische Diktion in meinem Bekanntenkreis ist in etwa mit der zynischen Marxotik eines Gregor Gysi vergleichbar, der heute in der DDR einen modischen Salonkommunismus mit polyglotten Zügen fortführen will: Im Grunde undemokratisch motiviert, da in der Konsequenz durch die marxistische Dogmatik eingeengt.

Aus dieser Eingrenzung konnte ich nur ausbrechen, weil ich Jazz liebte. Die Botschaft des Jazz ist Demokratie, eine politische Lockerungsübung der intellektuellen Innereien, eine Lebensart, die sich mit keinem Dogma abfindet, sondern ausschwitzt.

Das haben sowohl die Braunen wie die Roten gespürt. Sie haben deshalb mit unbarmherziger Härte den Jazz verfolgt und verboten – Hitler wie Ulbricht. Wir konnten das Politbarometer in der DDR ablesen: Wurden beim Jazz die Daumenschrauben angezogen, kam Eiszeit, wurden sie gelockert, kam Tauwetter. Ein Jazzfan kann im Kommunismus und Faschismus nichts werden.

Deshalb ist die Geschichte eines Jazzkommunisten ein Widerspruch in sich selbst – und mußte hinter Gittern enden.

Hier ist diese Geschichte ...

# IV
# Die akustische Kriegsvorbereitung

## DDR:
## Die SED und der Jazz

1950 war die Leipziger Universität noch keine von der SED gleichgeschaltete Hochschule. Die Partei hatte an dieser Universität zwar schon 1947 die Gesellschaftswissenschaftliche Fakultät gegründet, um den dringend benötigten intellektuellen Parteinachwuchs ausbilden zu können, aber gerade an dieser Fakultät kam es zu zahlreichen ideologischen Abweichungen, die von der SED im Parteijargon als Opportunismus, Revisionismus, Reformismus, Amerikanismus und – vor allem zu meiner Zeit – als Titoismus gebrandmarkt wurden.

Als ich mich 1948 an dieser Fakultät immatrikulierte, waren die meisten der Dozenten Marxisten, die während der Hitlerzeit im westlichen Ausland gelebt und sich dort daran gewöhnt hatten, ihre Auffassungen frei zu vertreten und zu lehren. Viele waren keineswegs gewillt, sich dem Diktat der SED zu unterwerfen und auf eine eigene Interpretation ihres Lehrstoffes zu verzichten.

Dengler, der mich ja an die Gewifa brachte, machte mich mit Heinz Lukasz bekannt, einem ehemaligen Redakteur des *Neuen Deutschland,* der wegen zu häufiger West-Berlin-Besuche zur *Leipziger Volkszeitung* in die Provinz strafversetzt wurde.

Lukasz übernahm die Kulturredaktion der *LVZ,* wurde mein engster Vertrauter.

Längst vor meinem Eintritt in die SED (1948) war ich mit dem illegalen Leipziger Jazz-Zirkel in Berührung gekommen. Als ich von der SED vor die Entscheidung gestellt wurde, zwischen Jazz und Marxismus zu wählen, antwortete ich, daß ich keinen Widerspruch zwischen meiner marxistischen Weltanschauung und meiner Vorliebe für Jazzmusik entdecken könne. Schon früher hatte ich oft unsachliche Angriffe von Funktionären auf mein

Jazz-Hobby zurückgewiesen und das wirkliche Wesen dieser Musik zu erklären versucht.

Da auf diese Weise jedoch keine Verständigung zu erreichen war, suchten Lukasz und ich zusammen mit Freunden nach Argumenten, die die speziellen, aus dem Marxismus abstrahierten Vorbehalte der Funktionäre gegen den Jazz entkräften konnten. Was wir uns ausdachten, entwickelte sich »unter der Hand« zu einer »marxistischen Jazztheorie«, die uns später die spöttische Bezeichnung »Jazz-Marxisten« eintragen sollte.

Unsere Theorie bauten wir folgendermaßen auf: In New Orleans, im Süden der USA, Geburtsstätte des Jazz, lebten die Farbigen unter diskriminierenden Verhältnissen. Die Mehrheit der Farbigen in New Orleans gehörte zum Negerproletariat. Die Farbigen waren die Träger des Jazz. Ihre Lieder sprachen von ihren Nöten. Ihre Musik war somit die Musik eines großstädtischen Negerproletariats.

In unseren Bemühungen, den Jazz für die Funktionäre akzeptabel zu machen, gingen wir so weit, ihn als »einzige in unserer Zeit entstandene großstädtisch-proletarische Volksmusik« zu bezeichnen. Die Geschichte des Jazz ließ sich also durchaus »marxistisch« interpretieren.

Der Jazz, so wir, verbreitete sich über die Südstaaten der USA, gelangte nach Chicago und New York. Hier verbrüderten sich farbige und weiße Musikanten. So entstand eine nationale, nordamerikanische Volksmusik großstädtischen Charakters.

An dieser Stelle sei hervorgehoben, wie sehr bei allen Diskussionen und Gesprächen mit Funktionären der Partei, bei öffentlichen Vorträgen und Publikationen in der DDR das kommunistische Vokabular genauestens eingehalten werden mußte. Worte wie Volk, Nation, Klasse, Dekadenz, Politik, Bürgertum usw. hatten einen vorbestimmten, rituellen Sinn. Wenn dementsprechend der Jazz als *nationale, nordamerikanische Volksmusik großstädtischen Charakters* definiert wird, kann man zu folgendem Ergebnis gelangen:

1. *»Nationale Musik«*: Die nationale Form ist erkennbar an der nationalen Intonation. Nationale Intonation, das sind die für eine Nation typischen Melodien, Harmonien und Rhythmen.

Wenn einer Musik nationale Intonation nachgewiesen werden kann, so passiert sie unbeanstandet die erste ideologische Zensur. Enthält eine Musik keine erkennbare nationale Intonation, ist sie dekadent, ihre Form befindet sich im Verfall, die Musik ist heimatlos und kosmopolitisch.

2. *»Nordamerikanische Musik«*: Darunter ist eine Musik mit der typischen nationalen Intonation der USA zu verstehen – vorausgesetzt natürlich, man weiß, was damit gemeint ist. Niemand wußte das, wir haben es einfach behauptet, weil wir wußten: Niemand kann uns widerlegen, weil es eben sinnlos war. Deswegen war es auch nicht schwer, die musikalischen Eigenarten des Jazz eben als diese »nationale Intonation« der USA zu interpretieren.

3. *»Volksmusik«*: Das Volk besteht für die Kommunisten vor allem aus Arbeitern, Bauern und der werktätigen Intelligenz. Wenn es taktisch erforderlich ist, werden auch noch »fortschrittliche Schichten des Bürgertums« unter dem Begriff Volk geführt. Mit der Vokabel »Volk« in der Definition des Jazz war der Ideenträger des Jazz und damit der Ideengehalt festgestellt, denn eine Volksmusik drückt immer die Ideen des Volkes aus. Eine so marxistisch astrein definierte Musik passiert ungehindert die zweite Station des ideologischen Zolls.

4. *»Großstädtischer Charakter«*: Die marxistische Revolutionstheorie stützt sich bekanntlich auf das Proletariat. Der fortschrittlichste Teil dieser Klasse, heißt es, lebt zusammengeballt in Großbetrieben und Großstädten. New Orleans, Geburtsort des Jazz, war auch schon um die Jahrhundertwende Großstadt. Die Neger dieser Stadt, die Jazz spielten, waren natürlich keine Industriearbeiter. Immerhin aber erhielten wir durch diese Argumentation eine weitere marxistische Komponente für die Interpretation des Jazz.

Die Funktionäre der SED standen unseren Erklärungen fassungslos gegenüber, zumal wir nicht vergaßen, dem proletarischen Jazz einen bürgerlichen gegenüberzustellen. Auch in der Musik mußte sich ja der Klassenkampf, die Spaltung in Fortschritt und Reaktion, in Gut und Böse, offenbaren.

Unsere These war denkbar einfach: Aus dem ursprünglichen

Jazz destillierten die Manager des kapitalistischen Vergnügungsgeschäftes einen verfälschten, kommerzialisierten Jazz. Die Geschichte des Jazz zeigt in der Tat eine solche kommerzielle Verfälschung. Mithin war es ein leichtes, diese Kommerzialisierung als »bourgeoise Dekadenz« zu verteufeln. Den Parteifunktionären erklärten wir, daß ihre Fehldeutung des Jazz eben an der von den Kapitalisten beabsichtigten Verwechslung des authentischen mit dem kommerziellen Jazz liege.

Nach vielen Gesprächen und Korrespondenzen erklärte sich der damalige Chefredakteur des von der SED gesteuerten Musikblattes *Musik und Gesellschaft*, Eberhardt Rebling, bereit, in einer Zeitschrift einen Pro-Jazz-Artikel zu veröffentlichen. Auf diesen Artikel hin schrieb mir im November 1952 der ehemalige musikalische Leiter von *Radio DDR*, Professor Pischner (später Hauptabteilungsleiter im Kulturministerium), und bat mich um ein Gespräch im Haus des Rundfunks in Berlin-Oberschöneweide. In diesem Gespräch gelang es mir, Pischners Vorurteile gegen den Jazz weitgehend zu beseitigen. Wenige Wochen später erschien in der DDR-Funkzeitung ein Artikel des Professors für den Jazz. Um sich gegenüber der Partei abzudecken, arrangierte Pischner dann eine Tagung, auf der ich sprechen sollte. Im Dezember 1952 versammelten sich im großen Tagungssaal der Deutschen Akademie der Künste am Robert-Koch-Platz in Ost-Berlin Musikwissenschaftler, Musiker, Orchesterchefs, Funktionäre und Journalisten.

Um die Ansichten der Genossen vom SED-Zentralkomitee und der Staatlichen Kunstkommission (Vorläuferin des Ministeriums für Kultur) zu erschüttern, begann ich mit einem scharfen Angriff gegen die kommerzielle Tanzmusik Amerikas. Während dieser Attacke verließ der ebenfalls erschienene Kurt Henkels, Chef des Tanzorchesters Leipzig, unter lautem Türzuschlagen den Saal. Den vor der Parteilichkeit meines Vortrags zunächst beeindruckten Funktionären setzte ich dann mit Hilfe von Schallplatten auseinander, daß es freilich neben dem verwerflichen kommerziellen noch den echten, den ursprünglichen Jazz gebe. Widerspruchslos hörten sie sich marxistisch kommentierten Armstrong und Goodman an. Kurt Henkels kam wieder, als er diese Klänge von einem Nebenraum aus hörte.

Das Ergebnis dieser Sitzung war die Überrumpelung der Musikfunktionäre. Fortan wurden Heinz Lukasz und ich nicht nur zu allen Sitzungen der Abteilung Tanzmusik im Verband deutscher Komponisten und Musikwissenschaftler (VDK) eingeladen, sondern auch in allen Fragen der »leichten Musik« konsultiert. Bald waren wir ständig zwischen Leipzig und Berlin unterwegs. Unsere »marxistische Jazztheorie« hatte ihre Feuertaufe bestanden.

Nach der Tagung verabredeten wir ein Gespräch mit Kurt Henkels. Er hatte unmittelbar nach dem Krieg in Leipzig ein Swingorchester aufgebaut, das in Deutschland bald zu den ersten Bands zählte.

Im August 1948 hatte seine Band die Kulturfunktionäre mit einem von Rolf Kühn unter dem Titel *Rolly's Be-bop* arrangierten orchestralen Bebop-Versuch provoziert. Tagelang versuchten SED-Funktionäre Henkels zur Abkehr vom Jazz zu bewegen und ihn zu zwingen, die erwünschten Schnulzen »heimischer« Komponisten zu bringen. Trotz aller Intrigen, Erpressungsversuche und Drohungen war Henkels jedoch nur zu den unumgänglichsten Zugeständnissen bereit gewesen.

Um den Druck auf Henkels zu verstärken, hatte sich später dann die Stasi eingeschaltet. Einzelne Mitglieder der Band waren von SSD-Spitzeln über die Einstellung ihrer Kollegen zu »westlicher Jazzmusik« befragt worden. Diese Befragungen hatten in einigen Fällen die Flucht der betreffenden Musiker zur Folge gehabt. Wohl aus diesem Grunde wurde die Partei etwas vorsichtiger und stimmte zu, als von seiten des VDK angeregt wurde, Lukasz und ich sollten ab sofort die Schulung der Orchestermitglieder übernehmen.

Im Einverständnis mit Henkels, dem wir unsere Absichten offen dargelegt hatten, begannen wir unsere »Schulung« mit einer Vortragsreihe über Jazz. Zwischen den Mitgliedern der Band und uns entwickelte sich ein freundschaftliches Verhältnis; sie rechneten es uns als Verdienst an, daß überhaupt wieder über Jazz gesprochen werden konnte. Lediglich in einem Punkt gab es keine Übereinstimmung: Lukasz und ich versuchten zunächst, das Orchester musikalisch auf den Dixielandstil zu eichen, da dieser bei den Kulturfunktionären populärer war als die Swingmusik der Henkels-Band. Aber da gab es keinerlei Kompromisse mit Henkels. Später sahen wir ein, daß es für das Orchester einen musikalischen Rückschritt bedeutet hätte, wäre man uns in dieser Frage gefolgt.

In Berlin liefen sich in der Zwischenzeit unsere Gespräche mit den Musikfunktionären zwar fest, aber eines hatten wir auf jeden Fall erreicht: Der Jazz galt den Parteileuten nicht mehr schlechthin als dekadent. Die DDR-Presse wußte jetzt zwischen den von uns erfundenen Phantomen des »proletarischen« und des »bürgerlichen« Jazz zu unterscheiden.

Da die SED-Kulturpolitiker seit '51 eine neue, nationale Tanzmusik forderten, die die »Gefühle der Werktätigen widerspiegeln« sollte, beschlossen wir, unsere Kampagne für den Jazz mit dieser Forderung zu verbinden. Neben unserer »marxistischen Jazztheorie« entwickelten wir also eine »Theorie der volkstümlichen, nationalen Tanzmusik«. Die eigentliche Schwierigkeit bestand in folgendem: Die große Mehrheit des jugendlichen Publikums wollte eine vom kommerziellen Jazz beeinflußte Tanzmusik, wie sie in Westdeutschland gespielt wurde. Der *AFN* und die Sendung *Schlager der Woche* im *RIAS* – wohl die beliebteste Schlagersendung damals in der DDR – beeinflußten den musikalischen Geschmack der jüngeren Generation entscheidend. Das wußten die SED-Funktionäre.

Um uns durchzusetzen, mußten wir drei Dinge unter einen Hut bringen: unsere Bemühungen um den Jazz, das Verlangen vieler Jugendlicher nach westlicher Musik und die Forderung der Partei nach einer nationalen Tanzmusik. Natürlich sollte der Jazz dabei die erste Geige spielen.

Zu dieser Zeit veröffentlichte der damalige Feuilletonredakteur der *Berliner Zeitung*, Jürgen Rühle, zwei größere Beiträge, die für Jazz plädierten. Da die *Berliner Zeitung* zu den meistgelesenen Blättern der DDR zählte, war das ein Erfolg. In der Zwischenzeit konnten wir auch in *Musik und Gesellschaft* längere Artikel unterbringen.

In allen diesen Veröffentlichungen argumentierten wir in folgender Weise:

Obwohl die Quellen einer neuen Tanzmusik in der deutschen Volkstanzmusik zu suchen seien, bedeute das nicht, daß wieder Ländler oder Polka gespielt werden müßten. Vielmehr gelte es, durch die Pflege der deutschen Volksmusik einen originellen musikalischen Ausdruck der Tanzmusik wiederzufinden. Auf dieser Grundlage sei auch die Übernahme ausländischer Volkstanzmusik möglich. Auch die nordamerikanische Volkstanzmusik (gemeint war natürlich Jazz) könne die Entwicklung einer eigenen, modernen Tanzmusik befruchten. Im Dixieland seien viele Elemente süddeutscher Volkstanzmusik lebendig, die Ende des vorigen Jahrhunderts bei der Geburt des Jazz von Bedeutung gewesen seien.

Mit solchen Formulierungen – so absurd sie dem Leser auch erscheinen mögen – gelang es uns, die Forderung nach der nationalen Form in der deutschen Tanzmusik mit der Forderung nach dem Jazz zu verbinden. Die Ahnungslosigkeit der Kulturfunktionäre, die dem Drängen der Jugend nach westlicher Tanzmusik hilflos gegenüberstanden, ließ sie nach unserer Theorie wie nach einem rettenden Strohhalm greifen. Aus allen Himmelsrichtungen erhielten wir Briefe mit der Bitte, unsere Auffassungen doch näher zu erläutern.

Nachdem ich im Juli 1951 mein Staatsexamen an der Uni abgeschlossen hatte und in Halle erst auf Giebichenstein, dann an der Musikhochschule dozierte, gelang es mir, die Hallenser Hochschulgruppe des Kulturbundes dazu zu bewegen, im Auditorium maximum der Universität Halle, dem Tschernyschewskij-Haus, einen Jazzvortrag zu arrangieren – den ersten in der alten Universitätsstadt.

Martin-Luther-Universität, Giebichenstein, Musikhochschule und die bekannte Franckesche Stiftung gaben Halle ein intellektuelles und zu dieser Zeit noch weltoffenes Gepräge. Die Studenten interessierten sich wie überall lebhaft für Jazz.

Bereits Stunden vor dem für zwanzig Uhr angesetzten Vortrag war der Saal mit über siebenhundert Menschen weit überfüllt.

Ebenso viele Studenten drängten sich auf der Straße vor dem Eingang und forderten in Sprechchören eine Lautsprecherübertragung auf den Vorplatz. Die Funktionäre der SED-Hochschulgruppe, die einen derartigen Andrang nicht vermutet hatten, bekamen es mit der Angst zu tun und lehnten ab. Während Fensterscheiben eingeschlagen wurden und man den sich den Studenten in den Weg stellenden Hausmeister kurzerhand in den Keller sperrte, wuchs die Menge draußen auf über tausend Personen an. Die Funktionäre berieten und alarmierten dann die Volkspolizei. Überfallwagen wurden eingesetzt, es kam zu einem Handgemenge. Einige Studenten wurden festgenommen, die anderen formierten sich zu einem Schweigemarsch, um ihren Unwillen auszudrücken.

Den Vortrag leitete ich mit einem Wort Ilja Ehrenburgs über die Neger als die lebendigen Nachtigallen Amerikas ein. Nach einem Überblick über die Geschichte des Jazz stellte ich fest, der Jazz habe in der DDR durchaus eine positive Mission zu erfüllen. Als ich in der sich anschließenden Debatte mit den Studenten wieder und wieder gedrängt wurde, gegen die bisherige Unterdrückung des Jazz zu sprechen, erklärte ich, daß es in der DDR für die Verbreitung des Jazz keine grundsätzlichen Hindernisse mehr gebe. Lediglich einige Funktionäre stellten sich ihr noch hemmend entgegen. Die Studenten begriffen diese Äußerung und wollten nicht aufhören, ihre Begeisterung für die scheinbar offizielle Aufhebung des Jazzverbotes zu bekunden. Allerdings versuchten einige Funktionäre der SED-Hochschulgruppen nach dem Vortrag, Heinz Lukasz und mich in einer Besprechung der Parteileitung davon zu überzeugen, daß die Propaganda für den Jazz doch mehr »im stillen« und nicht mit dem Aufwand einer amerikanischen Show durchgeführt werden sollte. Der damalige Rektor der Universität, Stern, sprach sogar von einem »sich objektiv als Provokation ausnehmenden Versuch«, den wir unternommen hätten. Derartige Angriffe konnten wir abwehren. Die zuständigen Genossen im Kulturministerium, im Funk und im Verband Deutscher Komponisten waren von unserer Loyalität überzeugt. Wenige Wochen später mußte die Veranstaltung – gegen den Willen der Hallenser SED – wiederholt werden. Diejenigen Studenten, die beim ersten Mal keinen Einlaß erhalten hatten, waren derart oft und beharrlich sowohl bei der FDJ als auch bei der SED vorstellig geworden, daß beide schließlich nachgeben mußten. Wieder kamen über tausend Zuhörer. Die Studenten der Köthener Chemiefachschule, die von diesen Vorträgen gehört hatten, forderten wenig später eine Wiederholung in Köthen. So entwickelte sich allmählich eine regelrechte Vortragstätigkeit.

Im April 1954 beschloß das zuständige Kollegium des DDR-Rundfunks in der Ostberliner Nalepastraße nach vielen Gesprächen und Eingaben, Hörerbriefen und Zeitungsartikeln, Jazzsendungen zuzulassen. Seit Mai 1954 konnten Lukasz und ich in Leipzig mit der Zusammenstellung von Jazzprogrammen beginnen, die allwöchentlich von *Radio DDR*, dem *Berliner Rundfunk* und dem *Deutschlandsender* ausgestrahlt wurden. Das Echo dieser Sendungen waren zahlreiche Hörerbriefe von Jazzfans aus allen Teilen der DDR. Auf diese Weise mit Adressenmaterial versorgt, knüpften wir ein Jazz-Netzwerk. Zunächst erhielten die Jazzfreunde brieflich von uns den Rat, sich an ihre örtlichen FDJ- und Kulturbundleitungen zu wenden und dort unter Berufung auf die Jazzsendungen von *Radio DDR* einen Jazzvortrag anzuregen. Als »Argumentationsmaterial« legten wir diesen Briefen Fotokopien unserer Veröffentlichungen bei. Fast in allen Fällen gelang es, einen Jazzvortrag zu arrangieren. Bis zum November 1955 hatten Lukasz und ich nicht nur mit nahezu allen in der DDR existierenden Jazzkreisen Verbindung aufgenommen, sondern auch auf rund fünfzig Veranstaltungen Referate gehalten.

Nach allen diesen Vorträgen entspannen sich zwischen uns und den Jazzfreunden angeregte Gespräche, in deren Verlauf sich regelmäßig herausstellte, wer der führende Kopf des jeweiligen Jazzkreises war. Wir tauschten unsere Adressen aus und erhielten so die Möglichkeit, die Initiatoren zahlreicher Jazz-Zirkel monatlich einmal brieflich über den Stand unserer laufenden Ostberliner Verhandlungen zu unterrichten. Diese Korrespondenz war im Grunde der »organisierende Faktor« zwischen den Zirkeln und uns. In dem Maße, wie die städtischen Behörden unsere Vortragstätigkeit unterstützten, bekamen die Jazzclubs den Status einer gewissen Halblegalität; seit dem Frühjahr 1954 mußten sie kaum mehr mit einer Verfolgung rechnen.

In besagtem Frühjahr erhielt ich einen Brief von Siegfried Schmidt, der in Gotha auf die Zulassung zum Studium wartete. Siegfried Schmidt – heute ist Sigi Schmidt-Joos U-Musikchef des *SFB*-korrespondierte mit mir vor allem über den modernen Jazz. Auf diese Weise beschäftigten wir uns in Leipzig mehr als bisher mit modernem Jazz. In unsere Vorträge und Sendungen bezogen wir vorsichtig moderne Aufnahmen ein. 1954 nahmen Schmidt und der Gitarrist Alfons Zschockelt, der später bei den Düsseldorfer *Feetwarmers* spielte, ihr Studium an der Uni Halle auf. Damit hatten wir in der nächsten größeren Stadt zwei rührige Vertreter unserer Sache.

Um die geschaffenen Verbindungen, besonders zwischen Halle und Leipzig, nicht wieder abreißen zu lassen, beschlossen Lukasz und ich, ein Büro für den Jazz in der DDR zu schaffen. Es wurde im Sommer 1954 in Leipzig während einer Aussprache mit einem Dutzend politisch zuverlässiger Jazzleute gegründet. Außer uns gehörten Schmidt und Zschockelt, der Leipziger Wolfram Leuschel (später Hamburg) und noch vier weitere Jazzfreunde dem Büro an, das wir fortan unsere *Redaktion* nannten. Die Aufgabe der *Redaktion*, die ihren Sitz in der Leipziger Schwägrichenstraße hatte, bestand darin, die schon vorhandenen Kontakte auszubauen, Jazzmaterialien (Schallplatten und Literatur) zu sammeln und Verbindungen zum westdeutschen Jazz aufzunehmen. Vor allem legten wir Wert auf die prompte Beantwortung der täglichen Post, auf die Organisierung weiterer Jazzvorträge und die Verwirklichung unserer Absicht, legale Jazzclubs in der DDR zu schaffen. Die *Redaktion* gab einen mit der Schreibmaschine verfertigten Informationsdienst heraus, der monatlich verbreitet wurde. Unsere etwas weiter gesteckten Ziele waren: eine eigene Zeitschrift, die Zulassung besonderer Jazzlokale, die Einrichtung eines Jazzstudios beim Funk – mit einer vom Funk bezahlten Studioband –, die Herausgabe eines Jazzbuches, Gastspiele und Tourneen bekannter Jazzmusiker aus den USA und dem westlichen Ausland, offizielle Beziehungen zur westdeutschen Jazzföderation, Herstellung und öffentlicher Vertrieb von Jazzschallplatten in der DDR sowie Kontakte mit Freunden des Jazz in der Sowjetunion und den sogenannten Volksdemokratien.

Die *Redaktion* war illegal. Wir mußten also die Regeln konspirativer Arbeit streng beachten. Unsere Taktik war, bei den örtlichen Leitungen der FDJ und des Kulturbundes Interesse für Jazz zu wecken, mit Hilfe der bekannten Argumente Vorträge und Gespräche zu fordern, bei diesen Veranstaltungen für die Teilnahme geschickter Diskussionsredner zu sorgen. Nur über das auf diese Weise entfachte Echo konnte unser Ziel, die Legalisierung des Jazz, allmählich erreicht werden.

Der wichtigste Angelpunkt war die FDJ. Eine Jazzbetätigung in der DDR auf privater Grundlage wäre niemals gestattet worden. Eben deshalb mußten wir dem Jazz das Interesse und das Wohlwollen einer staatlichen Organisation verschaffen. Die *Redaktion* wurde nicht mit der Absicht gegründet, in der Zone, durch den Jazz getarnt, politisch zu konspirieren; wir wollten nur den Jazz legalisieren. Unsere Taktik erwies sich zunächst als erfolgreich, obwohl sie aus unerwarteter Richtung angegriffen worden war.

Im Mai 1954 erschien in der westdeutschen Zeitschrift *Internationales Jazz-Podium* ein Artikel, in dem ein anonymer Autor Lukasz und mich der Politisierung des Jazz bezichtigte. Nicht allein das. Unser Vortrag an der Universität Halle wurde eine »Lockung mit bösem Hintergedanken« genannt, dazu bestimmt, jazzbegeisterte Studenten im Saal anwesenden Agenten des Staatssicherheitsdienstes auszuliefern.

So absurd diese Unterstellungen auch waren, uns brachten sie in eine gefährliche Situation. Die Funktionäre im Kulturministerium legten uns den Artikel vor mit der Bemerkung, er sei ein Beweis dafür, daß die westdeutsche Jazzgemeinde sich aus finsteren Reaktionären zusammensetze. Und das sei nicht zufällig, denn als amerikanisches Infiltrationsmittel bedinge der Jazz den rückschrittlichen Charakter seiner westdeutschen Anhänger, die sich einmal mehr als wüste Hetzer gegen die DDR bloßgestellt hätten. Es gelang uns, diese unsere Arbeit gefährdenden Folgerungen mit dem Hinweis zu kontern, daß es sich bei diesem *Podium*-Artikel ohne jeden Zweifel um ein Mißverständnis handele und einige unsaubere Elemente die Redlichkeit westdeutscher Jazzkritiker ausgenutzt hätten. Da wir wohlgelitten waren, tat die Partei zunächst nichts; sie wartete ab.

Der Autor des Beitrags war übrigens der westdeutsche Jazzpapst a. D. Joachim-Ernst Berendt, der heute zur Linken im Land zählt.

Die *Redaktion* beschloß, dem Chefredakteur des *Podium*, Dieter Zimmerle, zu schreiben. Nachdem dieser unseren Brief in der Juni-Nummer der Zeitschrift veröffentlicht hatte, stellte das *Podium* seine Angriffe gegen uns ein. Aus Düsseldorf hatte mir inzwischen der Vorsitzende der Vereinigung für Jazzmusik, Klaus Berenbrok, geschrieben, als Mitarbeiter des *Podium* wende er sich entschieden gegen die Verunglimpfung der Bemühungen, den Jazz bei der SED hoffähig zu machen. Er werde mich in Leipzig besuchen und dann im *Podium* die tatsächliche Jazzlage in der DDR darstellen. Berenbrok kam. Sein objektiver Bericht, in dem er seine Leipziger Eindrücke ausführlich schilderte, erschien in der Juli-Nummer der Zeitschrift.

## *Die FDJ wird gewonnen – der Film meldet sich*

Nach unseren Erfolgen kam jetzt alles darauf an, die FDJ für unsere Sache zu gewinnen. Tatsächlich zeigte sich die FDJ-Bezirksleitung Leipzig im Juni 1954 bereit, mit uns eine Jazzveranstaltung zu arrangieren. Kurt Henkels, der unserer »marxistischen Jazzpropaganda« als entschiedener Ulbricht-Gegner mit verständlicher Skepsis begegnete, erklärte sich in einem Gespräch mit Lukasz und mir bereit, uns zu unterstützen. Er und ich wurden für die Veranstaltung am 16. Juni als Redner angekündigt.

Nach dem Abend im Clubhaus der FDJ setzten wir uns zusammen mit Kurt Henkels, der bisher allen Begegnungen mit FDJ-Leuten aus dem Wege gegangen war, an den Verhandlungstisch der Funktionäre. Diese – offensichtlich froh, endlich die Beachtung eines bei der Jugend so beliebten Orchesterchefs gefunden zu haben – machten ihm und mir das Angebot, solche Abende mit der Leipziger Jugend regelmäßig im FDJ-Clubhaus zu veranstalten.

Die nach diesen Vorträgen mit den FDJlern geführten Unterhaltungen wurden häufig in der Schwägrichenstraße fortgesetzt, wo wir ein übriges taten, unseren Gesprächspartner für einen neuen Plan zu gewinnen: Die FDJ sollte die Schirmherrschaft über einen Jazzclub übernehmen, den wir in ihrem Namen gründen wollten. Bald konnten wir feststellen, daß sich unsere »Freunde« für diesen Gedanken erwärmten, wohl nicht zuletzt deswegen, weil ihre Popularität unter der Leipziger Jugend dringend einer Auffrischung bedurfte. Als besonderes Zugmittel boten wir die Möglichkeit gesamtdeutscher Arbeit an. Wir berichteten von Klaus Berenbrok und seiner Vereinigung für Jazzmusik, die in Düsseldorf arbeite und mit uns sympathisiere. Ende November 1959 beschloß die FDJ-Bezirksleitung, Berenbrok nach Leipzig einzuladen, um mit ihm über eine Interessengemeinschaft für Jazz zu beraten. Ehe es jedoch zur Gründung dieser IG kam, ergab sich ein weiterer Kontakt: Rolf Stranzky, ein ehemaliger Studienkollege, avancierte Ende 1954 zum Sekretär der Gesellschaft zur Verbreitung wissenschaftlicher Kenntnisse. Mit ihm verhandelten wir bald über einen großen Jazzvortrag. Die Funktionäre der Gesellschaft erklärten sich einverstanden, nachdem ich ihnen ein Probereferat gehalten hatte. Für den 7. Dezember 1954 wurde ein Vortrag im Leipziger *Capitol*, dem Filmtheater mit den tausendsiebenhundert Plätzen, angekündigt. Besondere Mühe verwandten wir diesmal auf den »äußeren Rahmen«. Das *Capitol* wurde zu einem Jazzkonzertsaal umgestaltet. Links von der Bühne brachten wir eine mehrere Meer hohe Fotokopie mit den Worten Ilja Ehrenburgs über die Negermusik an. Rechts hingen untereinander drei kreisrunde Bilder – unter anderem ein Porträt Louis Armstrongs –, die infolge ihrer unterschiedlichen Größe ein riesiges Ausrufungszeichen bildeten.

Ein ebenfalls kreisrundes Porträt des Klarinettisten George

Lewis rechts vor der Bühne vervollständigte die Ausstattung. Zweitausend kamen. Im Publikum Spitzenfunktionäre der SED, Stasi, der Polizeipräsident höchstpersönlich und jede Menge Fans.

Während meines Vortrages über den Jazz versuchte ich, drei Arten von Jazzgegnern zu charakterisieren:

1. Laien, die Jazz mit Tanzmusik verwechseln.
2. Freunde von Klassik und Kultur.
3. Dogmatiker und Ideologen.

Auf letztere hob ich ab. Nachdem ich zunächst die Gründe für die Jazzverfolgung bei Hitler erläutert hatte, ging ich auf die offizielle Haltung zum Jazz in der DDR ein. Die Gleichartigkeit der Argumente im Hitler- und im Ulbricht-Staat wurde von den Anwesenden aufmerksam registriert. In diesem Zusammenhang ließ ich mich zu der Bemerkung hinreißen, wer den Jazz verfolge und dessen Anhänger unter Druck setzte, stelle sich mit den Nazis auf eine Ebene.

Im Parkett brach ein Orkan aus. Begeisterung, aber auch Pfiffe. Erst nach Mitternacht war das Jazzmeeting im *Capitol* zu Ende. Die Parteipresse schwieg. Die Funktionäre waren beleidigt, denn eine Gleichstellung mit den Nazis vertrugen sie nicht. Sie berieten, wie in Leipzig weitere Veranstaltungen dieser Art unterbunden werden konnten.

Ich wußte, daß ich in der Leipziger SED, die für ihre Ulbricht-Treue berüchtigt war, seit 1951 erbitterte Feinde hatte. Damals, während der Überprüfung der Mitglieder und Kandidaten der SED, war ich wegen »ideologischer Abweichungen« aus der SED ausgeschlossen, jedoch ein Jahr später auf Betreiben Denglers rehabilitiert worden. Dieselben Leipziger Funktionäre, die mich aus der Partei hinausbefördert hatten, mußten mir im Juli 1952 auf Befehl des ZK mein Parteibuch wieder aushändigen. Diese Niederlage hatten sie mir nicht vergessen.

Der erste Sekretär der SED-Bezirksleitung Leipzig, Paul Fröhlich, später Kandidat des Politbüros, und der damalige Leipziger Kulturchef, Siegfried Wagner, später Kulturchef im ZK, hatten unsere Bemühungen um den Jazz seitdem mit »besonderer Anteilnahme« verfolgt. Während wir langsam, aber stetig Fortschritte verzeichnen konnten, waren Fröhlich und Wagner eifrig bemüht, in Berlin Verbündete gegen uns ausfindig zu machen.

Die FDJ dagegen war mit unserer *Capitol*-Veranstaltung zufrieden. Sie war beeindruckt von der Begeisterung des jugendlichen Publikums. An meinem politischen Äußerungen stießen sie sich nicht, da sie mit der SED sowieso ständig Kontroversen über eine sinnvolle Jugendarbeit hatten. Die FDJler entdeckten im Jazz ein geeignetes Mittel, mehr Popularität bei den jungen Leuten zu kriegen. Zu unserem nächsten Jazzvortrag im Clubhaus in der Goethestraße im Januar 1955 kam Klaus Berenbrok aus Düsseldorf. Die gesamte Leipziger FDJ-Prominenz war diesmal anwesend, und mit ihrer Genehmigung wurde nach längeren Diskussionen noch am selben Abend der erste Jazzclub in der DDR aus der Taufe gehoben: die *Interessengemeinschaft für Jazz.*

Die Jazz-IG wurde dem Leiter des FDJ-Clubhauses, Helmut Thomas, direkt unterstellt. Ihre Mitglieder – zunächst nahmen wir sechzig auf – erhielten reguläre FDJ-Ausweise, auch dann, wenn sie der FDJ nicht angehörten. Thomas, Typ des Berufsjugendlichen, der große Befriedigung fühlt, wenn seine Veranstaltungen gut besucht sind und alles reibungslos klappt, kannte nicht viel mehr als seine FDJ. Begeistert über die Popularität, die der Jazz seinem Clubhaus über Nacht bei der Jugend verschafft hatte, tat er alles, um »seine« Jazzleute zu unterstützen.

Mit ihm zusammen veranstalteten wir dann im März 1955 die erste offizielle Jam Session. Im Clubhaus des RC-Sporthauses an der Heiligenbrücke arrangierten wir ein großes Treffen mitteldeutscher Jazzmusiker. Allein Leipzig war durch etwa dreißig aktive Musiker vertreten, aus Dresden kam die Band Günter Hörigs, die *Dresdner Tanzsinfoniker.* Über der Bühne hatten wir ein Plakat mit dem Ausspruch Picassos angebracht: »Die vornehmste Aufgabe ist es, Begeisterung zu erwecken.« Und unter diesem Leitwort, unter den Bildern von Pieck und Grotewohl (in einem besseren Lokal wurden Ulbricht-Bilder stets vermieden), vollzog sich dann das für die Funktionäre so merkwürdige Geschehen einer Jam Session. Die FDJler wurden von der mitreißenden Musik und der Begeisterung des Publikums angesteckt.

Und der ganzen Veranstaltung, bei der doch eigentlich alles improvisiert war, lag das Gefühl einer großen Erleichterung.

Mit dieser Session hatten wir vor allem die Musiker vollends für uns gewonnen. Selbst die Pessimisten aus den Reihen des alten Leipziger Jazzclubs schlossen sich uns an.

Wenige Wochen nach diesem Erfolg erreichte uns ein Telegramm aus Potsdam: Das populärwissenschaftliche Studio der staatlichen Filmgesellschaft DEFA fragte an, ob ich das Drehbuch zu einem Film über den Jazz verfassen könnte. Und ob ich das konnte! Ich setzte mich sofort mit der DEFA in Verbindung und fand in dem Regisseur Wolfgang Bartsch und dem Dramaturgen Peter Ulbrich zwei Freunde der Jazzmusik. Gemeinsam begannen wir mit den Vorarbeiten für einen Film über die Geschichte des Jazz.

Zunächst war vorgesehen, Ausschnitte aus alten Kultur- und Spielfilmen, die aus dem Besitz der Ufa noch in den Archiven der DEFA lagerten, mit stehenden Bildern zu koppeln und den Streifen dann mit Schallplattenaufnahmen zu unterlegen. Bei den Gesprächen in Potsdam-Babelsberg gelang es mir jedoch, die Filmfunktionäre davon zu überzeugen, daß es notwendig sei, auch Jazzmusiker direkt in dem Film auftreten zu lassen. Es wurde beschlossen, nach Möglichkeit die Westberliner *Spree City Strompers* zur Mitarbeit zu gewinnen. Der Leiter dieser Band, Hans-Wolf Schneider, war Leipziger und schon 1948 nach West-Berlin geflüchtet. Hier hatte er mit den *Spree City Stompers* eine Dixieland-Band aufgebaut, die zu den besten Deutschlands gehörte, und – nach jahrelangem Musizieren in der *Kajüte* (am Schöneberger Rathaus) – sein Lokal, die *Eierschale,* zum Inbegriff des Dixieland-Jazz in Deutschland gemacht.

Im Frühjahr 1955 erschien ich also mit vier Filmleuten und einem SED-Kontrolleur in der *Eierschale* am Westberliner Breitenbachplatz. Schneider, den ich vorher unterrichtet hatte, erklärte sich einverstanden. Über Gage, Termin und Aufnahmeort einigten wir uns schnell. Wenige Tage später brachte ein mit Sonderpässen ausgerüsteter Bus der DEFA die *Spree City Stompers* über die Zonengrenze nach Babelsberg. Im großen Tonatelier wurden die Titel eingespielt. Mein Drehbuch passierte die

Zensur, und im Sommer 1955 ging der Film, der etwa vierzig Minuten Spieldauer hatte, seiner Vollendung entgegen. Regisseur Bartsch und Dramaturg Ulbrich führten uns die Rohfassung vor, und alle Beteiligten waren sich darüber einig, daß das Ergebnis unserer Arbeit sich sehen lassen konnte. Aber bis zur Aufführung des Films sollte noch einige Zeit vergehen.

Im Frühjahr 1955 waren wir besonders aktiv. Nach vier Vorträgen im Hallenser Gewerkschaftshaus brachte ich die Hochschulgruppe der Uni Halle dazu, mit Schmidt, Zschockelt und Herbsleb ebenfalls eine Jazz-IG zu gründen. Die Erfolge unserer bisherigen Tätigkeit bestärkten uns in dem Entschluß, dem Minister für Kultur, Johannes R. Becher, ein Exposé zu übersenden, mit dem wir die Legalisierung des Jazz in der DDR vorschlugen: also Clubs, Lokale, mehr Sendungen, Tourneen westlicher Jazz-Ensembles, Platten und Filme. Aber wir kamen zu spät. Unsere Leipziger Gegner unter Fröhlich und Wagner hatten sich eher als wir an das Kulturministerium gewandt und in dessen Parteisekretär und einstigem Leiter der Abteilung Tanzmusik, Georg Uszkoreit, einen ebenso einflußreichen wie dem Jazz feindlich gesinnten Bundesgenossen gefunden. Auf dem Schreibtisch dieses eingeschworenen Stalinisten und Feindes aller westlichen »Dekadenz« landete auch unser Vorschlag, den Becher seinem Experten zur weiteren Bearbeitung übergeben hatte.

Ich fuhr nach Berlin, um mit Uszkoreit, dem Koordinator aller späteren Anti-Jazz-Unternehmen, zu sprechen. Die erste Begegnung bestätigte meine Befürchtungen. Vor mir saß ein typischer Vertreter des Ulbricht-Systems. Der verbissene, humorlose Uszkoreit repräsentierte jene unerträgliche Funktionärskaste, die einen merkwürdigen sozialen und geistigen Habitus aufweist: halbgebildet, in Spruchbandlosungen denkend, amusisch, in die gepredigten Dogmen pathologisch verbohrt, herrschsüchtig und den Parteivorgesetzten bedingungslos ergeben – eine seltsame Mischung aus deutschem Untertanengeist und stalinistischer Parteidisziplin. Der belehrende, singende Tonfall tat ein übriges, Uszkoreit zum Prototyp des SED-Funktionärs zu stempeln.

Er beschuldigte uns zweier ungewöhnlicher Verbrechen: Wir hätten die SED-Genossen mit Nazis gleichgestellt und außerdem beabsichtigt, eine »Westberliner Gangsterbande«, die *Spree City Stompers,* nach Leipzig einzuladen. Der Jazz sei, so sagte er, »nichts anderes als finstere amerikanische Unkultur«, er werde alle Anstrengungen unternehmen, um unseren Einfluß in der DDR auszuschalten.

Diese Drohungen waren ernst zu nehmen, da Uszkoreit nicht nur Abteilungsleiter, sondern auch Parteisekretär des Ministeriums war. Er arbeitete eng mit dem ZK zusammen und hatte im Ministerium – zumal unter der Regie eines so »versöhnlerischen« Ministers wie Becher – den Wachhund der Partei zu spielen.

Wenige Tage später schrieb ich Uszkoreit, daß es undemokratisch sei, wenn er seine persönliche Abneigung zum Jazz auf eine derartige Weise zur offiziellen Kulturpolitik in der DDR mache. Abschließend forderte ich ihn dazu auf, einen Kreis von Fachleuten zu einer Konferenz einzuberufen, um dort unsere Vorschläge zur Diskussion zu stellen. Mit diesem Brief hatte ich einen – wenn auch überaus fragwürdigen – Erfolg.

Im April 1955 sollte auf Veranlassung des Ministeriums für Kultur in den Räumen des VDK in der Ostberliner Leipziger Straße die erbetene Aussprache über den Jazz stattfinden.

Die Lage hatte sich gegenüber 1952, als die erste Veranstaltung dieser Art stattgefunden hatte, gründlich verändert. Damals, im Haus der Akademie, hatten wir die Jazzgegner mit unserer parteitreuen »Jazztheorie« überrumpelt. Heute aber wußten die Musikkontrolleure Ulbrichts, daß es uns nicht um eine sogenannte nationale Tanzmusik zu tun war, sondern um den Jazz. Abgesehen von diesem Frevel, erregte die Gleichstellung der Leipziger Kulturfunktionäre mit den Nazis nach wie vor die Gemüter. Uszkoreit hatte uns unmißverständlich deutlich gemacht, daß er mit der Leipziger SED einer Meinung sei und daß er seine Informationen über uns von dort bezogen habe.

Wir ahnten die Schwere der uns bevorstehenden Auseinandersetzung durchaus und versuchten, von unserer Seite eine möglichst starke Abordnung für dieses »ministerielle« Gespräch aufzubieten. Die *Redaktion* schickte Heinz Lukasz, Dieter Heumann und mich nach Berlin. Unseren Düsseldorfer Freund, Klaus Berenbrok, schleusten wir unerkannt in den Konferenzsaal.

Willibald Winkler von *Radio DDR* und unsere Verbündeten aus der staatlichen Konzertdirektion und der Amiga-Schallplatte sowie Wolfgang Bartsch und Peter Ulbrich von der DEFA bildeten, zusammen mit uns, die Fraktion der Jazzfreunde. Außerdem konnten wir noch mit manchem »stillen Teilhaber« rechnen.

Aber Uszkoreit erwies sich als hervorragender Organisator. Jeder Eingeladene – in der Mehrzahl stramme Parteigänger – erhielt einen von Uszkoreit verfaßten Kommentar zu unseren Vorschlägen, aus dem unmißverständlich hervorging, wie sich die Gesprächspartner zu verhalten hatten.

Den Vorsitz bei diesem Gespräch führte der damalige Präsident des VDK, Professor Notowicz (SED). Er erklärte mir vor Beginn der Sitzung, seiner Ansicht nach sei es zweckmäßiger, nicht mit meinem Vortrag, sondern mit der Diskussion zu beginnen. Auf diese Weise könne ich besonders wichtige, offengebliebene Fragen ausführlicher behandeln. Diese Begründung war einleuchtend, und ich stimmte zu – ahnunglsos, daß hier ein raffinierter Schachzug geplant worden war. Nach wenigen Diskussionsbeiträgen war ich mir darüber im klaren, daß sich mein Referat – anschließend an die hier planmäßig vorgebrachten Argumente und Ansichten – als Provokation ausnehmen mußte. Ein Abgesandter des Herrn Uszkoreit tat sich bei der Diskussion besonders hervor: Musikprofessor Georg Knepler (SED).

Knepler ereiferte sich vor allem über die Gleichstellung kommunistischer und faschistischer Argumente und äußerte in diesem Zusammenhang, daß ich »doch ganz objektiv im Dienst des amerikanischen Imperialismus« arbeite. Eine Stunde lang hagelte es Angriffe gegen den Jazz und gegen unsere Tätigkeit in der DDR. Kurz: Die übrigen Jazzfreunde kamen nicht zu Wort.

Ein Höllenlärm aber brach los, als ich schließlich die Geduld verlor und erklärte, dieses Forum sei manipuliert. Der neben mir sitzende Notowicz beendete die »Diskussion« und fragte mich scheinheilig, ob ich noch Lust verspüre, meinen Vortrag zu halten. Ich bejahte. Daraufhin stellte sich heraus, daß im Zentralstudio des VDK kein intaktes Platten- oder Tonbandgerät da war. Alle vorhandenen Apparate waren wie auf Kommando defekt. Ohne Musikbeispiele hatten meine Erklärungen keinen Sinn. Ich stand auf und ging. Wir waren uns darüber einig, daß dieses »Gespräch« als Auftakt einer Anti-Jazz-Kampagne geplant worden war. Und so war es: Meine Sendungen wurden abgesetzt, Artikel gegen den Jazz veröffentlicht, Jazzvorträge verboten; der Jazzfilm wurde eingemottet, der Jazzclub in Leipzig ausgehoben.

## *Die Anti-Jazz-Kampagne*

Das Staatliche Rundfunkkomitee stellte die Jazzsendungen ein; die dreizehnte Folge unserer Reihe wurde kurzerhand verboten. Wir glaubten zunächst, der Grund dafür sei in der Flucht unserer Programmsprecherin, Hanna Pfeil, zu suchen. Hanna Pfeil – heute Ansagerin beim *Hessischen Rundfunk* – hatte zusammen mit Siegfried Loyda in Dialogform die Texte der Sendungen gesprochen. Dann nahmen wir an, das Verbot sei auf das Thema der Sendung zurückzuführen, die sich diesmal mit dem modernen Jazz auseinandersetzen sollte. Dazu hatten wir unter anderem eine Henkels-Einspielung des Titels *Cherokee* vorgesehen, von der Kulturfunktionäre nicht erbaut gewesen waren. Aber wir brauchten nicht lange zu rätseln, denn schon wenige Tage nach der »Konferenz« in Berlin wurde die Aprilnummer von *Musik und Gesellschaft* ausgeliefert. Sie enthielt einen Artikel, betitelt *Dekadenz und lebensfroher Neubeginn,* dessen Verfasser, Ludwig-Richard Müller, in scharfer Form gegen den Jazz polemisierte und zu dem Schluß kam, die »Kultur des amerikanischen Imperialismus« sei – nach Walter Ulbricht – eine »Affenkultur«, und eine der wesentlichsten »Errungenschaften dieser Affenkultur« sei der heutige Jazz. Der fast siebzigjährige Ludwig-Richard Müller war Altkommunist, Anhänger Ulbrichts und Feind aller modernen Kunst, insbesondere des Jazz. Er hatte sich erfolglos als Kinderliedkomponist versucht und sich dann, nachdem auch sein Abstecher in das Gebiet der Tanzmusik gescheitert war, auf Musikpolitik verlegt. Unter Uszkoreits Fittichen avancierte er zum Wortführer der Jazzgegner.

Als Antwort auf diesen Artikel verfaßte die *Redaktion* einen offenen Brief, den wir sowohl Müller als auch dem Chefredakteur von *Musik und Gesellschaft* übergaben. Da hinter Müllers Angriffen jedoch Uszkoreit und damit höchste Parteigremien standen, wurde unserer Bitte um Veröffentlichung nicht entsprochen. Statt dessen beschloß man in Berlin auf einer Redaktionskonferenz unter dem Vorsitz des Parteisekretärs, daß der Direktor der Ostberliner Hochschule für Musik, Georg Knepler, in einem grundsätzlichen Artikel ein für allemal unsere Argumente und die Kritik aus dem Weg räumen sollte, die wir gegen Müllers Pamphlet geäußert hatten. Diesen Artikel brachte *Musik und Gesellschaft* im Juni 1955 unter dem Titel *Jazz und Volksmusik.*

Knepler, ein Schüler des österreichischen Komponisten Arnold Schönberg, war nach seiner Übersiedlung in die DDR im Jahre 1948 zum Musikideologen der SED avanciert. Einige »ideologische Schwankungen«, die auf seine musikalische Bildung zurückzuführen waren, hatten seiner Karriere keinen Abbruch getan.

1950 verfaßte Knepler für den Ostberliner Henschel-Verlag eine *Kleine Geschichte der Musik,* die aber nie erscheinen durfte, da sie der Parteilinie nicht entsprach. Die damals in der DDR verbreitete Monatsschrift *USA in Wort und Bild* – ein Propagandaerzeugnis des SED-Agitators Gerhart Eisler – brachte jedoch unter dem Titel *Zweierlei Jazz* einen auszugsweisen Abdruck aus dem unveröffentlichten Werk. Die über den Jazz geäußerten Ansichten entsprachen in etwa den unseren.

So schrieb dort Knepler: »Diese Entwicklungsgeschichte des Jazz zeigt, daß er ein Stück amerikanischer, städtischer Volksmusik ist.«

Im Juni 1955 – also fünf Jahre später – schrieb Knepler dann in *Musik und Gesellschaft:* »Die Grundthese Rudorfs lautet, Jazz sei die ›Volksmusik des städtischen Negerproletariats‹. Diese Bemerkung . . . ist unhaltbar.«

Zwischen 1950 und 1955 war Knepler durchaus bereit gewesen, den Jazz anzuerkennen, wenn auch mit diesem oder jenem Vorbehalt. Seine Kenntnisse über den Jazz hatte er allerdings, wie er mir selbst einmal schrieb, aus einer recht oberflächlichen Reportage bezogen. Anfang 1954 hatte ich ihm auf seine Bitte hin, ihm doch authentisches Material über Jazz zu schicken, das in Stuttgart erschienene Buch des Amerikaners Sidney Finkelstein, *Jazz,* übersandt, dessen Gedankengänge mit den unsrigen übereinstimmten. Nach einem kurzen Briefwechsel war dann – ebenfalls auf Kneplers Bitte hin – im Mai 1954 in Leipzig eine Begegnung zustande gekommen. Damals hatte ich den Eindruck, Knepler überzeugt und auf unsere Seite gebracht zu haben. Tatsächlich hatten wir in der Folgezeit aus Ost-Berlin gehört, an der von Knepler geleiteten Staatlichen Musikhochschule werde plötzlich ein anderer Ton angeschlagen und der Jazz offenbar geduldet. Wenig später war aber Knepler ins Kulturministerium befohlen und dort von Uszkoreit angewiesen worden, künftig gegen den Jazz zu sein. Knepler kuschte.

Daß Knepler während der »Tauwetterperiode« wieder für den Jazz eintrat und seine Behauptungen von 1955 zurücknahm, sei ebenso vermerkt wie die Tatsache, daß er nach Ende des »Tauwetters« 1957 erneut gegen ihn zu Felde zog – Knepler, die personifizierte ideologische Korruption.

1955 jedenfalls galt Kneplers in *Musik und Gesellschaft* erschienener Artikel gegen den Jazz als Richtschnur für die SED gegen uns.

Vom Rundfunk erhielten wir auf unsere Anfragen, warum die Jazzsendungen plötzlich ohne Begründung verboten seien, zunächst keine Antwort. Im Juni 1955 – wir hatten uns inzwischen an den Vorsitzenden des Staatlichen Rundfunkkomitees gewandt – erhielt ich ein Schreiben der »Redaktion Tanzmusik«. In höflicher Form wurde mir mitgeteilt, nach eingehender und sachlicher Diskussion über den Jazz sei man zu der Überzeugung gelangt, »daß das Problem Jazz erst geklärt werden müsse, ehe weiter gesendet wird«. Also aus.

Wenige Wochen danach wurde der Leipziger Jazzclub aufgelöst.

Ende April 1955 wurden die führenden FDJ-Funktionäre Leipzigs in die Parteizentrale gerufen und erhielten dort die Weisung. Als Termin für die Auflösung wurde der nächste Clubabend am 6. Mai genannt. Vorher sollte jedes eingeschriebene Mitglied der SED, das dem Club angehörte, vernommen und ich vor eine Sonderkommission geladen werden.

Am 2. Mai 1955 mußten die betreffenden sieben Mitglieder vor der Parteikontrollkommission erscheinen. Ein Funktionär der SED-Bezirksleitung Leipzig, der die Verhandlung leitete, warf der IG vor, sie habe versucht, »mit westlichen Agenten« Verbindung aufzunehmen. Wegen dieser groben Verletzung der Statuten der FDJ werde daher die IG aufgelöst.

Obgleich man alle zu strengstem Stillschweigen verpflichtet hatte, unterrichteten mich alle sieben Mitglieder sofort von diesem Verhör. Ich war vorbereitet. Als ich am Vorabend der beabsichtigten Clubauflösung zur SED-Stadtleitung ging, postierte sich Wolfram Leuschel, Mitglied der *Redaktion,* in der Nähe des Parteihauses, um eine eventuelle Verhaftung sofort unseren Freunden mitzuteilen. Leuschel arbeitete als Auftragschef in einem Autoreparaturhof, wo auch sämtliche vom SSD benutzten Fahrzeuge überholt wurden. Daher kannte er alle Pkw-Kennzeichen der Stasi. Immer, wenn wir uns irgendwo versammelten, ging er voraus, um zu sehen, ob Stasi in der Nähe vorgefahren war.

Vor der SED-Parteileitung stand am 5. Mai kein verdächtiges Fahrzeug. Ich wurde – überraschend freundlich – von mehreren Genossen empfangen und erfuhr ebenfalls, daß man beschlossen habe, den Jazzclub aufzulösen. Man wolle damit keinesfalls den Jazz treffen, und die Gründung eines neuen, von Reaktionären gereinigten Clubs mit Hilfe der Partei sei durchaus möglich. In diesem Fall rechne man auf meine Hilfe. Ich erkärte, daß ich ohne stichhaltige Gründe niemals meine Einwilligung zur Auflösung des Clubs geben würde, wies auf seine Beliebtheit bei der Leipziger Jugend hin und machte abschließend darauf aufmerksam, daß die Unpopularität der SED durch eine solche Aktion noch steigen würde. Alles das war sinnlos – wie jede Diskussion mit subalternen Parteifunktionären, die einen Auftrag auszuführen hatten. Ich wurde davor gewarnt, die Partei bei der beabsichtigten Aktion zu provozieren; dann war ich entlassen.

Am nächsten Abend waren – durch Boten von uns benachrichtigt – fast alle Mitglieder des Clubs anwesend. Nach dem Eintreffen der erwarteten SED-Delegation, zu der auch der Erste Bezirkssekretär der Leipziger FDJ, Kurt Knobloch, gehörte, begrüßte ich die unwillkommenen Gäste und teilte den etwa sechzig Clubmitgliedern mit, die FDJ und SED hätten etwas Grundsätzliches mitzuteilen. Sofort danach schrie Knobloch, ein fünfunddreißigjähriger, verbissener Funktionär, die Versammlung an, der Jazz sei ein »Mittel des Imperialismus«, und die Jazzfans versuchten, »den amerikanischen Kulturbarbaren in der DDR das Wort zu reden«.

Lukasz sprang auf: »Genosse Knobloch, mich beschäftigt die Frage, wie man dich zum Ersten Sekretär eines Bezirks wählen konnte. Und noch etwas: Ich bin Mitglied der SED und FDJ; ich lasse mich nicht beleidigen; ich verwahre mich im Namen der hier anwesenden FDJler und Genossen gegen die Unterstellung, wir besorgten die Geschäfte der amerikanischen Kulturbarbaren. Wenn du weiter in diesem Stil reden willst, werfe ich dich eigenhändig aus dem Club raus.«

Der so Attackierte war völlig verdutzt. Wie schon einige Male vorher, bewährte sich auch diesmal die Methode des Frontalangriffs. Aber dann erhob sich der Vertreter der SED-Bezirksleitung, wiederholte seine uns schon bekannten Argumente, warf mir meine Weigerung vor, in der IG nicht für »die Armee der Arbeiter- und Bauernmacht« werben zu wollen, und im allgemeinen Tumult wurde der Club als aufgelöst erklärt. Noch am Abend kam die *Redaktion* zusammen. Wir zogen das Fazit der letzten Monate; Maßnahmen des SSD waren zu befürchten. Stundenlang debattierten wir über eine eventuelle Flucht in den Westen. Wir blieben in Leipzig. Im Sommer 1955 faßten wir den Entschluß, eine geheime Konferenz mitteldeutscher Jazzleute zu veranstalten. Aus Westdeutschland luden wir Berenbrok ein. Das Gespräch sollte am 22. und 23. Oktober 1955 in einem Lokal unweit von Leipzig stattfinden. Am 22., einem Sonnabend, morgens gegen neun Uhr kam Berenbrok mit dem Interzonenzug aus Düsseldorf. Wir waren noch keine fünf Minuten in meiner Wohnung, als es klingelte.

Vor der Wohnungstür stand ein etwa dreißigjähriger, gedrungener, farblos wirkender Mann, bebrillt, betont unauffällig gekleidet, der sich als »Kroll von der Kriminalpolizei Leipzig« vorstellte und mich höflich bat, »zwecks einer Formsache« mitzukommen. Auf meine Frage, um was es sich handle, antwortete er, das sei hier unmöglich zu erörtern, aber in zwei Stunden sei ich auf jeden Fall wieder zurück. Diese Zusicherung wiederholte er, als ich um eine präzise Auskunft bat, ob das nur ein Vorwand sei, um mich geräuschlos aus meiner Wohnung zu holen. Von der Erlaubnis, vorher noch zu frühstücken, wenn ich wolle, machte ich keinen Gebrauch. Ich ging in den Nebenraum, informierte Berenbrok und bat ihn, die Konferenz sofort abzusagen, falls ich in drei Stunden nicht wieder zurück sei. Dann ging ich mit »Kroll«. Schon auf der Treppe eröffnete mir Kroll, daß er nicht von der Kriminalpolizei, sondern vom Ministerium für Staatssicherheit sei. Mein erster Gedanke: Der Sack ist zu! SSD, das bedeutete: Unsere Konferenzvorbereitungen waren durch geöffnete Briefe und abgehörte Telefongespräche bekannt geworden. Die Stasi hatte lediglich den Tag des Konferenzbeginns abgewartet, um alle, die nach Leipzig kommen wollten, an Ort und Stelle zu verhaften. Oder sollte sich alles nur gegen mich richten? Schon im August hatte ein Beauftragter des SSD einen Leipziger Jazzmusiker, der mit seiner Combo zu den Weltjugendfestspielen nach Warschau eingeladen worden war, im Zug zu Spitzeldiensten überreden wollen. Der Musiker sollte mich überwachen und der Stasi berichten. Er hatte dieses Ansinnen abgelehnt und mich davon unterrichtet.

In einer Nebenstraße wartete ein hellgrauer EMW, in dem neben dem Chauffeur noch ein zweiter SSD-Mann saß. Die Fahrt ging zur ehemaligen Wächterstraße, die nach 1945 in Dimitroffstraße umbenannt worden war. Hier befanden sich das Volkspolizeipräsidium und dahinter – für die Augen der Öffentlichkeit unsichtbar – das berüchtigte Untersuchungsgefängnis des Staatssicherheitsdienstes. Wir gingen in den zweiten Stock des

Polizeipräsidiums, bogen in einen Gang ein und standen dann vor einer Tür, die das Ende dieses Ganges bildete. Mir wurde bedeutet, auf einer Bank Platz zu nehmen. Der Begleiter Krolls klopfte mehrmals laut an die Tür, hinter der nach einiger Zeit umständliches Schlüsselrasseln zu hören war. Dann wurde geöffnet – zu meiner Überraschung keine gewöhnliche, sondern eine fast halbmeterdicke Panzertür. In ihrer Füllung erschien ein uniformierter Stasi-Offizier. Meine Hoffnungen schwanden, zumal mir sofort klar wurde, daß diese Tür den Eingang zum SSD-Gefängnis war, jenem Gefängnis, in dem Tausende Leipziger verschwunden waren. Es schien, als sollte mein Ausflug hier enden. Kroll verhandelte mit dem Uniformierten, der ihm nach wenigen Minuten einen Schlüssel aushändigte. Wieder sehr geräuschvoll und langsam wurde die Stasi-Tür von innen zugezogen. Offensichtlich diente die ganze Zeremonie dazu, mir klarzumachen, wo ich war: Im Vorhof der Hölle. Kroll schloß einen anderen Raum auf. Hier stand ein Schreibtisch, hinter dem Kroll sich niederließ, davor ein zerschlissener Ledersessel, in dem sich gleich darauf sein Assistent räkelte. Ich war gespannt, was nun kommen würde.

»Also, Herr Rudorf«, begann Herr Kroll. »Sie befinden sich hier beim Ministerium für Staatssicherheit. Wir haben ein paar Fragen an Sie. Mit wem in Westdeutschland stehen Sie in Verbindung?« Ich nannte Kroll eine Reihe von Namen. »Und welcher Art sind diese Verbindungen?«

Ich entgegnete, daß ich mit meinen westdeutschen Bekannten über Jazzmusik korrespondiere, daß mein Briefwechsel im übrigen abgeheftet sei und dem SSD zur Verfügung stehe.

»Das ist nicht nötig. Wir sind der Meinung, ein Mann, der wie Sie dauernd nach Westdeutschland fährt und dort zahlreiche Bekannte hat, könnte manche interessante Auskunft für uns einziehen.«

Mir wurde besser. Offenbar wußten die nichts von unserer Konferenz.

Kroll stellte keine Fragen mehr, sondern schlug mir vor, den SSD bei seiner Arbeit zu unterstützen. Auf meine Antwort, daß ich keinen Grund sähe, dem SSD mehr zu helfen, als es die

Pflicht jedes Staatsbürgers der DDR sei, reagierte Kroll mit der Bemerkung: »Sie sind nicht wie jeder Bürger der DDR anzufassen, da Sie Einblicke und Beziehungen haben, die uns dienlich sein können. Außerdem würde bei Ihnen kaum jemand eine Beziehung zu uns vermuten.«

Ich erklärte, daß ich selbstverständlich jederzeit den SSD benachrichtigen würde, wenn ich von einem Sabotageakt gegen die DDR erführe.

»Nun gut, dann können Sie ja auch diesen Zettel unterschreiben, daß Sie für uns arbeiten.«

»Nein, das werde ich nicht tun«, antwortete ich. »Ich unterschreibe Ihnen gern, daß ich jederzeit bereit bin, meiner Pflicht als Bürger der DDR freiwillig und ohne Auftrag des SSD nachzukommen, wenn es um die Sicherheit des Staates geht. Aber ich bin kein Mitarbeiter des Ministeriums für Staatssicherheit.«

»Gut«, lenkte Kroll ein, »dann unterschreiben Sie das, was Sie eben selbst vorgeschlagen haben.« Wort für Wort tippte der Assistent das in die Maschine.

Ich unterschrieb.

Krolls »freundliche« Abschiedsworte, er würde sich gelegentlich gern noch mal mit mir unterhalten, nahmen mir eine Zentnerlast vom Herzen – sie wußten nichts von unserer Konferenz. Nach zwei Stunden war ich wieder zu Hause. Ich rief die *Redaktion* zusammen und berichtete über das Geschehene. Leuschel wurde sofort an den Konferenzort geschickt, entdeckte aber keine Stasi-Fahrzeuge.

Die Konferenz begann pünktlich. Etwa vierzig Jazzleute aus der DDR waren gekommen, unter ihnen auch der aus sowjetischer Haft nach Dresden zurückgekehrte Klaus Hildtmann (später in Frankfurt). Rostock, Ost-Berlin, Frankfurt/Oder, Dresden, Jena, Halle, Gotha, Gera und Leipzig waren vertreten. Unter dem harmlosen Motto *Jazz und Weltanschauung* begannen unsere Gespräche. Zunächst erklärte ich, daß wir jetzt vor der Alternative stünden, entweder in der Illegalität zu verharren oder aber mit allen nur möglichen Mitteln zu versuchen, die formale Anerkennung durch die SED zu erreichen. Wir entwarfen für jede Stadt einen Plan, wie die dort bestehenden Jazzgruppen zu legalisieren seien. Es gab auch Widerspruch. Einige meinten, die Angriffe in letzter Zeit seien bezeichnend für die Einstellung der SED gegen den Jazz. Deshalb sei unsere Tätigkeit aussichtslos. Schließlich sei der Jazz ein Symptom der freien westlichen Welt und nicht der totalitären Staaten. Diesen Skeptikern hielt ich entgegen, daß es nicht darum gehe, ob der Jazz zum Osten oder zum Westen gehöre. Diese Argumentation mache von vornherein unmöglich, ihn in der DDR zur Debatte zu stellen. In der DDR könne nur das Argument gelten, daß der Jazz Begeisterung erwecke und die Menschen aus der Verkrampfung löse. Begeisterung zu erwecken sei ja auch – so behaupten sie wenigstens – das Ziel der FDJ und der SED; die westliche Lebensweise, der *American way of life,* sei hingegen ein rotes Tuch für die Funktionäre. Unser Treff endete mit dem Beschluß, nicht in der Illegalität zu verharren.

Kurze Zeit nach der Konferenz, nach dem XX. Parteitag in Moskau, setzte wieder Tauwetter im Ostblock ein. Während in der ersten Hälfte des Jahres 1955 die kulturpolitische Entwicklung auf eine Rückkehr zum Stalinismus hatte schließen lassen, begannen die Kulturfunktionäre nun, eine bei ihnen merkwürdig anmutende liberale Haltung an den Tag zu legen. Es kam wieder Leben in den Jazz-Underground. Die Behandlung des Jazz in den totalitären Staaten des Ostblocks ist typisch für die dort bestehende Abhängigkeit der künstlerischen von der politischen Entwicklung. Immer dann, wenn in der allgemeinen Politik gewisse Lockerungen geboten erscheinen, erhält die Jazzmusik einen gewissen Spielraum, der ihr jedoch dann wieder entzogen wird, wenn der politische Kurs erneut auf hart umschaltet. Der Jazz spielte die Rolle eines Barometers. Wurden ihm die Daumenschrauben angesetzt, wurde es kalt. Bei Lockerung Tauwetter. In Ost-Berlin gelang es, im Clubhaus der FDJ in der Klosterstraße den ersten Ostberliner Jazzclub zu gründen. In Frankfurt an der Oder wurde ein Jazzclub im Kulturbund etabliert, in Rostock im Rahmen des FDGB (Freier Deutscher Gewerkschaftsbund). In allen anderen Städten, in Dresden, Chemnitz, Zwickau, Jena oder Magdeburg, war es die FDJ, die sich des Jazz annahm. Nur in Leipzig geschah nichts.

Alle diese Jazzclubs entstanden Ende 1955 oder zu Beginn des Jahres 1956.

## *Das Eis schmilzt*

In der UdSSR – nach deren jeweiliger Kulturpolitik sich das DDR-Kunstleben richtete – hatte in den Jahren nach Stalins Tod eine Diskussion begonnen, die sich kritisch mit der Stalinzeit auseinandersetzte. Die Literaten schrieben neue Bücher, in denen kritische Worte das Staatspathos ablösten und aus denen die Erleichterung zu spüren war, Stalin überlebt zu haben. Ilja Ehrenburgs Roman *Tauwetter* gab dem nahenden politischen Frühling seinen Namen; das Eis einer in drei Jahrzehnten eingefrorenen Ideologie schien über Nacht dahinzuschmelzen. Schien.

In der *Prawda*, der *Komsomolskaja Prawda*, der Zeitung des kommunistischen Jugendverbandes, in der *Sowjetskaja Musyka*, der offiziellen sowjetischen Musikzeitschrift, erschienen Artikel pro Jazz. Einer dieser Aufsätze wurde von dem in der DDR veröffentlichten Informationsblatt *Die Presse der Sowjetunion* übernommen. Er stammte aus der Feder der russischen Musikwissenschaftlerin Valentina Konen, mit der ich später in Korrespondenz trat. Ihre Ausführungen waren korrekt, unideologisch und für uns hilfreich. Ihr Hinweis, daß es in der UdSSR schon immer Jazz gab, stimmte jedoch nicht. Legenden, denen zufolge es in der UdSSR schon in den zwanziger und dreißiger Jahren hervorragenden Jazzensembles gegeben habe, sind nicht zutreffend. Diese Behauptung wiederholte auch der nach den USA geflohene russische Musiker Juri Jelagin in seinem Bericht *Kunst und Künstler im Sowjetstaat.* Fraglos hat es in den Dreißigern einige russische Musiker gegeben, die sich mit Jazz beschäftigten, obgleich sie seit Ende der zwanziger Jahre keinen Kontakt mit dem westlichen Jazz mehr hatten. Unter diesen sowjetischen Jazzleuten ragte in den dreißiger Jahren der aus Gorki – dem alten Nishnij Nowgorod – stammende Pianist Alexander Tfasman hervor, der lange Zeit – bis etwa 1937 – viele Privilegien, eine eigene Band und die »Frechheit« besaß, sich in Stalins Land offen zu Amerika und seiner Musik zu bekennen. Nach Tfasman stellte Leonid Utjesow aus Odessa dann eine Band zusammen, die keinen Jazz, sondern jazzhafte Tanzmusik spielte. Schließlich machte sich der Lieblings-Unterhaltungs-Komponist der Partei, Isaac Dunajewskij, im Bannkreis des sowjetischen Pseudojazz mit zahlreichen Liedern einen Namen, die nach der Methode einfacher Schlager zubereitet waren. Mit Ausnahme des Pianisten Alexander Tfasman und einiger weniger anderer verharrte der sowjetische Jazz im Bereich der kommerziellen Tanzmusik. Nach dem Zweiten Weltkrieg lief in Mitteldeutschland kurze Zeit ein russischer Film des Regisseurs Alexandrow mit der Band Leonid Utjesows: *Lustige Burschen.* Wer diesen Film gesehen hat, wird bestätigen können, daß unter Jazz in der Sowjetunion eine komische, bis zur Groteske gesteigerte Tanzmusik verstanden wurde, die wenig mit Jazz zu tun hatte. Bis zum heutigen Tag hinkt der »Sowjetjazz« auch nach Glasnost dem Westen hinterher.

Die damaligen Publikationen über den Jazz beruhten auf der Verwechslung flacher Tanzmusik mit dem Jazz. Dennoch hatten sie für uns erhebliche Bedeutung.

Die Jazzapostel in der DDR hatten, als das Tauwetter begann, eine beachtliche Anzahl prominenter Journalisten, Kritiker, Musiker und selbst Parteifunktionäre auf ihrer Seite. Es war kein Geheimnis für das ZK, daß etwa die Chefredaktion der kulturpolitischen Wochenzeitung *Sonntag* schon seit 1953 mit dem Jazz sympathisierte und Artikel veröffentlichte, die die Jazzdiskussionen belebten. Der *Sonntag,* dessen Einfluß ständig zunahm, brachte Aufsätze, die sich im DDR-Blätterwald ausgesprochen ketzerisch ausnahmen.

Im *Magazin,* einer Unterhaltungszeitschrift, setzte sich Chefredakteurin Hilde Eisler, Ehefrau des Propagandachefs, für den Jazz ein. Das Magazin der FDJ veröffentlichte regelmäßig Porträts bekannter Jazzmusiker. Aber nicht nur Journalisten, auch Schauspieler, Regisseure und Schriftsteller – sie alle schienen plötzlich hinter dem Jazz zu stehen.

Seine Hauptverfechter waren die jungen Leute. Sie fühlten instinktiv, daß es mit der Stalinzeit zu Ende war, und begrüßten jede Initiative, die dem Jazz ein Stück weiterhalf. Die SED begann, in den Vertretern des Jazz wieder Verhandlungspartner anzuerkennen; selbst hartgesottene Parteifunktionäre konnten die ungewohnten freien Töne aus Moskau nicht mehr überhören. Bekanntlich hatte es sich eingebürgert, daß ein braver SED-Genosse zu niesen hatte, wenn in Moskau Frostwetter herrschte. Die gesamte Politik, auch die Kulturpolitik, kam aus Moskau – bis 1985.

Jazzvorträge wurden erlaubt. Der *Deutschlandsender* bat mich um Jazzprogramme. Der *Deutsche Fernsehfunk* teilte mir im April mit, daß man sich mit der Frage beschäftige, »wie und in welcher Weise es möglich ist, Probleme des Jazz in einer für unser Institut geeigneten Form zu gestalten«.

Schon im Dezember 1955 war ein bemerkenswertes Zeichen des beginnenden Tauwetters aus Leipzig gekommen: Die Hochschulgruppe der FDJ lud uns zu einem weihnachtlichen Jazzkonzert in die Mensa der Universität ein. Diejenige Organisation, deren oberster Funktionär in Leipzig sieben Monate vorher den Jazz als »imperialistische Barbarei« bezeichnet und den Club liquidiert hatte, bat uns um ein Jazzkonzert!

Im Zentralrat der FDJ in Ost-Berlin wußte man offenbar, welche Jazzbegeisterung in den Reihen der FDJ-Mitglieder, besonders bei Studenten, herrschte. Der frische Wind aus östlicher Richtung hatte die FDJ-Führer bewogen, die dem Jazz angelegten Daumenschrauben zu lockern.

Im Dezember 1955 fand nach achtmonatiger Unterbrechung zum Entsetzen zahlreicher Funktionäre der Leipziger SED-Führung also wieder eine Jazzveranstaltung vor über tausend Studenten statt. Der Beifall an diesem Abend war für die anwesenden Parteifunktionäre ein unmißverständlicher Wink.

Mit den für dieses Konzert zusammengestellten Bands versuchten wir zu zeigen, daß es auch in der DDR Jazz gab. Aus dem Orchester von Henkels hatten wir ein Quintett, die *Swing Group Henkels*, zusammengestellt. Eine Dixielandgruppe, von uns ironisch *Sächsisch-Anhaltinisches Dixieland-Orchester* getauft, war zusammen mit einigen Leipzigern Berufs- und Amateurmusikern aufgebaut worden. Musiker des Tanzorchesters Alo Koll hatten zwei weitere Ensembles gebildet, das *Quintett des Jazz-Studio Leipzig* und die *Swing Group des Jazz-Studio Leipzig.* Diese Ensembles fanden im mitteldeutschen und im westdeutschen Funk und Fernsehen viel Resonanz. Konzerte, Tourneen und Jam Sessions brachten ihnen beachtlichen Erfolg. Im *Sächsisch-Anhaltinischen Dixieland-Orchester* war der Gitarrist Alfons Zschockelt – Mitglied unserer *Redaktion* – der tonangebende Musiker. Die *Swing Group Henkels* vereinigte vier Berufsmusiker: Horst Reipsch, Klarinette und Alto; Walter Eichenberg, Trompete; Günter Oppenheimer, Piano, und Hanns »Fips« Fleischer, Drums, der heute in Leipzig die führende Band durch die DDR-Qual manövriert und beim Bonner Kanzlerfest im Juni 1990 seinen ersten Westauftritt hatte.

Das *Quintett des Jazz-Studio Leipzig* verfügte mit dem Schlagzeuger Horst »Sake« Graf, dem Bassisten Eberhardt »Igel« Leibling, dem Posaunisten Hubert Katzenbeißer, dem Trompeter Werner Pfüller und dem Pianisten Harry Nicolai über namhafte Musiker.

Um diese Bands und Combos gruppierten sich viele andere Musiker, die zu erwähnen sind; Könner und Besessene, Schöpfer und Interpreten, die sich alle zu einer Gemeinschaft verschworen hatten: Die Pianisten Rochus Brünner und Wolfgang Gerhardt, der Trompeter Werner Siegmund, der Posaunist Hansi Klügel, die Posaunisten und Bassisten Helmut Henne und Fritz Bogen, die Saxophonisten Helmut Meyenberg, Henry Passage, Wolf Wildenhain, Albert Leyko, der Gitarrist Nothacker und der Schlagzeuger Eberhardt von Rankowski und der unermüdliche Klarinettist Rolf Grezcik. Aus Dresden kamen zu den Leipziger Sessions die Musiker von Günter Hörigs Band; hier glänzten neben dem Bandleader und Pianisten Hörig vor allem sein Klarinettist und Altist »Friwi« Sternberg, die Trompeter Günter Karpa und Werner Baumgärtel, der Bassist Lothar Spiller und der Schlagzeuger Siegfried Ludwig. Aus Güstrow kamen Eberhardt Weise, Piano, und Ernst Ludwig Petrowsky, dem heute führenden Jazzmusiker in der ehemaligen DDR.

Diese Musiker bildeten das eigentliche Kapital des mitteldeutschen Jazz, sie waren auf fast jeder Jazzveranstaltung in Leipzig oder Halle, Dresden oder Berlin zu sehen und zu hören.

Heinz Lukasz, wegen seiner Aktivität für den Jazz aus der *Leipziger Volkszeitung* entlassen und strafweise als Hilfsredakteur an die Betriebszeitung *Das Kollektiv* nach Böhlen verbannt, verstand es, in Böhlen, dem größten Benzinwerk der DDR, zwanzig Kilometer südlich von Leipzig, eine IG Jazz zu gründen, der alle ehemaligen Mitglieder des Leipziger Jazzclubs angeschlossen wurden. Damit hatten wir vor den Toren der Messestadt zum Jahreswechsel 1955/56 wieder eine legale Existenz.

Im Herbst 1955 hatte ich mich in der Wohnung des Vorsitzenden des Westberliner Jazzclubs, Hans-Wolf Schneider, mit zwei Redakteuren des *Spiegel* getroffen und ihnen einen Bericht über die Situation des mitteldeutschen Jazz gegeben. Wochen später erschien im *Spiegel* unter der Zeile »Gefahr für den Stehgeiger« ein Artikel, der die Funktionäre Müller und Knepler der Lächerlichkeit preisgab. Die SED hatte von diesem Artikel scheinbar keine Notiz genommen, obwohl eine Zusammenarbeit mit der westdeutschen Presse im Zuchthaus zu enden pflegte. Zwar hätte mir niemand etwas nachweisen können, aber das mindeste, was ich erwartet hatte, war eine Befragung durch die Partei. Daß nichts dergleichen geschah, ermutigte uns weiter.

Ausgerechnet in Leipzig ereignete sich dann ein Zwischenfall, der unsere Hoffnungen beträchtlich abkühlte. Ende Februar 1956 arrangierten wir eine Jam Session, zu der die Musiker Gustav Broms aus Brünn, Westberliner Musiker und unsere eigenen Bands kamen. Die Veranstaltung zog sich von acht Uhr morgens bis in die Abendstunden hin.

Einige der an der Session beteiligten Leipziger Musiker gehörten dem Quintett des Pianisten Rochus Brünner an, das damals in dem neuerbauten »größten Café der DDR«, dem *Ringcafé,* jeden Abend ab acht spielte. Von den stundenlangen Sessions erschöpft, kamen die Mitglieder des Quintetts schon etwa eine Stunde vor Beginn ihres Dienstes im *Ringcafé* an, um sich in ihren Aufenthaltsräumen noch etwas auszuruhen.

Diese Räume waren inzwischen von SED-Funktionären besetzt worden. Der »Objektleiter«, also der Geschäftsführer des

Cafés, hatte sie ihnen angewiesen, weil das Lokal überfüllt war. Als die Musiker energisch darauf bestanden, in ihre Räume einzuziehen, gab es Ärger. Die Musiker beschimpften die Apparatschiks, mit dem Erfolg, daß diese unter Drohungen das Feld räumten.

Die Abneigung der Musiker gegen die SED war nicht nur politisch bedingt. Im *Ringcafé* war es üblich, daß die Gäste, meist Funktionäre der Partei, ihre musikalischen Wünsche direkt auf das Podium schickten. Diese Wünsche gaben den Musikern allabendlich Anlaß zu ironischen Bemerkungen und Witzchen über das »guldurelle Nifo« dieser Gäste. Der »Objektleiter«, der schon längere Zeit darüber »informiert« gewesen war, daß Jazzer grundsätzlich gegen die SED eingestellt seien, hatte in der Nähe des Podiums ein Mikrophon anbringen lassen, um die dort geführten Gespräche mitschneiden zu können. An diesem Abend steigerte sich bei den Musikern die Ironie zum Zorn; sie schimpften auf die Funktionäre.

Am nächsten Morgen wurden zwei Musiker, der Schlagzeuger Horst Graf und der Bassist Eberhardt Leibling, von der Stasi verhaftet. Der wenige Tage später ebenfalls festgenommene Bandleader Rochus Brunner wurde zwar bald wieder entlassen, aber gegen Leibling und Graf wollte die Staatsanwaltschaft Anklage wegen »Boykotthetze« erheben.

Um den beiden zu helfen, verfaßte die *Redaktion* eine Eingabe an den SSD, die Heinz Lukasz und ich unterzeichneten. In diesem Schreiben wiesen wir auf die Übermüdung der Musiker an dem Abend hin und versicherten, daß die Verhafteten keine Feinde der DDR seien. Wir baten den SSD, die Sache wegen Geringfügigkeit einzustellen, und versprachen, alles zu tun, die beiden auf den »Weg des demokratischen Bewußtseins« zurückzuführen. Diese Eingabe überbrachte ich dem SSD-Funktionär Kroll, meinem »Bekannten« vom Vorjahr. Nach dreimonatiger Untersuchungshaft wurden Graf und Leibling entlassen. Jetzt war Vorsicht geboten, da die Partei aus der »reaktionären« Haltung der beiden Musiker wahrscheinlich Schlußfolgerungen auf die politische Einstellung aller Jazzfans ziehen würde.

Kurze Zeit nach deren Entlassung kam der Grafiker und

Blockflötist Horst Geldmacher mit dem Maler Günter Peltzer, der sein Waschbrett mitbrachte, aus Düsseldorf nach Leipzig, um zusammen mit dem Hallenser Gitarristen Alfons Zschockelt in der DDR Jazz zu spielen. Es gelang uns, die Genehmigung für eine Musikveranstaltung im *Café Schmalfuß* zu bekommen. Dieses Café befindet sich in unmittelbarer Nähe des Marktes und faßt etwa einhundert Personen. Über einhundertfünfzig fanden sich ein und waren vom Spiel der Geldmacher-Combo begeistert.

Nachdem wir auch in Halle ein Konzert mit Geldmacher arrangiert hatten, setzten wir im Benzinwerk Böhlen ein offizielles Auftreten des Trios durch. Die begeisterten Arbeiter verlangten immer neue Zugaben, und die drei spielten lange über die ursprünglich vorgesehene Zeit hinaus. Geldmachers Konzerte fanden in der Presse und im Funk der DDR ungewöhnlichen Widerhall und halfen, manches Vorurteil gegen den Jazz abzubauen.

Während Geldmachers Erscheinen in Leipzig und Halle, in Böhlen und Ost-Berlin die SED mit dem Jazz zu versöhnen schien, schossen überall Jazzclubs aus dem Boden. Ein besonderer Erfolg war die Legalisierung des Dresdner Jazzlebens. Nach einem großen Konzert mit Dresdner Jazzern hatte sich die FDJ der Elbestadt für die Gründung von Jazzclubs engagiert. Einige Funktionäre hatten derart Feuer für den Jazz gefangen, daß sie an der Technischen Hochschule und an der Verkehrshochschule Jazzvorträge vor Tausenden Studenten veranstalteten. Dieser Durchbruch war vor allem das Verdienst zweier Jazzkenner, Klaus Hildtmanns und des Journalisten Karl-Heinz Drechsel, der später unter Honecker und Krenz eine gewisse Legalisierung erfuhr.

In dem Maße, wie der Jazz in der Öffentlichkeit anerkannt wurde, verstärkten sich die Angriffe der Journalisten gegen die Schnulzen, besonders gegen die thüringischen »Heimatlieder« des DDR-Sängers Herbert Roth. Die Studenten der Staatlichen Musikhochschule in Weimar veranstalteten gegen Roths Auftreten Protestmärsche; die Kritiker zogen in den Fachzeitschriften gegen ihn zu Felde, die Journalisten verfaßten Glossen und schlugen sich auf die Seite des Jazz. Die satirische Wochenzeitschrift *Eulenspiegel* brachte unter dem Titel *Der Jazz ist los* eine dreiseitige »Bildgeschichte« gegen die staatlich geförderte Schnulze und für den Jazz.

Im April 1956 – ich befand mich gerade auf einer Reise durch Westdeutschland – wurde in Ost-Berlin kurzfristig ein großes Jugendforum zu dem Thema *Jazz – ja oder nein?* anberaumt. Heinz Lukasz, der mich telefonisch von dieser Neuigkeit unterrichtet hatte, fuhr mit einigen Mitgliedern der *Redaktion* nach Berlin, setzte sich dort mit allen erreichbaren Ost- und Westberliner Jazzfans in Verbindung und bat sie, an der Veranstaltung teilzunehmen. Die von Lukasz und unseren Leipziger Freunden in wenigen Stunden »zusammengetrommelte« Delegation traf pünktlich im Elektro-Apparatewerk Berlin-Treptow ein. Die Mitglieder des Präsidiums, unter anderem Nationalpreisträger Hanns Eisler, SED-Agitator Hermann Axen, Rundfunkkommentator Manfred Klein, FDJ-Spitzenfunktionär Hans Modrow – später der letzte SED-Ministerpräsident der DDR – und Chefredakteur Joachim Hermann von der *Jungen Welt,* hatten keine leichte Aufgabe, denn aus der Mitte der mehr als zweitausend Teilnehmer hagelte es Fragen, daß den Apparatschiks Hören und Sehen verging. Heinz Lukasz berichtete in seinem Diskussionsbeitrag über unsere Schwierigkeiten mit den Leipziger Funktionären, schilderte die Methoden, die man bei der Auflösung unseres Clubs angewandt hatte, und rief dann den Mitgliedern des Präsidiums zu, anstatt weiter über Jazz zu reden, solle man ihm endlich seinen legitimen Platz in der DDR einräumen.

Die Reaktion des Auditoriums war überwältigend. In Sprechchören wurde Lukasz aufgefordert weiterzusprechen. Die Funktionäre, von denen offenbar niemand mit einem derartigen Angriff gerechnet hatte, machten Versprechungen. Manfred Klein gab die Zusage, der Runkfunk werde sofort mit regelmäßigen Jazzsendungen beginnen, und Hanns Eisler sicherte dem Jazz völlige Freiheit zu. Nur Hans Modrow und Joachim Hermann erwiesen sich als beinharte Jazzgegner und gestandene Altstalinisten. Ich habe deshalb Modrow nach der Wende nie geglaubt.

Offenbar aber war der Partei klargeworden, welche Aktualität der Jazz erreicht hatte, denn schon nach acht Tagen teilte der Rundfunk mit, er beginne in den nächsten Wochen wieder mit regelmäßigen Jazzsendungen. *Radio DDR*, der *Berliner Rundfunk* und der *Deutschlandsender* gaben Lukasz und mir in der Folgezeit jede Freiheit für die Zusammenstellung der Programme. Bis zu neun Jazzsendungen pro Woche konnten wir jetzt über den Äther bringen.

## *Unsicherheit bei der SED*

Während auf allen Gebieten des Kulturlebens das Tauwetter spürbar wurde, geschah in Moskau das Unfaßbare: Chruschtschow zog auf dem XX. Parteitag im Februar 1956 gegen Stalin zu Felde. In der SED herrschte größte Aufregung, da es ja gerade Ulbricht gewesen war, der keine Gelegenheit ausgelassen hatte, Stalin als den genialsten Menschen der Geschichte zu preisen. Es kam zu heftigen Auseinandersetzungen, an denen sich zunehmend die intellektuellen Kreise der SED beteiligten.

Die Forderung nach Ulbrichts Rücktritt wurde laut. Die linientreuen SED-Mitglieder sahen sich überfordert. Da sie über keinerlei Argumente verfügten – die Berliner Zentralstellen »schwammen« selbst –, mußten sie zurückweichen; sie machten Zugeständnisse und Versprechungen. *Eine* Überzeugung aber war nicht nur bei den Parteilosen, sondern auch bei zahlreichen Mitgliedern der Partei vorherrschend: Nun müsse auch die SED mit ihren Fehlern abrechnen und überprüfen, ob nicht Ulbricht – ebenso wie Stalin – in der DDR einen Personenkult aufgebaut habe. Die Chancen einer solchen innerparteilichen Auseinandersetzung wurden freilich von Anfang an sehr skeptisch beurteilt. So äußerte ein hoher Leipziger SED-Funktionär, mit dem wir nach der Chruschtschow-Rede über die weitere Entwicklung sprachen, die Kulturpolitik werde sich erst dann ändern, wenn noch zehntausend junge Leute nach dem Westen flüchteten und Ulbricht angesichts solcher Tatsachen einfach zum Rücktritt gezwungen sei. Mit dem Einwand, es sei zwecklos, über begangene Fehler zu reden und dadurch dem Klassenfeind Argumente in die Hände zu spielen, versuchte die Partei, der »aufweichenden Fehlerdiskussion« Herr zu werden. In der UdSSR sei die Situation anders. Dort existiere ein gefestigter Staat, während in der DDR westliche Saboteure und Diversanten die Sicherheit ständig zu untergraben versuchten.

Diese in der Angst vor grundsätzlicher Kritik begründeten Ausweichmanöver fanden bei den oppositionellen Parteiintellektuellen wenig Resonanz. Mit dem Hinweis auf die prinzipielle Diskussion in der Sowjetunion, in Polen, der Tschechoslowakei und Ungarn beharrten sie auf ihrer Kritik am SED-Kurs.

Im Mai 1956 erhielt ich eine Vorladung, ich solle mich in der Bezirksleitung der SED Leipzig einfinden. Dort erwarteten mich neben einigen anderen Genossen Kulturchef Wagner und Jazzverfolger Hartung, um mir nachdrücklich zu erklären, für eine Jazzpropaganda, die mit allgemeinen kulturpolitischen Angriffen verquickt werde, sei nicht die Zeit. Ich wies die beiden Funktionäre darauf hin, daß die Politisierung des Jazz niemals in unserer Absicht gelegen habe; sie sei vielmehr das Ergebnis der Kampagne der Leipziger SED gegen diese Musik. Auf meine Frage, welche Argumente er heute, nach dem XX. Parteitag, gegen den Jazz vorzubringen habe, antwortete Wagner, die DDR an der Westgrenze des Weltfriedenslagers befände sich in einer besonders schwierigen Situation und sei besonderer Gefährdung ausgesetzt. Beide Funktionäre erklärten, »unsere Wege würden sich trennen«, wenn ich weiterhin den Jazz gegen die bisherige Kulturpolitik der Partei ausspiele. Die Leipziger SED werde etwas gegen eine solche Jazz-Propaganda unternehmen.

Obwohl die Ulbricht-Gruppe fest entschlossen schien, keine »Fehlerdiskussion« zuzulassen, mußte sie doch weitere Zugeständnisse machen. Der »weichere Kurs« hielt an, und gewisse künstlerische Freiheiten wurden gewährt. In Leipzig jedoch war die SED offenbar nicht bereit, diese Freiheiten zu dulden. Als die FDJ-Fachschaftsleitung der Mediziner und Physiker an der Universität Leipzig uns im Mai 1956 zu Jazz-Vorträgen einluden, wurden diese Veranstaltungen verboten. Unser Protest blieb erfolglos.

Der wichtigste Erfolg für den Jazz während des Tauwetters war eine vom Ministerium für Kultur in der Deutschen Akademie der Künste in Ost-Berlin auf unseren Wunsch hin anberaumte Diskussion zum Thema »Jazz« kurz vor Pfingsten 1956. Anwesend waren unter anderem Hanns Eisler, sein Bruder Gerhart, dessen Frau Hilde, die Direktoren der Musikhochschulen, einige Theoretiker und die Anti-Jazz-Akteure Uszkoreit, Knepler, Notowicz und Müller. Lukasz und ich waren ebenfalls eingeladen.

Die Sitzung nahm einen fast dramatischen Verlauf. Wortführend war Hanns Eisler. Er warnte vor einer Überschätzung des Jazz und äußerte, er habe nichts gegen diese Musik, könne ihr aber auch nicht viel abgewinnen. Wir wandten ein, aus seinen Worten gehe hervor, daß er nichts vom Jazz wisse, was um so bedauerlicher sei, als er – ein prominenter Musikwissenschaftler – auf diese Weise ständig über Dinge spreche, die er nicht beherrsche. Über diesen Ton offensichtlich betroffen, reagierte Eisler mit der Aufforderung, ihm doch einmal zu erzählen, was Jazz sei – falls er wirklich nichts davon verstehe. Darauf hatten wir gewartet. Bevor Lukasz und ich einige Jazzplatten vorspielten, erlaubte ich mir den Hinweis, im Vorjahr wären wir bei einer ähnlichen Gelegenheit beschuldigt worden, »Parteigänger des amerikanischen Imperialismus« zu sein. Fast im Chor versicherten unsere Gesprächspartner, daß wir uns frei äußern könnten und der Ton der Auseinandersetzungen vom Vorjahr bedauerlich sei.

Unsere Beispiele hielt Eisler für musikalisch unergiebig. Nach einer Diskussion über theoretische Fragen, in deren Verlauf er uns unterstellte, wir wollten den Jazz im Bereich der Kunstmusik ansiedeln, erklärte ich, meiner Ansicht nach gehe es im Augenblick nicht um die musiktheoretische Bewertung des Jazz, sondern allein um seine freie Existenz in der DDR. Dann wies ich darauf hin, daß der Jazz keine imperialistische Musik sei; daß er weder der Kriegsvorbereitung diene noch die Jugend zersetze; daß die Jugend in der DDR aber ebenso wie in Warschau oder Prag Jazz hören und spielen wolle, ohne deswegen verfolgt zu werden. Nachdem ich der Partei noch vorgeworfen hatte, durch ihre Diffamierung des Jazz treibe sie die Jugend nicht nur in eine Abwehrhaltung, sondern veranlasse sie auch, in West-Berlin Jazz zu hören, stellte ich abschließend die Frage, ob die Partei ihre Aufgabe darin erblicke, im Glaskasten Dogmen auszubrüten, während die jungen Leute die Republik verließen.

Die Antwort gab Gerhart Eisler: »Ich habe aufmerksam zugehört. Es geht natürlich darum, dem Jazz in unserer Republik alle Freiheiten zu geben, um unseren jungen Menschen zu beweisen, daß es der Partei um die Jugend geht. Es wird bei uns Jazzkeller geben, Jazzschallplatten und Jazzclubs. Ich empfehle Herrn Uszkoreit, sich darum zu kümmern. Inzwischen können sich die Musiksachverständigen über Wert und Wesen des Jazz auseinandersetzen. Das ist meine Meinung.«

Von Berlin aus fuhren wir direkt – zum zweitenmal – nach Frankfurt am Main, um Pfingsten 1956 wieder am Festival der Deutschen Jazz-Föderation teilzunehmen. Auch Kurt Henkels, dem das Staatliche Rundfunkkomitee die Teilnahme an der Veranstaltung untersagt hatte, kam ungeachtet dieses Verbotes nach Frankfurt.

Nach Leipzig zurückgekehrt, fand ich einen Brief der DEFA vor, der Jazzfilm sei fertig. Begleitet von zwei Ostberliner Jounalisten fuhr ich nach Potsdam-Babelsberg. Die Vorführung des Streifens dauerte diesmal nicht vierzig, sondern kaum zwanzig Minuten. Der Film war zensiert und geschnitten worden – fraglos das Werk Uszkoreits. Seine beiden im Studio erschienenen Beamten »begründeten« die Schnitte: Da die »Frontstadtkapelle« und die Kleidung der Westberliner Musiker das gesunde Empfinden der Arbeiter und Bauern verletzen würden, habe man alle Passagen mit Hans-Wolf Schneiders *Spree City Stompers* entfernt. Das war nicht alles: Es fehlten auch sämtliche Sequenzen, in denen vom modernen Jazz die Rede gewesen war, und der Text war »politisiert« worden. Uszkoreits Zensoren erklärten kategorisch, entweder so oder gar nicht werde der Film aufgeführt werden. Ich mußte nachgeben. Meinem Vorschlag, den Film am 31. August 1956, dem Vorabend der Leipziger Herbstmesse, uraufzuführen, wurde zugestimmt. In Leipzig wurde sofort nach meiner Rückkehr eine *Redaktions*-Sitzung anberaumt. Thema: Premiere des Jazzfilms. Das Datum stand fest, der Ort ebenfalls: das Leipziger Filmtheater *Capitol*. Es blieb nur noch zu klären, wer mitwirken konnte und welche staatliche Organisation trotz des zu erwartenden Widerstandes der Leipziger SED die Veranstaltung des Abends übernehmen würde.

Nach einigem Hin und Her erklärte sich die Staatliche Konzert- und Gastspieldirektion in Leipzig dazu bereit. Nun wurden alle erreichbaren Musiker mobilisiert: Die *Swing Group Henkels* sagte ihr Kommen zu; aus Brünn holten wir Gustav Brom; aus West-Berlin kam Hans-Wolf Schneider, um sich wenigstens persönlich dem Leipziger Publikum vorzustellen; aus Halle das *Sächsisch-Anhaltinische Dixieland-Orchester* und von den Leipzigern das *Septett des Jazz Studio Leipzig*. Die Partei versuchte im letzten Moment, die Konzertdirektion mit dem Argument unter Druck zu setzen, die Veranstaltung eines Jazz-Konzertes am Vorabend des Weltfriedenstages (1. September) sei nicht zu verantworten. Die Konzertdirektorin, Frau Oehlschlägel, entgegnete, der Weltfriedenstag sei schließlich kein Welttrauertag, sondern ein Tag der Hoffnung für Millionen von Menschen auf den Frieden. Die Partei gab auf. Ein Verbot hätte sie im Hinblick auf die zahlreichen bereits eingetroffenen Messebesucher und die augenblickliche Haltung des ZK kaum aussprechen können.

Um unliebsame Zwischenfälle auszuschalten, hatten wir eine Truppe von fünfzig Jazzleuten »zusammengetrommelt«, die schon in den Morgenstunden in das *Capitol* kamen und darauf achteten, daß sich hinter der Bühne keine SED-Leute postierten. Unter ihnen mein Freund Gerd, der als Vopo genau wußte, wer astrein war und wer nicht. In einem kleinen Lokal improvisierten wir eine Pressekonferenz. Dann begann um zweiundzwanzig Uhr vor über eintausendsiebenhundert Menschen aus beiden Teilen Deutschlands und Pressevertretern aus vielen Ländern die Veranstaltung. Das war der größte und letzte Erfolg unserer Bemühungen, den Jazz gegen den Widerstand der SED durchzuboxen.

In seiner einleitenden Rede schilderte Heinz Lukasz die »Geschichte« des Films und die Versuche der SED, seine Aufführung zu verhindern. Im Publikum entstand Unruhe; Pfui-Rufe gegen die Bonzen wurden laut. Lukasz schloß mit dem Hinweis, nun sei endlich die Zeit gekommen, daß sich die Anhänger des Jazz nicht mehr von verbohrten Stalinisten traktieren ließen. Der Beifall, der diesen Worten folgte, war unbeschreiblich; er galt – darüber waren wir uns nicht im Zweifel – dem Angriff auf die SED. Die Jazzpropaganda war damit in eine politische Bewegung umgeschlagen. Heinz und ich hatten seit der Berliner Konferenz erkannt, daß wir den Jazz nicht *mit* der SED, sondern nur *gegen* sie durchkriegten. Wir hatten umgeschaltet – von *mit* auf *gegen*.

Der anschließend gezeigte Film wurde mit viel Applaus bedacht. Den zweiten Teil des Abends bestritten dann die Musiker. Das Publikum war begeistert. Die westlichen Besucher und Pressevertreter frohlockten, die Veranstalter waren erschrocken, die Parteileute kochten vor Wut.

Am folgenden Tag fand eine Sitzung der SED-Bezirksleitung statt. Ihr Beschluß: Verbot weiterer Jazzveranstaltungen. Die Konzertdirektion wurde kritisiert. Dem ZK wurde die Frage gestellt, was nun zu unternehmen sei, um mit der »provokatorischen Jazzbewegung« fertig zu werden. Auf eigene Faust wagte die Leipziger Organisation nicht, zuzuschlagen.

Wir beschlossen, das erneute Vorgehen der Leipziger Parteiorganisation gegen den Jazz nicht allzu ernst zu nehmen. In dieser Situation kam uns das Angebot gelegen, in Halle und Leipzig Jazz in Kirchen zu arrangieren.

## *Jazz in der Kirche*

Schon im Februar 1956 hatte ich im Auditorium maximum der Universität Leipzig vor Theologiestudenten über *Negro Spirituals* gesprochen. Dieser Veranstaltung waren wenig später Vorträge vor Theologen in Halle an der Saale und in der Leipziger Thomaskirche gefolgt.

In der evangelischen Kirche waren Stimmen laut geworden, die sich gegen die althergebrachten Formen des kirchlichen Musizierens wandten, weil sie diese als nicht mehr zeitgemäßg empfanden. Zahlreiche Geistliche waren aus diesem Grund Anregungen gegenüber aufgeschlossen, dem Kirchengesang neue Impulse zu geben. Der Negro Spiritual, aber auch die älteren Stile der Jazzmusik, so meinten einige Theologen, erfüllten diese Voraussetzung.

Man wandte sich an uns mit der Bitte, Jazz in Kirchen zu machen. Bei unseren Überlegungen, wie dem religiösen Charakter solcher Veranstaltungen am ehesten Rechnung getragen werden könne, erinnerten wir uns an eine Gruppe junger Düsseldorfer, die auf dem Frankfurter Jazzfestival Negro Spirituals gesungen hatte. Klaus Berenbrok besorgte uns Tonbandaufnahmen, und nachdem die Düsseldorfer zugesagt hatten, begann die *Redaktion* eine Tournee vorzubereiten. Da die Sänger wegen der neuesten Beschlüsse der Leipziger SED als Privatpersonen in die DDR einreisen mußten, beantragten einige Mitglieder unserer zwar aufgelösten, aber dennoch weiterexistierenden Clubs für jeden einzelnen Angehörigen der Gruppe verschiedene Aufenthaltsgenehmigungen, die von den ahnungslosen Behörden auch erteilt wurden. Um die Fahrtkosten niedrig zu halten, holten wir unsere Gäste mit einem klapprigen, von einem Leipziger Automechaniker selbst zusammengebauten VW-Bus in Frankfurt am Main ab.

In der Zwischenzeit hatten wir Veranstaltungen in der Marktkirche zu Halle, in der Leipziger Bethanienkirche, im FDJ-Clubhaus Jena, im Hygiene-Museum Dresden ausgemacht.

Anfang Oktober 1956 passierte unser Bus mit den *Spiritual Singers* ungehindert die Grenze der DDR. Der Grenzpolizei Wartha hatten wir ein Telegramm geschickt: »Düsseldorfer sofort abfertigen. 20 Uhr Funksendung in Dresden. Deutschlandsender.« Alles klappte.

Das Konzert im Museum war ein großer Erfolg. Nächste Station Halle. Da wir Schwierigkeiten mit den Hallenser Behörden befürchteten, hatte sich die evangelische Kirche gar nicht erst um die Mitwirkung städtischer oder staatlicher Institute bemüht. Am 8. Oktober gegen zwanzig Uhr begann in der überfüllten Hallenser Marktkirche das erste Jazzkonzert in einer deutschen Kirche – angekündigt als Gottesdienst für die Neger in aller Welt. Dementsprechend wurde der Abend mit einer Predigt des Dekans der Theologischen Fakultät der Uni Halle, Professor D. Dr. Arno Lehmann, eingeleitet. Einige während der Predigt von *Radio Halle* in der Kirche angebrachte Mikrofone und Kabel bauten wir ab, denn diesmal konnten wir keine Mitschnitte gebrauchen.

Die evangelische Kirche hatte der Partei und der FDJ demonstriert, worauf wir diese Organisationen unzählige Male hingewiesen hatten: demjenigen, der sich mit dem Jazz beschäftigt und der ihn fördert, ist die Sympathie der Jugend gewiß. Fraglos bestand die in der Marktkirche versammelte »Gemeinde« in der Mehrzahl aus nichtreligiösen Menschen – unter ihnen viele, die noch nie eine Kirche betreten hatten. Die Partei war offenbar ratlos. Einerseits konnte sie der Kirche nicht das Recht nehmen, interne Veranstaltungen mit Jazz durchzuführen, andererseits war sie – in diesem speziellen Fall – nicht in der Lage gewesen, die Einreise der westdeutschen Jazzleute zu verhindern. Denn die Düsseldorfer waren ja – davon war die SED überzeugt – auf Veranlassung des Ostberliner Rundfunks in die DDR gekommen.

Dramatisch sollte sich die Veranstaltung in der Leipziger Bethanienkirche anlassen. Obgleich die Partei in Leipzig nach der Filmpremiere alle Jazzveranstaltungen untersagt hatte, erschienen plötzlich in den Schaufenstern zahlloser Privatgeschäfte Plakate, die einen Jazzabend in der Bethanienkirche ankündigten. Kulturchef Wagner tobte. Ein Telefongespräch mit der Druckgenehmigungsstelle brachte keine Klarheit: Sie hatte die Lizenz zum Druck nicht erteilt. Wagners nächste Frage, wer die Plakate gedruckt habe, ließ sich leichter beantworten. Anhand eines Plakates, das die Parteizentrale aus einem Privatgeschäft besorgte, wurde die Druckerei ermittelt: kein volkseigener, sondern ein Privatbetrieb, auf den man schon lange ein Auge geworfen hatte. Mehrere Funktionäre, begleitet von Stasi, begaben sich umgehend dorthin, legten dem Besitzer das Plakat vor und forderten ihn auf, die Druckgenehmigung vorzuzeigen. Wenige Minuten später hatten sie das Papier in der Hand. Es war keine von den Leipzigern, sondern eine von den Jenaer Behörden ausgestellte Genehmigung, die uns erlaubte, in jedem beliebigen Ort der DDR Plakate drucken zu lassen. Der Druckereibesitzer blieb damit vor Schwierigkeiten bewahrt. Da wir auch in Jena eine Veranstaltung mit den *Spiritual Singers* planten, hatten wir die Genehmigung zum Druck von Plakaten dort beantragt und sie damals von den jazzfreundlichen Jenaer Behörden auch erhalten. Etwa die Hälfte der insgesamt tausend Plakate war für das Konzert in Jena bestimmt und mit genauen Angaben über Zeit und Ort der Veranstaltung gedruckt worden. Bei der restlichen Auflage war der entsprechende Raum frei geblieben, damit wir sie für Leipzig verwenden konnten. Mehrere Mitglieder unseres Clubs hatten dann handschriftlich die nötigen Angaben eingesetzt – eine Arbeit, der sie sich mit um so größerer Freude annahmen, als es darum ging, der Partei wieder einmal einen Strich durch die Rechnung zu machen. Obgleich der Aushang genehmigter Plakate in Privatgeschäften nicht verboten war, beschlagnahmte die SED sämtliche Ankündigungen mit der Begründung, die Veranstaltung, für die hier geworben werde, sei nicht öffentlich, also könne für sie auch nicht öffentlich geworben werden. Wir fanden eine Antwort auf diese Aktion: Am Sonntag vor dem Jazzgottesdienst wurde von den Kanzeln aller Kirchen Leipzigs nach der Morgenpredigt angekündigt, daß am kommenden Mittwoch Professor D. Dr. Arno Lehmann aus Halle zusammen mit den *Spiritual Singers* in der Bethanienkirche einen Gottesdienst für Neger abhalten werde. Das Ergebnis dieser »Werbung« war eindeutig. Die Menschen, die sich vor der modernen Kirche im Leipziger Westend drängten, redeten eine deutliche Sprache.

Wir hatten die SED wieder mal ausgetrickst.

## *Weitere Politisierung des Jazz*

Nachdem sich der Jazz in die Obhut der Kirche begeben hatte, bezeichnete die Leipziger SED-Führung uns als Konterrevolutionäre. Wir waren uns darüber einig, daß wieder ein Gefecht mit der Partei zu erwarten sei. Der Chef der Leipziger Bezirksleitung, Paul Fröhlich, war ein Favorit Ulbrichts. Er und Wagner hatten Gegner vor allem unter den Künstlern und Intellektuellen Leipzigs. Beide warteten darum nur auf eine günstige Gelegenheit, gegen diese »Dekadenzler« vorzugehen. Zunächst aber waren ihnen die Hände gebunden, da sich in Polen und Ungarn Ereignisse anbahnten, die sie nicht vorausgesehen hatten.

Als wir von den Veränderungen in Polen erfuhren und die Nachrichten aus Ungarn deutlich werden ließen, daß sich dort etwas »zusammenbraute«, riefen wir alle Mitglieder der *Redaktion* nach Leipzig. Wir wußten, daß die Jazzfreunde jetzt vor der Alternative standen, entweder gemeinsam mit anderen oppositionellen Intellektuellen eine Front gegen die SED zu bilden oder sich auf eine zurückhaltend-unpolitische Linie zurückzuziehen. Für Lukasz und mich war die Entscheidung klar: In einem Gespräch der *Redaktion* begründeten wir die Notwendigkeit einer akuten Politisierung unserer Jazzkampagne. Wir legten klar, daß die kulturelle Opposition sich gegen den sogenannten »Sozialistischen Realismus« richte und daß die Künstler und Intellektuellen neben Rede- und Pressefreiheit vor allem Freiheit für die moderne Kunst forderten. Entweder, so erklärten wir, werde die moderne Kunst – und damit auch der Jazz – infolge einer Veränderung der politischen Verhältnisse Eingang in die DDR finden oder die Kunst – und damit auch der Jazz – werde ständig abhängig bleiben von der Willkür der Partei. Bis auf ein Mitglied der Redaktion stimmten alle unserer Entscheidung zu. Der »Außenseiter« sprach sich gegen eine Politisierung aus. Nach stundenlangen Auseinandersetzungen kam es zum Bruch zwischen ihm und uns. Als Heinz Lukasz wenige Wochen später nochmals mit ihm zu sprechen versuchte, um unsere so mühsam errungene Einheit gegen die SED wiederherzustellen, lehnte er ab und beharrte auf seinem Standpunkt – offensichtlich aus Furcht vor den Konsequenzen unseres Entschlusses. Er verhandelte zu diesem Zeitpunkt bereits mit der SED über eine unpolitische Protegierung des Jazz und wandte sich wenig später direkt gegen uns. Wir erfuhren dann, daß er sich mit Funktionären des Musikerverbandes in Verbindung gesetzt hatte und auch mit der Leipziger FDJ Gespräche führte. Die Leipziger SED, die in einer Aushöhlung der mitteldeutschen Jazzbewegung von innen her eine Chance witterte, frohlockte über die Spaltung unseres engsten Kreises. Genau das brauchte sie.

Obwohl unser ehemaliger Gesinnungsfreund – wie wir von einem Gewährsmann erfuhren – weder der Partei noch dem SSD über die Arbeit der *Redaktion* berichtet hatte – Grund auch hier, seinen Namen zu verschweigen –, trafen wir verschiedene Vorsichtsmaßnahmen und verlegten den Sitz aus der Schwägrichstraße an einen anderen Ort in Leipzig. Die Spaltung in der *Redaktion* wurde nicht sofort offensichtlich, da die politischen Ereignisse in Budapest alles andere in den Hintergrund drängten. Wir waren uns darüber einig, daß die dortigen Vorgänge auch für uns nachhaltige Bedeutung haben würden. Während in der ungarischen Hauptstadt die Versammlungen des Petöfi-Clubs stattfanden und die Anzeichen kommender revolutionärer Ereignisse sich immer mehr verstärkten, zog sich die SED auf die äußerste Position zurück, um abzuwarten. Die Studenten der Leipziger Uni glaubten aus diesem Grund, die im Frühjahr angekündigten und dann verbotenen Jazzvorträge an der Naturwissenschaftlichen und Medizinischen Fakultät jetzt nachholen zu können. Und in der Tat, die SED vergaß ihr Vortragsverbot, um jede Unruhe zu vermeiden. Das Institut für Psychologie wandte sich wegen einer Veranstaltung an uns. Die große Überraschung aber war eine Einladung des Offiziersclubs der Volksarmee. Mit einem Militärlastwagen wurden wir in eine Kaserne der Leipziger Garnison gebracht. Dort sprachen wir vor über fünfzig höheren NVA-Offizieren über Jazz. Dies war zweifellos der erste Jazzvortrag vor höheren Militärs des »Arbeiter- und Bauernstaates«.

Wir wollten schon glauben, die Diskussion in Polen und Ungarn werde sich auch auf die DDR ausweiten, als wir durch die

Nachricht erschüttert wurden, daß das ungarische Volk gegen seine Unterdrücker aufgestanden war. Budapest wurde für uns alle zur großen Hoffnung. Würde Ungarn das gelingen, was den Deutschen 1953 nicht gelungen war? Unter den Arbeitern und Angestellten herrschte hoffende Zurückhaltung, während die oppositionellen Intellektuellen, Parteimitglieder und Parteilose, zur Aktion drängten, Programme entwarfen, dilettantisch konspirierten und westdeutsche Sender hörten, um jede Phase der Revolution mitzuerleben. Die SED-Sender schwiegen zwei Tage zu den Ereignissen und brachten dann nur verstümmelte Meldungen.

In diesen ereignisvollen Tagen hatte die FDJ-Hochschulgruppe der Technischen Universität Dresden einen Vortrag arrangiert. Während dieses Vortrages forderte ich die Studenten auf zu erkennen, daß Jazz, Picasso und Sartre, Strawinski und Beckett nur dann auch in der DDR eine Chance hätten, wenn sich die politischen Grundlagen des Regimes änderten. Wir schlossen die Veranstaltung mit einem direkten Hinweis auf Budapest.

Anfang November war der Aufstand von den Panzern der Roten Armee niedergewalzt. Die SED begann mit Lügen, Entstellungen und Provokationen die Rebellion der Ungarn als das Werk von Faschisten, Anhängern des einstigen Horthy-Regimes, hinzustellen. Jeder, der jetzt mit Ungarn sympathisierte, wurde zum Provokateur, Volksfeind und Reaktionär gestempelt. Die Partei kroch wieder aus dem Untergrund und warf sich unter Ulbrichts Regie in die Brust:

Wir haben in der DDR keine Fehlerdiskussion gestattet!

Wir wußten, wohin die Fehlerdiskussion führen würde!

Wir werden auch in Zukunft keine Fehlerdiskussion gestatten, sondern rücksichtslos gegen alle Reaktionäre und Konterrevolutionäre vorgehen!

In diesem politischen Klima fand an der Medizinischen Fakultät der Universität Leipzig – von Ulbricht einmal »Hochburg der Reaktion« genannt – ein seit langem geplanter Vortrag über Jazz statt. Im Großen Hörsaal in der Härtelstraße hatten sich neben etwa sechshundert Studenten zahlreiche Funktionäre der SED und Agenten des SSD eingefunden.

Die Studenten fragten, warum der Jazzclub in Leipzig verboten worden sei. Wir berichteten kurz darüber. Dann erklärte Lukasz, es komme darauf an, von den demokratischen Prinzipien der DDR-Verfassung Gebrauch zu machen und nur solche Personen als Volksvertreter zu wählen, die frei seien vom Verdacht des Dogmatismus, des Sektierertums und des Stalinismus. Niemals werden in der DDR liberale Zustände verwirklicht werden, solange Funktionäre vom Typ Ulbrichts und seiner Nachbeter an der Macht seien. Anhand mitgebrachter Briefe und Dokumente überführten wir die FDJ-Führer der Lüge. Wir stellten die Leipziger SED-Leute als Gruppe hemmungsloser Stalinisten bloß. Wir erklärten offen, daß der Leipziger Jazzclub trotz aller Verbote illegal zusammenkomme und sich vor keiner staatlichen Institution fürchte. »Auch die SED- und die FDJ-Apparatschiks werden eines Tages zu spüren bekommen, daß sie völlig allein stehen und nicht mit der Unterstützung der Bevölkerung rechnen können«, erklärte ich wörtlich – in der Haft führten mir die Stasi-Büttel den Mitschnitt vor.

Lukasz und ich glaubten in der damaligen Situation an die Chance, die politische Gärung für eine, wenn auch nur teilweise, Liberalisierung in der DDR ausnutzen zu können. Die aggressive Stimmung unter den Studenten und Intellektuellen spornte uns an, soweit wie nur irgend möglich zu gehen. Die Schärfe unserer Worte ist nur aus der verzweifelten Hoffnung auf Änderung der Verhältnisse in jenen Novembertagen zu verstehen.

Als die SED-Funktionäre dann diskutieren wollten, entstanden tumultartige Szenen. Die Mediziner riefen, sie hätten es satt, sich die überflüssigen Bemerkungen bezahlter Dogmatiker anzuhören. Für SED und FDJ käme es jetzt darauf an, für die propagierte angebliche Demokratie einzustehen. Worte wolle niemand mehr hören, Taten seien jetzt entscheidend. Die SED-Leute schrien, daß sie sich mit Konterrevolutionären auch noch anders unterhalten könnten. Die Antwort aus dem Saal: »Wissen wir: mit Panzern und Zuchthäusern. Das sind die Hauptargumente der Bonzen und Russen« wurde mit einem: »Jawohl, solche Leute gehören hinter Gitter« quittiert. Darauf sprangen zahlreiche Studenten auf, um handgreiflich gegen die Parteileute vorzugehen. Lukasz und ich forderten die aufgebrachte Menge immer wieder auf, Ruhe zu bewahren und die jämmerliche Minderheit unbelehrbarer Sektierer nur reden zu lassen.

Leipzigs Uni hatte einen solchen Aufstand nie zuvor erlebt.

Am nächsten Tag erhielt ich einen Eilbrief: Die SED-Bezirksleitung forderte mich auf, zu einer Aussprache zu erscheinen. Ich rief Wagner an und teilte ihm mit, daß ich erst in einigen Tagen kommen könne. Ich wollte nach München fahren, um auf einer Konferenz der evangelischen Kirchenfunkreferate aller westdeutschen Sender, die unter dem Leitwort *Der Rundfunk und die Jugend* veranstaltet wurde, über *Jazz als Protest gegen die Apparatur* zu sprechen. Aber dem SSD war die Einladung in die Hände geraten. Ich wurde zur Vernehmung bestellt.

»Was soll das heißen, Protest gegen die Apparatur?« wurde ich von SSD-Mann Alexander gefragt.

»Der Protest der Jazzmusiker gegen die Bevormundung der kapitalistischen Vergnügungsindustrie.«

»Gut«, antwortete Alexander, »wir geben die Genehmigung zu dieser Reise, wenn sie uns vorher ein Manuskript dieses Vortrags einreichen.«

Ein halbe Stunde vor Abfahrt des Interzonenzuges, mit dem Lukasz und ich nach München fahren wollten, traf ich nochmals mit Alexander zusammen und übergab ihm ein zweiseitiges Exposé, das den Inhalt eines Vortrages zu meinem Thema umriß – irgendeines Vortrages, denn von dem, was wir wirklich in München berichten wollten, stand in unserem Exposé nichts.

In meinem Münchner Vortrag erklärte ich dann, im Westen sei die »Apparatur« das Schlager- und Vergnügungsgeschäft, im Osten die dogmatische Ideologie. Danach erhob sich einer der Anwesenden und forderte mich auf, doch endlich zur Sache zu kommen. Der Jazz tauge als Protest nur dann, wenn er den überhitzten Kessel der Zone zum Platzen bringe. Darüber solle ich sprechen. Lukasz und ich waren über derartige Instinktlosigkeit entsetzt. Wie konnte man von uns erwarten, in München öffentlich in einer Weise gegen Ulbricht aufzutreten, die in der DDR als Boykotthetze galt, und anschließend nach Leipzig zurückzufahren? Die Veranstalter wiesen den Redner zurück und bemühten sich, deutlich zu machen, daß eine derartige Provokation nicht in ihrer Absicht gelegen habe.

Ich war schon überaus weit gegangen, als ich die dogmatische Ideologie des Marxismus-Leninismus als »Apparatur« bezeichnete. Ich hatte gehofft, mich damit den Anwesenden verständlich gemacht zu haben, zumal ich mit Daten aufwartete, wie sich die Jugend und Intelligenz in der DDR auch aus Protest gegen die »Appatur« für den Jazz begeisterte.

Von München fuhren Lukasz und ich nach Frankfurt am Main. In Würzburg hatten wir Aufenthalt und unterhielten uns mit ungarischen Flüchtlingen, die gerade mit einem Zug auf dem Nachbargleis angekommen waren, über den Budapester Aufstand. Im *Spiegel* lasen wir in diesen Tagen eine uns umwerfende Reportage und Analyse aus Budapest.

Wir nahmen den *Spiegel* mit nach Leipzig, um ihn dort an zuverlässige Freunde weiterzugeben. Ich hatte von der DEFA während der Dreharbeiten am Jazzfilm eine Bescheinigung ohne Datum erhalten, durch die es mir möglich war, nicht nur Bücher und Schallplatten (mit denen wir Freunde in der DDR, Polen und der ČSSR versorgten) über die Zonen- und die Berliner Sektorengrenze zu bringen, sondern auch Materialien, die mit Jazz nichts zu tun hatten. Die Grenzpolizisten, vor allem in Wartha, kannten mich von Jazzsendungen und Vorträgen. Sie ließen mich stets unkontrolliert passieren. Von Frankfurt fuhren wir direkt nach Leipzig, um hier mit den *Spree City Stompers* zusammenzutreffen, die im Clubhaus *Kalinin* vor Leipziger Studenten spielen sollten. In Leipzig angelangt, wurde ich erneut – diesmal noch dringlicher – zur Parteizentrale befohlen. Wagner, der jetzt wieder sehr selbstbewußt auftrat, stellte wegen der Vorfälle während meines Vortrages an der Medizinischen Fakultät ein regelrechtes Verhör mit mir an. Ich antwortete so geschickt, wie es mir möglich war, und behauptete, wir hätten lediglich von dem in der Verfassung der DDR verbürgten Recht der sachlichen Kritik Gebrauch gemacht. Wagner bezichtigte mich »bewußter konterrevolutionärer Provokation« und teilte mir dann mit, das geplante Jazzkonzert mit den *Spree*

*City Stompers* werde als Provokation betrachtet und daher verboten.

»Es wird doch stattfinden müssen, Genosse Wagner«, hielt ich ihm entgegen und gab ihm zu bedenken, daß ein jetzt ausgesprochenes Verbot unweigerlich neue Zwischenfälle zur Folge haben und die Jugendlichen gegen die Partei aufbringen werde. Ich führte an, daß sämtliche Karten verkauft seien, daß die FDJ-Leitung des Clubhauses sich durch einen Vertrag mit den Veranstaltern gebunden habe und daß die *Spree City Stompers* schon in Leipzig eingetroffen seien. Es war offensichtlich, daß diese vollendeten Tatsachen Wagner beeindruckten. Das Ansehen der Partei, besonders bei der Jugend, war ein Punkt, der die Entscheidung der Funktionäre – gerade zu diesem Zeitpunkt – doch noch beeindruckte. Ich verließ das Parteihaus nicht ganz hoffnungslos. Trotz des jetzt reichlich angeheizten Klimas wurde das Konzert nicht verboten. Es fand am 19. November 1956 tatsächlich statt.

Wagner und Fröhlich aber waren entschlossen, ihr schon einmal ausgesprochenes generelles Verbot zu erneuern und in Leipzig keinen Jazzvortrag und kein Jazzkonzert zuzulassen. Alle Leipziger Organisationen wurden nochmals strikt angewiesen, keine derartige Veranstaltungen mehr durchzuführen. Dennoch gelang es uns noch einmal, der Partei ein Schnippchen zu schlagen.

Im mitteldeutschen Rundfunk liefen nach wie vor unsere Jazzsendungen. Wir hatten Funktionäre des *Deutschlandsenders* unsere Schwierigkeiten mit der Leipziger SED geschildert, und sie hatten daraufhin unserem Vorschlag zugestimmt, die Aufnahme der fünfzigsten Jazzsendung des *Deutschlandsenders* in das Leipziger *Capitol* zu verlegen.

In höchster Eile wurden Plakate gedruckt und Bands engagiert. Dieses Konzert mußte natürlich – darüber waren wir uns klar – die Leipziger SED bis aufs Blut provozieren. Und das wollten wir auch. Wieder verhandelten wir mit der »Frontstadt-Band«, den *Spree City Stompers*. Horst Geldmacher, Günter Peltzer und Harry Doll aus Westdeutschland wurden eingeladen, die Leipziger Kapellen mobilisiert.

Wenige Tage vor dem Konzert prangten von allen Litfaßsäulen Plakate, die zur großen Jazzveranstaltung des Rundfunks einluden. Wagner versuchte sofort, die Plakate entfernen zu lassen, aber der *Deutschlandsender* hatte sie genehmigen lassen. Die Partei war machtlos.

Am Tage vor der geplanten Veranstaltung erschien im *Sächsischen Tageblatt* eine nachträgliche Rezension meines Vortrages an der Medizinischen Fakultät. Dieser Artikel war durchaus geeignet, die Funktionäre noch mehr gegen uns aufzubringen. Sein Verfasser, der Leipziger Journalist Hans-Ullrich Barth (später beim *NDR*) schrieb, die Zwischenfälle während der Diskussion seien jenen zum Vorwurf zu machen, die eine »international anerkannte Musik niederzuknüppeln versuchten«. Es sei hier erwähnt, daß Barth wegen dieses mutigen Artikels seine Mitarbeit am *Sächsischen Tageblatt* sofort aufgeben mußte und wenige Wochen später nach Hamburg flüchtete, um der Verhaftung zu entgehen.

Zusammen mit den Jungs vom *Deutschlandsender* arrangierten wir eine Pressekonferenz in einem Leipziger Lokal, das wir außerdem noch für eine Jam Session gemietet hatten, die sich an das Konzert anschließen sollte. Die Vopo hatte auf Antrag des *Deutschlandsenders* genehmigt, daß die Session bis fünf Uhr morgens dauern durfte.

Die Aufnahme im *Capitol* wurde zu einem Mordskonzert. Die Musiker empfanden die gespannte Atmosphäre und stellten sich darauf ein. Geldmacher spielte einen Blues auf den polnischen Kommunistenführer Gomulka. Polnische Zeitungen brachten die Meldung vom *Gomulka-Blues* in großer Aufmachung. Hans-Wolf Schneider aus West-Berlin intonierte einen *Leipzig-Blues.* Wagner kochte.

Ende 1956 organisierte die *Redaktion* noch zwei Vorträge, den einen in der Dresdner Verkehrshochschule, den anderen im Ostberliner Filmclub *Möwe.* Der Westberliner Bluessänger Toby Fichelscher und eine Gruppe Hallenser Musiker mit Alfons Zschockelt bestritten den musikalischen Teil des Abends. Anschließend stellten Lukasz und ich den DEFA-Jazzfilm zur Diskussion. Als kritische Stimmen laut wurden, erklärten wir, daß der Film zusammengeschnitten worden sei, und nannten die Gründe. Wir wußten nicht, daß unter den Zuhörern auch Ludwig Müller saß, der den Jazz 1955 angegriffen hatte und nun versuchte, sich in das Gespräch einzuschalten. Ich unterbrach ihn sofort und forderte ihn auf, erst einmal seine Diffamierungen zurückzunehmen. In dem nun folgenden heftigen Wortwechsel nannte Lukasz Müller einen ausgemachten Stalinisten. Müller verließ den Club. Ich rief ihm nach, daß Stalinisten für mich Rotfaschisten seien. Riesenapplaus.

Wenige Tage nach der Veranstaltung in der *Möwe* ging folgende Meldung durch die mitteldeutsche Presse: »Wie von der Generalstaatsanwaltschaft der DDR mitgeteilt wird, wurde am 29. November 1956 auf Veranlassung der Generalstaatsanwaltschaft der DDR eine Personengruppe festgenommen, die in Zusammenarbeit mit westlichen Geheimdienststellen das Ziel verfolgte, die verfassungsmäßige Ordnung in der Deutschen Demokratischen Republik zu beseitigen. Anführer der staatsfeindlichen Gruppe war ein Dr. Wolfgang Harich, beschäftigt als Lektor beim Aufbau-Verlag im demokratischen Sektor Berlins.«

Harich war vom SSD festgenommen worden, nachdem er mit dem Ostbüro der SPD und Rudolf Augstein über eine Unterstützung seines Programms gegen Ulbricht verhandelt hatte. Harich war nicht irgendein Lektor des Aufbau-Verlags, sondern Professor für Philosophie an der Ostberliner Humboldt-Universität und Chefredakteur der *Zeitschrift für Philosophie*.

Im Zusammenhang mit der Harich-Affäre wurde einige Zeit später auch der Direktor des Aufbau-Verlags, der Altkommunist Walter Janka, verhaftet; ebenso der schon einmal aus politischen Gründen verurteilte Ökonomiedozent Bernhard Steinberger – noch später dann die beiden Chefredakteure des *Sonntag*, Just und Zöger.

Ulbrichts Kurs nach den Ereignissen in Polen und Ungarn stand fest – er zog die Daumenschrauben an. In seinen Bemühungen, die intellektuelle Opposition zu beseitigen, hatte er insofern leichtes Spiel, als die Mehrzahl der Menschen in der DDR keine Beziehungen zu den Revisionisten hatte, deren Konspiration zu dilettantisch und oft von Illusionen über eine friedliche Auseinandersetzung innerhalb der Partei getragen war – und von den Phantasmagorien eines »dritten Weges zum Sozialismus«, den mein Leidensgefährte Janka noch heute vertritt. Außerdem war die Mehrzahl der oppositionellen Intellektuellen in der SED organisiert. Die Bevölkerung aber hätte, auch bei aller Beeinflussung, Mitgliedern der SED kaum das nötige Vertrauen entgegengebracht; denn an jedem SED-Mann, ob er nun für oder gegen Ulbricht war, haftete der Makel der Staatspartei, die jedes Vertrauen der Bevölkerung rücksichtslos mißbraucht hatte. Zudem hätten die Massen, einmal in Bewegung geraten, das Programm der Revisionisten rasch von innen her gesprengt – wie sie es am 18. März 1990 gegen alle Gysis und Modrows auch taten.

Eine Intellektuellen-Revolte wäre von vornherein zum Scheitern verurteilt gewesen. Auf das polnische Modell konnte in der DDR niemand bauen, da die Verhältnisse in der DDR anders gelagert waren. Außerdem waren die nichtsozialistischen Oppositionellen längst in den Westen geflohen oder vom SSD verhaftet worden.

Viele Komponenten, die im November 1956 zusammentrafen, machten der Opposition einen Strich durch die Rechnung. Die ins Politische umgeschlagene Jazzbewegung war lediglich in der Lage, das revolutionäre Klima mit zu stimulieren. Wenn die *Redaktion* im Verlauf von drei Jahren auch Veranstaltungen vor über zweihunderttausend DDR-Bürgern organisiert hatte, war sie dennoch machtlos. Zwar hatten wir Verbindung zu den Berliner Revisionisten und Beziehungen zu anderen Ulbricht-Gegnern, aber niemand fand die Gelegenheit, alle die gärenden oppositionellen Stimmungen und Strömungen unter ein Dach zu bringen. Zudem wirkten sich die bitteren Erfahrungen des 17. Juni, die auf der Bevölkerung lasteten, lähmend auf jede revolutionäre Aktion aus.

Uns blieb ein Rest Hoffnung auf Änderung der Verhältnisse. Im Grunde konnten wir nur noch auf eine Weisung Moskaus hoffen, die Ulbricht zwingen würde, den Kurs in der DDR nicht weiter zu verschärfen. Das Tauwetter war beendet.

## *Die SED packt zu*

Anfang 1956 schrieb Ulbricht, daß sich die Partei in kritischen Situationen nicht auf die »Überzeugungskünste einiger Genossen« verlassen dürfe, sondern sich an die Methoden des Rotfront-Kämpferbundes erinnern sollte. Die Arbeiterklasse müsse Konterrevolutionären die Faust zeigen. Damit hatte Ulbricht den Scharfmachern freie Fahrt gegeben; die Verfolgung gegen alle halbwegs Verdächtigen begann.

Die Leipziger SED räucherte erst einmal das von Konrad Reinhold geleitete Kabarett *Die Pfeffermühle* aus. In einer Nummer seines Programms *Rührt Euch!,* mit dem *Die Pfeffermühle* in einigen Städten der DDR erfolgreich gastiert hatte, berichtete Reinhold als Sportreporter von einem merkwürdigen internationalen Fußballspiel mit dem Mittelstürmer Chruschtschow, dessen Vorlagen vom Linksaußen Ulbricht ständig mißverstanden wurden. Da das Programm Ende des Jahres auslaufen sollte, wurde das Kabarett Mitte Dezember nur noch mäßig besucht – die Leipziger warteten auf die nächste Premiere der *Pfeffermühle.* Um so erstaunter waren die Kabarettisten, daß die Vorstellung am 18. Dezember ausverkauft war.

Die Besucher, mit mehreren Omnibussen herbeigekarrte »Arbeiter« (ganz genauso wie die 1990 von der Bukarester Regierung herangekarrten »Bergarbeiter« zur Niederschlagung der Rebellion gegen das Ceaușescu-Nachfolge-Regime) – wie man den Randaliertrupp in der SED-Presse später titulierte – versuchten, die Kabarettisten mit lauten Zwischenrufen, wie »volksfeindlich«, »konterrevolutionär«, »westlich«, niederzuschreien. Faule Eier wurden auf die Bühne geworfen, die handgreiflichen Auseinandersetzungen zwischen den Anführern der »empörten Werktätigen« (Bergarbeiter!) und dem Ensemble nahm immer heftigere Formen an. Plötzlich erschien ein hoher Funktionär, der »ganz zufällig« draußen vorbeigegangen war, »den Krach gehört« hatte und »nur sehen« wollte, was »denn los sei«. Er ließ sich von den »Arbeitern« über die Situation »aufklären« und versprach dann, die Sache zu untersuchen. Das Ergebnis dieser »Untersuchung« war, daß *Die Pfeffermühle* geschlossen wurde und Monate danach mit dem Programm *Roter Pfeffer* auf den Parteikurs einschwenken mußte. Wenig später floh Reinhold in die Bundesrepublik, wo er 1960 in Frankfurt am Main das politische Kabarett *Die Maininger* gründete.

Einen Tag nach dem Tumult in der *Pfeffermühle* erhielt ich einen Anruf aus dem Clubhaus des Kirow-Werkes, der ehemaligen Villa des Leipziger Landmaschinenfabrikanten Sack. Man bat mich, dort am übernächsten Tag einen Vortrag über Jazz zu halten. Ich sagte zu.

Als Lukasz und ich am 21. Dezember mit einem Taxi vor dem Clubhaus vorfuhren, parkten dort außer einem kleinen Bus mehrere EMW-Wagen. (Die wurden ausschließlich von Parteifunktionären gefahren.) Wir wollten den Vortragssaal gerade betreten, als ein Mann mit Parteiabzeichen erschien und erklärte, wegen einer Weihnachtsfeier habe das Referat in einen Raum im zweiten Stock verlegt werden müssen. Oben angekommen, fanden wir etwa zwanzig Zuhörer vor – zu unserem Erstaunen aber überhaupt keine jungen Leute.

Wir bauten unsere Übertragungsanlage auf, ich begann zu sprechen. Plötzlich sprang einer der Hörer, ein etwa vierzigjähriger Mann, auf und schrie, wir sollten doch mit unseren Provokationen aufhören. Meine verwunderte Frage, was für Provokationen er denn meine, wurde nicht von ihm, sondern von einem anderen beantwortet: »Werdet ja nicht frech, ihr Verbrecher. Ihr seid es doch gewesen, die jüdische Denkmäler umgeworfen haben. Ihr seid die Faschisten, die die ungarische Bevölkerung zum Aufstand aufgeputscht haben. Nieder mit euch Schweinen!« Nach diesem Gebrüll warf ein dritter einen Kristallglas-Aschenbecher nach mir, der mich im Gesicht traf und verletzte. Alle sprangen jetzt auf und stürzten auf uns los. Einer der Politgangster schlug mir mehrere Zähne aus, ein anderer versetzte Lukasz einen schweren Tritt in die Magengegend. Blutend retteten wir uns aus dem Raum. Gehetzt von der Meute, die »Haltet die Konterrevolutionäre« rief, rannten wir die Treppen hinunter auf die Straße. Während wir einem in der Nähe gelegenen Park zuliefen, sprang das Schlägerkommando in die EMWs, um uns zu verfolgen. In rasendem Tempo versuchten mehrere der

Gangster, uns auf offener Straße zu überfahren. Wir verschwanden in einem Mietshaus, eilten durch den dahinter liegenden Hof, überkletterten die Trennmauer und gelangten auf diese Weise zu der Wohnung von Professor Hans Mayer, von dessen Autorität wir uns Schutz vor unseren Verfolgern versprachen. Mayer war aber in Berlin. Seine Haushälterin, die liebe »Wittib Klopfer«, wie Mayer sie nannte, ließ uns herein und gab uns Seife und Handtücher, damit wir uns das Blut abwischen konnten. Dann telefonierten wir von Mayer aus die *Redaktion* zusammen.

Diese war der Ansicht, Lukasz und ich müßten sofort fliehen, um weiteren Gewalttaten und der Verhaftung zu entgehen. In Eile wurden sämtliche Schallplatten – etwa zweitausend – sowie alle wichtigen Bücher und Unterlagen bei Wolfram in Sicherheit gebracht. Ein vollständiger Jahrgang des *Spiegel,* der aus West-Berlin stammende Abdruck der Geheimrede Chruschtschows auf dem XX. Parteitag, der *Spiegel* über Harichs Verhaftung, die Rede Titos zur ungarischen Revolution und vieles andere verschwand in der Wohnung des Redaktionsmitglieds Wolfram Leuschel, der, während die anderen zusammenpackten und hinausschafften, auf Personenwagen aufpaßte, um uns zu benachrichtigen, falls der SSD kommen sollte.

Zwei Tage später fuhren wir, mit Parteiabzeichen und Aktivistennadel dekoriert, in einem Taxi nach Ost-Berlin. Die Kontrollstationen passierten wir ungehindert, da die Posten offenbar glaubten, wir seien höhere Funktionäre, die im Dienstauftrag eine so kostspielige Fahrt unternahmen. Das war berechnet. In Ost-Berlin bezahlten wir den Fahrer, mieteten uns Hotelzimmer im Adlon am Brandenburger Tor. Der inzwischen benachrichtigte Hans-Wolf Schneider stellte uns zur Fahrt über die Sektorengrenze sein großes Auto zur Verfügung, in dem Lukasz, meine Familie, unser Gepäck und ich mühelos Platz fanden und mit dem wir unbehelligt nach West-Berlin kamen.

Kurz vorher hatte ich noch Professor Mayer getroffen, der mir in einem Gespräch unter vier Augen in seinem Hotelzimmer geraten hatte, die DDR nicht endgültig zu verlassen, sondern nur die Weihnachtstage in der Bundesrepublik zu verbringen und stillschweigend zurückzukehren. Ich hatte ihm versprochen, mir diesen Vorschlag zu überlegen. Hans Mayer meinte damals, die Hoffnung auf eine Änderung der Verhältnisse in der DDR sei noch nicht erloschen, man könne dort auf niemanden verzichten, der gewillt sei, eine Liberalisierung des Regimes herbeiführen zu helfen. (Professor Hans Mayer kehrte im September 1963 nach seiner Teilnahme an einem wissenschaftlichen Kongreß in der Bundesrepublik nicht in die DDR zurück.)

Von West-Berlin flogen wir nach Frankfurt und erfuhren dort kurz nach Weihnachten telefonisch von einem Vertrauensmann in Leipzig, daß sich inzwischen nichts Besonderes ereignet hatte. Während Heinz Lukasz sich entschloß, in der Bundesrepublik zu bleiben, da er eine Fortsetzung unserer Bemühungen für sinnlos hielt und davon überzeugt war, der SSD werde uns auf jeden Fall, spätestens aber dann verhaften, wenn offenbar werde, daß wir nicht gewillt seien, auf den harten Kurs der Partei einzuschwenken, glaubte ich nun doch wieder an die Möglichkeit einer Liberalisierung und gab mich der Täuschung hin, unsere Popularität bei der Jugend werde das Regime davon abhalten, mich zu verhaften. Am 29. Dezember 1956 verabschiedete ich mich von meinem alten Kampfgefährten und flog nach Berlin, um vom Ostsektor aus mit dem Zug wieder nach Leipzig zurückzukehren. Hier hoffte ich, den alten Kreis so wiederzufinden, wie wir ihn wenige Tage vorher verlassen hatten.

Die Parteiorganisation des Benzinwerkes Böhlen schloß Lukasz, als seine Flucht bekanntgeworden war, aus der SED mit der üblichen Begründung aus, er sei ein Agent des US-Geheimdienstes. Kurz danach wurde der Böhlener Jazzclub verboten. Da wir auch damit rechnen mußten, daß der SSD unsere Telefongespräche und Korrespondenzen überwachte, wurde beschlossen, nur noch eine kleine Gruppe der Leipziger Jazzleute in bestimmten Zeitabständen zusammenzurufen. Die *Redaktion* existierte praktisch nicht mehr. Aus Rostock, Ost-Berlin, Dresden und Halle hörten wir, daß bekannte Jazzleute, nachdem sie vom Überfall auf Lukasz und mich gehört hatten, in den Westen geflohen waren.

In Dresden wurde Mitte Februar noch ein Konzert veranstaltet, dann mußte der Dresdner Jazzvertreter Klaus Hildtmann fliehen. Während der Jazzabende, die im Pionierpalast Dresden stattgefunden hatten, waren die Vorträge Hildtmanns von Funktionären der FDJ mitgeschnitten worden. Die SED und die FDJ mißtrauten ihm, seitdem ein sowjetisches Militärtribunal ihn acht Jahre vorher zu fünfundzwanzig Jahren Zwangsarbeit verurteilt hatte. Ein auf ihn im Betrieb angesetzter Spitzel hatte sich Hildtmann dann offenbart und ihm mitgeteilt, daß er den Auftrag habe, ihn auszuhorchen und zu provozieren. Klaus Hildtmann erinnerte sich der Jahre seiner Haft im sibirischen Workuta und floh im Februar 1957 nach Frankfurt am Main. Wenige Tage darauf wurde der Dresdner Club verboten.

Nur in Halle konnten die Jazzfans noch zusammenkommen. Sigi Schmidt, der Leiter des dortigen Clubs, verhandelte in Berlin über TV-Sendungen und über eine Teilnahme an dem im August 1957 in Moskau geplanten Jugendfestival. In den Bestimmungen für dieses Festival hieß es, daß sich auch Jazzbands in Moskau vorstellen sollten. Aus diesem Grunde war die SED bestrebt, noch eine Zeitlang das Gesicht zu wahren und sich wenigstens eines Jazzexperten zu versichern, der sie bei der Auswahl einer deutschen Jazzmusikerdelegation beraten konnte. Obgleich die Hallenser zu Beginn des Jahres 1957 noch einige Möglichkeiten hatten, weil sie sich politisch zurückhielten, begannen auch für sie die Schwierigkeiten. In der Hallenser SED-Zeitung *Die Freiheit* wurde Günter Herbsleb, einst Mitglied der *Redaktion* und Mitvorsitzender seines Clubs, von sogenannten Volkskünstlern heftig befehdet.

Im Januar und Februar 1957 wurde die Vorführung des DEFA-Jazzfilms verboten, die Jazzsendungen abgesetzt, Vorträge über das Thema Jazz gestrichen. Die noch bestehenden Jazzclubs wurden unter Druck gesetzt, fielen von selbst auseinander oder wurden nach und nach verboten. Ihre leitenden Mitglieder flohen in die Bundesrepublik.

Bei meinen Bemühungen, die Hintergründe des Überfalls im Clubhaus des Kirow-Werkes aufzuklären, brachte mich der Zufall einen entscheidenden Schritt weiter. Während einer Abendgesellschaft im Restaurant der Leipziger Kammerspiele plauderte eine junge Schauspielerin in nicht mehr ganz nüchternem Zustand aus, ihr Verlobter, Dieter Simon, habe an einer Parteisitzung teilgenommen, in deren Verlauf der Überfall auf Lukasz und mich besprochen worden sei. Ich bat die junge Dame, mir ein Gespräch mit Simon zu vermitteln. Wenige Tage später traf ich tatsächlich mit ihm zusammen.

Simon, Jurastudent und Mitglied der SED-Stadtleitung Leipzig, berichtete mir folgendes: Auf der Sitzung sei beschlossen worden, mehrere ausgesuchte Genossen sollten während meines Vortrags im Clubhaus eine Diskussion provozieren und eine Situation schaffen, die es ermöglichte, Lukasz und mich zusammenzuschlagen. Er, Simon, habe die Genossen darauf hingewiesen, daß eine solche Aktion der DDR-Verfassung, den Statuten der SED und dem Strafgesetzbuch zuwiderlaufe; diese Bedenken seien jedoch mit einer Handbewegung abgetan worden. Anschließend habe man dann etwa fünfundzwanzig Funktionäre für das Unternehmen bestimmt.

Simon erbot sich, mir eine Liste mit den Namen aller Beteiligten zu geben, und erklärte, er werde sich in dieser Angelegenheit direkt an das SED-Zentralkomitee wenden.

Meine Bedenken, meinerseits bei Berliner Parteistellen vorstellig zu werden, wurden durch Berichte verstärkt, die ich von Redakteuren des *Deutschlandsenders* erhielt. Im Dezember 1956 waren im Ostsektor Berlins Journalisten systematisch überfallen und zusammengeschlagen worden, die sich während der Ereignisse in Polen und Ungarn kritisch über die Verhältnisse in der DDR geäußert hatten. Nach einer Veranstaltung im Elektroapparatewerk waren zwei Mitarbeiter des *Deutschlandsenders,* die dort öffentlich Kritik geäußert hatten, im Fahrstuhl des Werkes, der von der Stasi zwischen zwei Stockwerken zum Halten gebracht worden war, schwer mißhandelt worden. Trotzdem setzte ich mich schließlich mit Dr. Dengler in Verbindung, der über gute Kontakte zum ZK der SED verfügte, zu dieser Zeit allerdings als Korrespondent für *Neues Deutschland* in Bonn war. Ich mußte warten, bis er nach Ost-Berlin kam. Dengler versprach, mir ein Gespräch mit Politbüromitglied Hermann Matern zu vermitteln. Dazu kam es jedoch nicht mehr. Die Leipziger SED, von irgendeiner Seite über das geplante Treffen informiert, verhinderte meine Reise nach Ost-Berlin.

In Leipzig war der Überfall auf Lukasz und mich inzwischen bekanntgeworden. Darum wurden die Parteiorganisationen in fast allen größeren Leipziger Betrieben, an der Universität, an der Sporthochschule und so weiter angewiesen, die »handgreifliche Lektion über Demokratie mit dem natürlichen Schlagzeug junger Arbeiterfäuste« ideologisch zu rechtfertigen. Argumente für eine solche Rechtfertigung lieferte das Gewerkschaftsblatt *Tribüne* in einem dreispaltigen Artikel. In der *Leipziger Volkszeitung* wurde ein Bericht von Wagner vor dem Leipziger Bezirkstag veröffentlicht, in dem der Kulturchef gegen unser »Programm ideologischer Feindarbeit« Stellung nahm und von einer »demokratischen Belehrung« sprach. Auf diese Weise erhielt auch die westdeutsche Presse Kenntnis von dem Zwischenfall – Lukasz in der Bundesrepublik hatte es für besser gehalten, nicht über die Dinge zu sprechen. Die *Frankfurter Allgemeine Zeitung* brachte als erste einen Bericht.

Im März 1957 lud mich der *Hot Club* Dortmund zu einem Konzert ein. Danach reiste ich nach Frankfurt am Main weiter und traf dort mit Heinz Lukasz zusammen, der mich dringend warnte, in die DDR zurückzukehren, da alles auf eine akute Verschärfung des SED-Kurses hindeutete. Als ich, immer noch entschlußlos, einige Zeit später mit meiner Frau in Leipzig telefonierte, sagte sie, ich könne ohne Befürchtungen zurückkommen. Am 25. März fuhr ich nach Leipzig. In meiner Wohnung ging ich, noch im Mantel, zum Schreibtisch, um die Post durchzusehen. Da klingelte es. Vor mir standen – in Ledermänteln, mit Pistolen im Anschlag – sieben (7!) SSD-Leute; der Anführer erklärte mich für verhaftet, und während mir ein Haftbefehl vor die Augen gehalten wurde, schnappten die Handschellen zu.

## *In der Wächterburg*

Während fünf SSD-Spezialisten meine Wohnung stundenlang durchsuchten, Gardinenröhren durchbliesen, Dutzende von Jazzplatten abspielten und das Telefon auseinandernahmen, wurde ich ins Untersuchungsgefängnis des SSD, die Wächterburg, gebracht. In einem großen, weißgetünchten Raum mit einem Schreibtisch für den Vernehmungsoffizier und einem in den Boden einzementierten Schemel, auf dem der Verhaftete in aufrechter Haltung, die Hände auf die Knie gelegt, zu sitzen hat, begann das erste, sechzehnstündige Verhör durch einen kleinen, kränklich aussehenden, etwa fünfzigjährigen Stasi-Offizier, der auch nicht annähernd der deutschen Sprache mächtig war. Nachdem mir die Handschellen abgenommen worden waren, wurde ich zunächst darüber belehrt, daß ich mich nunmehr dort befinde, wo alle Volksfeinde hingehörten, beim SSD. Dann sollte ich aussagen – zunächst über die Vorfälle während unserer Veranstaltung an der Medizinischen Fakultät. Erst gemäßigt, dann lauter und schließlich brüllend verlangte mein Gegenüber zu wissen, was ich »dortens« gesagt habe. Statt »dort« oder »da« hat dieser Mensch – wegen seiner Funktion, seiner hohen Stimme und seiner mickrigen Figur »die Empfangsdame« genannt – in jener Nacht wohl über tausendmal »dortens« gesagt. Diese Stupidität wirkt sich ebenso zermürbend aus wie ausgeklügelte Vernehmungsmethoden.

Dem stundenlangen Fragen nach dem »dortens« und den Drohungen, ich sei ein heimtückischer, amerikanischer Jazzspion, dem man hier, beim SSD, das Reden schon beibringen werde, setzte ich abwechselnd hartnäckiges Schweigen und die immer gleiche Forderung entgegen: »Lassen Sie mich wieder raus, oder lassen Sie mich schlafen.« Wohl war mir dabei natürlich nicht, denn in meinem Jackett hatte ich noch einen westdeutschen Hundertmarkschein und einen Artikel der *Welt* über die Verhaftung Wolfgang Harichs. Ab und zu verschwand »die Empfangsdame« aus der Verhörzelle und ließ sich für kurze Zeit von einem Wächter ablösen. Durch diesen Wechsel entstand jedesmal eine Pause von wenigen Sekunden, die ich nutzte, um zunächst den *Welt*-Artikel herunterzuschlucken. Dann verspeiste ich den Hundertmarkschein – mein teuerstes Abendbrot.

Ich begann auf meinem Schemel einzuschlafen. Aber die uniformierte Dummheit, durch Kaffeepausen aufgefrischt, schreckte mich immer wieder hoch mit der Frage, was ich denn nun »dortens« gesagt habe. Sechzehn Stunden zog sich das hin. Endlich, gegen acht Uhr morgens, betrat ein zweiter SSD-Offizier mit einigen Unteroffizieren den Raum und nahm meine Personalien auf.

Dann begann die übliche Prozedur der Aufnahme: entkleiden, peinliches Durchsuchen, Protokollierungen, Brausen, Empfang der Häftlingskleidung, Einweisung in eine Zelle. Meine, eine »Neuzugangszelle«, lag im Keller des mehrstöckigen Baues, den Vernehmungsräumen gegenüber; sie war finster, schmutzig und bis auf ein schmales, im Zementboden fest verankertes Holzgestell zum Schlafen völlig leer. Im Zementboden ein eiserner Ring, an den ich angekettet wurde. War ich der Graf von Monte Christo?

Man ließ mich vier Stunden in Ruhe, die ich jedoch nicht zum Schlafen nutzen konnte, da das Gebrüll der Vernehmer und der Schlüsselknechte, wie die Wärter von den Gefangenen genannt werden, kaum einen Augenblick verstummte. Dann wurde mir ein neuer Vernehmer gegenübergestellt, der das Spiel der »Empfangsdame« offensichtlich fortsetzen wollte. Wieder begann es mit der Medizinischen Fakultät. Ich sagte dem SSD-Mann, daß es doch sinnlos sei, mich über Dinge zu befragen, die dem Staatssicherheitsdienst längst bekannt seien. Als ich dann hinzufügte, ich hätte nichts getan, was der Verfassung der DDR widerspreche, meine Verhaftung sei ungesetzlich, wurde der Offizier – es war ein Leutnant – bleich vor Wut und brüllte mich an, der SSD habe noch niemals etwas Ungesetzliches getan.

Ich wurde in meine Zelle zurückgebracht, aber schon nach einer Stunde wieder herausgeholt. Wieder ein neues Gesicht.

»Wie heißen Sie?«

»Das wissen Sie ganz genau!«

»Sie sollen mir antworten, und zwar schnell und anständig!« – jetzt schrie auch dieser Leutnant. Ein kurzer Hinweis von mir auf ja wohl nicht mehr zeitgemäße SS-Methoden löste eine Kanonade wüstester Beschimpfungen – jetzt in der zweiten Person Singular – aus, von denen »reaktionäres, dreckiges Faschistenschwein«, »Fresse einschlagen« und »Gestapostrolch« nicht einmal die schlimmsten waren. Dann war ich wieder in meinem Loch. Eine Stunde verging, bis ich erneut herausgeholt und dem vierten Vernehmer vorgeführt wurde. Kurze Zeit später war ich wieder in meiner Zelle. Nummer vier hatte mich gefragt, ob mir klar sei, daß ich mich hier »beim SSD, dem höchsten Organ der DDR« befinde. Über meine Antwort, meines Wissens sei die Volkskammer das höchste Organ der DDR, war mein Gegenüber derart in Wut geraten, daß er mich hatte abführen lassen. Für den Rest des Tages ließ man mich in Ruhe.

Am nächsten Morgen versuchten sie es mit der »sanften Tour«. Ich verlangte nach Haftrichter und Staatsanwalt, forderte vor allem einen Verteidiger. Tatsächlich wurde ich nach zwei Stunden dem Haftrichter vorgeführt, einem beleibten, glatzköpfigen Mann im dunklen Zweireiher mit dem Parteiabzeichen am Rockaufschlag. Er nahm meine Beschwerde über die unbegründete Festnahme sowie die Vernehmungs- und Behandlungsmethoden des SSD zur Kenntnis, äußerte sich aber nicht dazu, sondern meinte nur, die mit einer offiziellen Haftbeschwerde verbundenen Kosten könnte ich mir ersparen; die Aussichten auf einen Erfolg seien gleich Null. Bevor er ging, versprach er mir noch, dafür zu sorgen, daß ich den Grund für meine Verhaftung erführe. Eine Stunde später saß ich erneut dem »freundlichen« Stasi-Offizier gegenüber. Seine Voraussage, die Untersuchung meines Falles werde vierzehn Tage in Anspruch nehmen, erfüllte sich leider nicht.

Es dauerte knapp sechs Wochen, bis mich der »Freundliche«, ein aus Dessau stammender SSD-Leutnant, der noch kurze Zeit vorher als Meister in einem »Volkseigenen Betrieb« gearbeitet hatte, mit dem Material bekanntmachte, das der SSD gegen mich zusammengetragen hatte. Ich wurde beschuldigt:

1. Vor der Medizinischen Fakultät in Leipzig führende Funktionäre der SED und FDJ als geistig unzurechnungsfähig bezeichnet zu haben.

2. Die Ereignisse im Clubhaus Kirow eine von der SED organisierte Aktion genannt und die daran Beteiligten als »SA-Schläger« diffamiert zu haben.

3. Auf der Veranstaltung der Rundfunkbeauftragten der evangelischen Kirche in München gegen »die Apparatur«, in Wirklichkeit aber gegen die angebliche Parteibürokratie der SED gesprochen zu haben.

Das waren die einzigen »konkreten« Punkte. Für die immer wieder geäußerte Vermutung, meine Tätigkeit für den Jazz sei im Auftrag eines amerikanischen Geheimdienstes erfolgt, hatte man offenbar keine Unterlagen zusammengelogen. Daß dieses Material selbst dem SSD nicht ausreichend erschien, konnte ich aus dem Verhalten schließen, das der Dessauer mir gegenüber an den Tag legte. Die zunehmende Anzahl der mir beim Verhör angebotenen Zigaretten, die Anrede »Herr« und schließlich die Mitteilung, er habe erfahren, daß ich im Kirow-Werk tatsächlich von SED-Funktionären überfallen worden sei – alles das schien auf meine baldige Entlassung hinzudeuten.

Es kam anders. Der Dessauer wurde abgelöst, an seine Stelle trat ein hochgewachsener, etwa vierzigjähriger Parteimann aus Leipzig. Meine erneute Weigerung, ein Geständnis abzulegen, führte zu dem Erfolg, daß ich endlich dem Staatsanwalt – oder richtiger der Staatsanwältin – vorgeführt wurde. Wenige Tage später erhielt ich die Erlaubnis, meiner Frau zu schreiben und mich mit einem Rechtsanwalt in Verbindung zu setzen. Inzwischen waren drei Monate vergangen.

Gemeinsam mir Dr. Kolbe, der in der Weimarer Republik ein erfolgreicher, in kommunistischen Kreisen besonders beliebter Strafverteidiger gewesen und darum auch von der SED wohlgelitten war, obwohl er nicht der Partei angehörte, baute ich nun meine Verteidigung auf.

Indessen bemühte sich mein neuer Vernehmer, aus meinen Westkontakten neue Anklagepunkte zu konstruieren, offenbar, ohne selbst von meiner Schuld überzeugt zu sein, denn sein Ton wurde zunehmend freundlicher. Bald bot auch er mir Zigaretten an, erzählte mir – genau wie der Dessauer – von sich persönlich und zeigte sich überaus interessiert an Schilderungen des Lebens in Westdeutschland, die ich ihm nur zu gern gab. Da die Protokolle des Leipzigers kaum belastendes Material gegen mich enthielten, wurde auch er nach einigen Wochen abgelöst. Gleichzeitig wurde ich in einen anderen Raum verlegt und erhielt einen Zellengenossen. Dieser, ein etwa fünfunddreißigjähriger Mann namens Bauer, teilte mir schon nach wenigen Tagen mit, daß er den Auftrag habe, mich zu bespitzeln. Bauer, dessen »mich belastende Angaben« wir gemeinsam absprachen, erwies mir später noch einen großen Dienst.

Die Taktik des neuen Vernehmers, eines bulligen, brutal wirkenden Jungkommunisten im Range eines Oberleutnants, bestand ebenfalls darin, die gleiche Frage ständig zu wiederholen. Obgleich inzwischen ein Vierteljahr vergangen war, begann er die Untersuchung nochmals von vorn, ließ von mehreren SSD-Agenten in Leipzig, Berlin und Dresden neues Material gegen mich zusammentragen und vernahm selbst Dutzende von Personen. Das Ergebnis seiner etwa achtwöchigen Bemühungen sah dann folgendermaßen aus:

1. Sechs Zeugen könnten beeiden, daß ich an der Medizinischen Fakultät den Sturz der führenden FDJ-Funktionäre gefordert habe.

2. Ein Brief von mir an den verantwortlichen Musikredakteur von *Radio DDR*, Max Spielhaus, enthalte staatsfeindliche Formulierungen.

3. Ein Leipziger Pianist, der zum engsten Kreis der Leipziger Jazzgemeinde gehörte, habe ausgesagt, ich hätte mich in privaten Gesprächen ständig gegen die verantwortlichen Männer der DDR, insbesondere gegen Ulbricht, ausgesprochen.

4. Ein nach meiner Verhaftung in die DDR übergesiedelter Bassist aus Essen sei bereit zu beeiden, daß ich Mordhetze betrieben und geäußert habe, Ulbricht müsse gehenkt werden, und mit den Funktionären der SED könne man nur noch mittels einer Maschinenpistole sprechen.

5. Siegfried Schmidt, der Leiter des Hallenser Jazzclubs, habe ausgesagt, ich hätte den Jazz lediglich als Mittel der politischen Opposition benutzt, und aus diesem Grund hätten er und seine Leute sich von mir getrennt.

6. Richard-Ludwig Müller werde bezeugen, daß ich mich bei einer Veranstaltung in der Berliner *Möwe* zu wüster Hetze gegen die DDR habe hinreißen lassen.

7. Der SSD könne beweisen, daß ich niemals von einem gewissen Dieter Simon über die Parteisitzung informiert worden sei, in der man angeblich über die Aktion gegen Lukasz und mich beraten habe.

Der SSD-Offizier behauptete, daß alle diese Punkte miteinander zusammenhingen, da ich im Auftrag einer amerikanischen Dienststelle in Westdeutschland, wahrscheinlich in Oberursel bei Frankfurt, tätig gewesen sei und den Jazz nur als Deckmantel benutzt habe. Ich bestritt jeden Punkt und war fest davon überzeugt, daß alle diese angeblich zum Eid bereiten Zeugen – von Simon und Müller abgesehen – niemals gegen mich aussagen würden. Ich behielt recht. Der Essener Bassist, der mich am schwersten belastet hatte, floh kurz vor Beginn meines Prozesses in die Bundesrepublik, und Schmidt, der kurze Zeit nach dem Prozeß auch nach Westdeutschland flüchtete, sagte später ebensowenig etwas mich Belastendes aus wie der Leipziger Pianist. Dieter Simon, dem ich eines Tages im Gefängnis gegenübergestellt wurde, behauptete, mich noch niemals gesehen zu haben. Ich bestand natürlich auf meiner ursprünglichen Aussage.

Die Verhöre gingen weiter. Schließlich verweigerte ich jede Aussage – mit dem Erfolg, daß ich fortan unbehelligt blieb. Auch der Staatsanwältin, die mich eines Tages besuchte, gelang es nicht, mich zu einem »Geständnis« zu bewegen. Eines Abends erhielt ich eine drei Seiten umfassende Anklageschrift. Ich war erstaunt, denn der SSD schien der Staatsanwaltschaft nur einen Teil des an sich schon spärlichen Materials übergeben zu haben. Ich hätte Boykotthetze betrieben, so war zu lesen, und ich hätte Funktionäre der FDJ und SED beleidigt. Alle anderen Beschuldigungen hatte man fallengelassen.

In Handschellen gefesselt, wurde ich am 29. August 1957 von fünf Stasi-Männern zum Leipziger Bezirksgericht geschleppt, nachdem man mir vorher noch diverse Anweisungen für mein Verhalten vor dem 1. Strafsenat gegeben hatte.

## *Der Prozeß*

Ein Strafprozeß gegen einen »Boykotthetzer« verläuft ebenso wie jedes andere Strafverfahren: Eröffnung, Fragen zur Person des Angeklagten, Beweisaufnahme, Verhör der Zeugen, Plädoyer des Staatsanwaltes, Plädoyer des Verteidigers, Schlußwort des Angeklagten, Beratung des Gerichts, Verkündung des Urteils.

Den Prozeß gegen mich führte Oberrichter Wirth, ein SED-Mann, dessen Urteile gegen »Staatsverbrecher« im Bezirk Sachsen berüchtigt waren.

Während ich zu meiner Person aussagte, unterbrach mich der Vorsitzende mit der Bemerkung, es sei unverständlich, daß ich mich für so ein nebensächliches Gebiet wie die Musik derart interessiert habe. Unsere Zeit verlange nicht Musikexperten, sondern ergebene Kämpfer für die Sache des Friedens. Wer sich dennoch – wie ich – für die Musik entscheide, diene den Kräften des Krieges und der Reaktion, da die Musik die Menschen von den gegenwärtigen Problemen ablenke. Das gelte besonders für den Jazz. Durch die von mir »entfesselte Jazzkampagne« seien Jugendliche in der DDR entpolitisiert und zu Opfern der amerikanischen Politik gemacht worden.

In meiner Entgegnung wies ich auf die Bedeutung hin, die sowohl von der Regierung der DDR als auch von der SED der Musik beigemessen werde, zählte die verschiedenen Maßnahmen zu ihrer Förderung auf und erwähnte schließlich ihre überragende Rolle im kulturpolitischen Leben der Sowjetunion.

Wirth, der offenbar merkte, daß er auf ein falsches Gleis geraten war, erklärte nun, nicht nur über die von mir benutzte »Tarnkappe«, die Musik, sondern über meine politischen Verbrechen verhandeln zu wollen. So hätte ich zum Beispiel, wie aus den Untersuchungsmaterialien hervorgehe, des öfteren den Begriff Stalinismus, ein »gemeines, beleidigendes Schimpfwort aus dem Arsenal der westlichen Kriegshetzer«, gebraucht.

Gegen diesen Angriff, der nicht unerwartet kam, konnte ich mich gut verteidigen. Ich zitierte sowjetische Veröffentlichungen, Äußerungen von Chruschtschow und berief mich vor allem auf den XX. Parteitag der KPdSU und die dort vorgetragenen

Vorwürfe gegen Stalin. Dem Vorsitzenden blieb nichts anderes übrig, als zu einem anderen Punkt überzugehen.

Der erste Punkt der Anklage lautete auf »Boykotthetze in einem Vortrag vor den Studenten der Medizinischen Fakultät«. Die Staatsanwaltschaft hatte fünf Zeugen angekündigt, die nun nacheinander aufgerufen wurden. Alle fünf waren in Berufen tätig, die nichts mit Medizin zu tun hatten. Einer studierte Wirtschaftswissenschaften, ein anderer bezeichnete sich als Gewerkschaftsfunktionär, und ein dritter war Mitarbeiter der Volkspolizei. Alle fünf trugen das Parteiabzeichen der SED, und alle fünf bekundeten übereinstimmend, meine damaligen Äußerungen hätten die Aufforderung zum Sturz der DDR-Regierung enthalten.

Daß alle diese Zeugen manipuliert waren, wurde durch die Aussage des Mitarbeiters der Volkspolizei besonders deutlich. Dieser Mann, den ich bei meinen Vorträgen verschiedentlich unter den Hörern bemerkt hatte, gab jetzt auf eine entsprechende Frage von mir zu, die meisten meiner Vorträge besucht zu haben. Für mich und wohl auch die meisten Zuschauer im Saal waren die Zusammenhänge eindeutig.

Als nächster Zeuge der Anklage trat Richard-Ludwig Müller auf und behauptete, mich als fanatischen Gegner der DDR zu kennen, der den Staat angegriffen und die Jugend der DDR mit Hilfe des Jazz aufgehetzt habe. Die Frage meines Verteidigers, ob es zutreffe, daß er, Müller, den Jazz als »Affenkultur des amerikanischen Imperialismus« bezeichnet habe, bejahte der Zeuge. Zusehends kleinlauter wurde er jedoch, als Kolbe daraufhin erklärte, mit diesem Angriff gegen den Jazz, die Volksmusik der nordamerikanischen Neger, habe der Zeuge Rassenhetze betrieben, die in der DDR, einem demokratischen Staat, strafrechtlich verfolgt werden könne. Als Demokrat sei der Angeklagte verpflichtet gewesen, gegen den Zeugen vorzugehen. Ein Mann, der in der Öffentlichkeit rassen- und völkerverhetzende Parolen verbreite und demzufolge eigentlich selbst auf die Anklagebank gehöre, sei als Zeuge vor Gericht denkbar ungeeignet. Der Vorsitzende unterbrach meinen Verteidiger und entließ Müller, ohne weitere Fragen an ihn zu stellen.

Nachdem drei weitere Zeugen zu den Vorgängen im Clubhaus des Kirow-Werkes ausgesagt hatten, die Arbeiter des Betriebes seien durch meinen damaligen Vortrag unerträglich provoziert worden, wurde die Verhandlung vertagt.

Am zweiten Prozeßtag trat als Zeuge der Staatsanwaltschaft Dieter Simon auf. Als der ehemalige Jurastudent, nach seinem Beruf befragt, Staatsanwalt angab, wußte ich, daß meine Hoffnung, er werde doch noch die Wahrheit sagen, sinnlos gewesen war. Simon erklärte, mich nicht zu kennen und mich niemals gesehen zu haben. Als der Vorsitzende mich daraufhin aufforderte, zu meiner früheren Aussage Stellung zu nehmen, Simon habe mir berichtet, wie es zu dem Überfall im Clubhaus gekommen sei, und mir zudem eine Liste mit den Namen der Beteiligten angeboten, antwortete ich lediglich, ich sei sprachlos über die Ähnlichkeit dieses Dieter Simon mit dem mir bekannten Dieter Simon.

Der dritte Prozeßtag begann mit einer Überraschung. Gleich nach Beginn der Verhandlung überreichte ein Justizangestellter dem Richter einen Zettel und einen grauen Personalausweis aus der Bundesrepublik. Er mußte Horst Geldmacher oder Klaus Berenbrok gehören. Eilig wies ich Kolbe darauf hin, der dem Gericht sofort unsere Vermutung mitteilte und darum bat – falls dieses zutreffe – den Zeugen zuzulassen. Wirth erklärte, daß der Ausweis auf den Namen Geldmacher ausgestellt sei, nahm den Antrag an und ließ meinen Freund hereinrufen.

Geldmacher betrat den Gerichtssaal mit einer Flasche Cognac unter dem Arm, und es entspann sich etwa folgender Dialog:

»Ihr Name?«

»Horst Geldmacher.«

»Was haben Sie über den Angeklagten zu sagen?«

»Herr Präsident, ich habe zunächst die Bitte, dem Genossen Rudorf diese Flasche sowjetischen Cognacs übergeben zu dürfen, die ich von sowjetischen Genossen für den Genossen Rudorf aus Moskau mitgebracht habe.«

»Diese Bitte lehne ich ab. Es gibt für mich keine rechtliche Möglichkeit, dem Angeklagten während einer Gerichtsverhandlung persönliche Geschenke zukommen zu lassen. Führen Sie jetzt aus, was Sie über den Angeklagten zu sagen haben.«

»Herr Präsident, ich soll dem Genossen Rudorf die brüderlichen Kampfesgrüße des sowjetischen Genossen Polochin überbringen, dem ich von dem Prozeß erzählt habe. Die sowjetischen Genossen vertrauen darauf, daß dem Genossen Rudorf Gerechtigkeit widerfahren wird.«

Geldmacher war während der Weltjugendfestspiele in Moskau gewesen, hatte dort mit irgendeinem Genossen Polochin gesprochen (oder auch nicht) und benutzte dieses Gespräch jetzt zu einer wohleinstudierten Show.

Vom Vorsitzenden energisch aufgefordert, zur Sache zu kommen, berichtete mein Freund dann, ich sei ohne jede Frage Kommunist und habe mich immer – vor allem in Westdeutschland – für die DDR eingesetzt. Fast eine Stunde redete Geldmacher, von gelegentlichen Fragen Wirths unterbrochen, zu meinen Gunsten. Wie ich später erfuhr, hatte er seine Aussage vorher genau mit Berenbrok abgesprochen, der schon zuvor in einem Brief an die Staatsanwaltschaft für mich eingetreten war und alle möglichen Begründungen für meine Entlastung angeführt hatte.

Mit Geldmachers Aussage wurde die Verhandlung geschlossen. Die Staatsanwältin beantragte zwei Jahre Zuchthaus; mein Anwalt Freispruch.

Das Gericht zog sich zur Beratung zurück. Dann wurde das Urteil verkündet: zwei Jahre Zuchthaus wegen Boykotthetze vor den Medizinstudenten der Universität Leipzig, konterrevolutionärer Tätigkeit sowie Beleidigung hoher Funktionäre der SED und FDJ.

Als ich zwei Jahre danach aus dem Zuchthaus Waldheim entlassen wurde und mit dem Zug nach Leipzig zurückfuhr, erwarteten mich auf dem Bahnhof zahlreiche Jazzfreunde. Wenige Tage später meldete ich mich im Notaufnahmelager Marienfelde in West-Berlin.

# V
## Gitterdämmerung

## Zuchthaus:
## Abschied von Karl Marx

## *Gitterdämmerung*
## *Der Abschied von Karl Marx*

9. Juni 1990. In der heutigen Ausgabe der *Welt* dokumentiert Uwe Bahnsen die makabre Karriere der Susanne Albrecht, die vorgestern in Ost-Berlin gefaßt wurde.

Am Nachmittag des 30. Juli 1977 erschleicht sie sich in Oberursel bei ihrem Patenonkel Jürgen Ponto, Vorstandssprecher der Dresdner Bank, mit zwei weiteren Verbrechern Zutritt.

Sie erschießen Ponto.

Der Untat folgt zwei Wochen später ein sogenanntes Bekennerschreiben der Gangsterbraut, das in seiner infantilen Demagogie eher an eine unfreiwillige Selbstbezichtigung psychotisch bedingter Politparalyse erinnert.

O-Ton damals: »Wir haben in der Situation, in der Bundesanwaltschaft und Staatsschutz zum Massaker an den Gefangenen ausgeholt haben, nichts für lange Erklärungen übrig. Zu Ponto und den Schüssen, die ihn jetzt in Oberursel trafen, sagen wir, daß uns nicht klar genug war, daß diese Typen, die in der dritten Welt Kriege auslösen und Völker ausrotten . . .«

*Massaker an Gefangenen. Völker ausrotten.*

Unterschrieben ist dieses Dokument intellektueller Verwahrlosung von Susanne Albrecht. 1974 tritt sie in Hamburg dem »Komitee gegen Isolationsfolter« bei.

Meine Gedanken gehen zurück in den März des Jahres 1957. Immer wenn ich von dieser »Isolationsfolter« lese, gehen meine Gedanken zurück in jene Jahre nach dem 25. März 1957, der Tag, an dem mich die Stasi verhaftete.

## *Rote Mordbuben als Edelhäftlinge*

Wenn ich vom Hochsicherheitstrakt in Stammheim höre, wo sich die roten Mordbuben wie Edelhäftlinge ungestört paaren konnten und paarweise Fernseher, Revolver und Koks besaßen, zusammengeschlossen wurden, um weitere Mordtaten ausbrüten zu können, immer dann werde ich an jenen Tage erinnert, in denen ich über ein Jahr in Einzelhaft oder den Entzugszellen der Stasi saß – vergessen und ohne jenen ominösen Generalstab kregeler Anwälte, der alles tat, um den Verbrechern aus der »pubertären Patsche« zu helfen, wie es einer dieser Advokaten mal verniedlichte. *Patsche.*

Wir werden sehen, wie sich diese »pubertäre Patsche« eines Tages als das entpuppen wird, was es tatsächlich war: Ein von langer Hand inszeniertes Stasi-Spektakel.

Isolationsfolter. Als mich an besagtem 25. März 1957 ein Greifkommando der Geheimpolizei, sieben Prügelknaben in Ledermänteln, in Leipzig abholte, nahmen sie mir alle Privathabe ab. Ich hieß nicht mehr Rudorf, sondern Strafgefangener R. Der SSD-Büttel, der mich im Stasi-Trakt der Leipziger Wächterburg in Empfang nahm, brüllte: »Das Rudorf kannste vergessen, Sau. Merk dir das, oder wir treten dir die Eier ab.«

»Sau« war die übliche Anrede. Ich kam in eine der Kellerzellen, die die Genossen Antifaschisten direkt von der Gestapo übernommen hatten. Den Herren Historikern, die sich bekanntlich streiten, ob man Hitlers Horror mit Stalins Inferno vergleichen dürfe, sollten sich mal *in praxi* den nahtlosen Übergang von Gestapo zur Stasi vor Ort ansehen. Zwischen GPU und Gestapo gab es nie einen Unterschied – jedenfalls für die Opfer nicht.

Ich wurde an einem eisernen Ring im Zementboden angekettet. Ein halbes Jahr verging, kein Anwalt, kein Besuch, kein Brief, jeden Tag zwölf Stunden Verhör durch einen Stasi-Oberleutnant: »Zu welchen Agenten des CIC hast du Verbindung?«

Das, nur diesen Dummquatsch, wollte er immer wieder wissen.

Ich erinnere mich, wie ich in Waldheim später zu einem

Vierteljahr Entzugszelle verurteilt wurde, weil ich meiner Frau gewagt hatte, in dem monatlich zugelassenen und zensierten Dreißig-Zeilen-Brief zu schreiben: »Hier ist wieder so was wie ein Brief . . .«

In der Entzugszelle, zwei auf zwei Meter, kein Bett, kein Fenster, kein Rundgang, Wasser und Brot.

Ich möchte mal wissen, was gewisse linksdrehende Medien hierzulande aufgeschrien hätten, wenn nur eine von diesen tatsächlichen Isolationsfoltern, die wir Häftlinge des SED-Regimes zu erdulden hatten, einem der Terroristen der Rote Armee Fraktion widerfahren wäre, die nicht wie wir wegen Widerstandes gegen ein gewalttätiges Regime saßen, sondern die feiger Mordbrennerei überführt worden waren.

Ich möchte das gern wissen. Ich werde es nie erfahren, da diese Herrschaften den Terror zur Linken nicht zur Kenntnis nehmen. Ihr schizophrenes Motto, mit dem sie jeden Mord von links nach rechts insgeheim und auch offen absegnen, hat der französische Philosoph und Chefredakteur des *L'Express*, Jean-François Revel, auf die Formel gebracht: »Alle Antisowjets sind Pronazis.« Für Yves Montand war diese linke Doppelmoral, Ermordete zur Rechten sind tote Verbrecher, Ermordete zur Linken sind tote Helden, der entscheidende Grund, den Linken für immer Valet zu sagen.

Kaum aus der Folterzelle raus, sollte ich beim ersten Rundgang nach drei Monaten den amtierenden Schlüsselknecht grüßen, einen Hauptmann, an dem ich vorbei mußte, um in den Freihof zu gelangen. Ich grüßte nicht. Wieder zwei Monate Freigang-Entzug.

## *Stammheim – ein Waldheim de luxe*

Dabei ging es mir, etwa gemessen an den Zeugen Jehovas, welche die Stasi übergangslos aus den Nazizuchthäusern in Waldheim eingelocht hatte, noch gut.

Ich bekam jeden Tag ein radiergummikleines Stück alter Blutwurst, die so ausgebleicht war, daß sie an schlecht gewordene Leberwurst erinnerte.

Eben diese Blutwurst erhielten auch die »Zeugen«, die ob ihres Bekenntnisses keine Blutwurst essen – die armen Kerle verhungerten fast, da die Wärter auf Geheiß der Stasi den Zeugen nur Blutwurst und halbe Portionen gaben. Aber die Zeugen Jehovas hatten nie eine gute Presse, niemand kümmerte sich um sie – Terrorist hätte man sein müssen.

In Waldheim bekam ich ein einziges Mal Besuch – in zwei Jahren. Nie eine Zeitung, nie ein Buch, kein Kino.

Kurz: Wenn sich die deutsche Öffentlichkeit das Horrormärchen von einer Isolationsfolter der vielfachen Mörder aus der deutschen Terrorszene hat aufbinden lassen, dann zählt das zu den Meisterstücken jener Medien, die sich nur zu gern dieser Greuelpropaganda bemächtigten, um diesen Staat madig zu machen.

Die Geschichte der Stasi-Zuchthäuser in der ehemaligen DDR wird geschrieben werden – dann werden jenen Herren die Augen übergehen, die die Augen vor dem Terror schlossen. Sie werden Schicksal um Schicksal erfahren, wo in Deutschland nach 1945 Isolationsfolter an der Tagesordnung war. Und wer der Stasi bei der Vertuschung dieses Infernos in den Medien geholfen hat.

Stammheim ist dagegen so etwas wie eine Luxusherberge für gestrauchelte Nonnen, ein Waldheim de luxe mit drei Sternen, Nobelherberge für Gangster.

## *SS-Staat in Rot*

Selbst noch in den sogenannten Haftarbeitslagern der Stasi, den HALs, waltete die Diktatur mit System. Ins HAL kam nur, wer draußen Freunde hatte, geringe Strafen oder Westkontakte wie ich – meine Eltern wohnten in der Bundesrepublik. Mein Fall wurde groß in *Bild (Verhaftet – nur weil er den Jazz liebt,* 23. April '57) bis zu *Le Monde (Le grand maître du jazz en Allemagne orientale est arreté,* 12. April '57) kolportiert – die *Frankfurter Rundschau* widmete ihre Seite 3 am 16. April '57 meiner Verhaftung (*Hintergründe der Verhaftung Reginald Rudorfs*). Der *Spiegel* hatte mein Solo gegen die SED schon im September '54 in dem Report *Gefahr für den Stehgeiger* veröffentlicht. Für die Stasi war dieser *Spiegel*-Artikel immer wieder der Beleg für meine CIC- und FBI-Kontakte. Ausgerechnet der *Spiegel.*

Ich kam ins Haftarbeitslager Röcknitz östlich von Leipzig, in die Steinbrüche unweit von Torgau. Lager- und Barackenälteste waren langstrafige Kriminelle, deren Tätigkeit darin bestand, Mitgefangene bei der Volkspolizei zu denunzieren. Die geringste kritische Meinung führte zu erneuten Prozessen, in denen den Gefangenen ein »Nachschlag« verpaßt wurde, meistens ein Jahr. In den Klein-KZs der Stasi terrorisierte uns die Wachmannschaft bis aufs Blut. Morgens um vier Uhr antreten, Abmarsch der Häftlingskolonnen zu den Steinbrüchen, von scharfen Wachhunden umkläfft. Ich schuftete als Hauer an der hundert Meter hohen Steilwand und mußte mit Sechzehn-Kilo-Hammer und Pickel pro Tag mindestens fünf Loren Granitbrokken aus dem Haufwerk in die Loren hieven und dann an den großen Kran schieben. Wenn wir uns abends von der Monstermaloche ins Lager schleppten, wurden Appelle angesetzt, um uns zu piesacken. Sank man dann gegen einundzwanzig Uhr in den Schlaf, wurden wir kurz nach Mitternacht von den Vopos wieder hochgeschreckt: Barackendurchsuchung. Die Wachmannschaft jagte uns brüllend von den Pritschen. Die Vopos stellten alles auf den Kopf, die Baracken wurden von oben nach unten gewendet – wir hatten bis zum Ausrücken in die Steinbrüche alle Hände voll zu tun, um die Vopo-Provokation zu bereinigen. Unsere Wut wuchs von Bambule zu Bambule.

Um das Lager ein mit Starkstrom geladener Zaun, Wachtürme mit MG-Ständen, Laufhunde, Patrouillen – SS-Staat in Rot. Archipel Gulag à la DDR.

Bald bildete sich um mich ein kleiner Kreis politischer Gefangener, der Selbsthilfe organisierte. Vorträge, Trost für Gefangene, deren Frauen sich scheiden ließen – eine Mehrheit. Die Frauen wurden draußen unter Druck gesetzt, bis sie, um Ruhe vor der Stasi zu haben, zur Scheidung bereit waren.

Um Häftlinge psychologisch gar zu kochen, hatte die Stasi eine alte Gestapo-Methode übernommen. Der Gefangene wurde zum Wachoffizier gerufen. Der erzählte dann mit zynischem Tonfall, welche Herren nach Beobachtung der Stasi bei dessen Frau nächtigten, um dann zu fragen, ob der Betreffende diesen oder jenen Galan, mit dem sich seine Frau angeblich eingelassen hatte, kennen würde. Manche brachen unter derlei Denunziation zusammen. Im übrigen bewahrheiteten sich diese Verdächtigungen sehr oft. Jedenfalls in all den Fällen, die ich später von meinen Mitgefangenen erfahren konnte.

Um mich aus dem Steinbruch rauszukriegen, hatte der Lagerarzt, ein abgebrochener Medizinstudent, der seinen Unterhalt mit Abtreibungen verdient hatte, die rettende Idee. Er schlug vor, ich solle mich freiwillig zur Leerung der Aschengrube melden – die Wachmannschaft akzeptierte. Dann erläuterte er mir, daß am Boden der Grube noch ein geringer glühender Rest sei, der mir die Füße ansenge; deswegen sollte ich dicke Fußwickel und Steinbruchschuhe tragen.

Gesagt, getan. Ich sprang in die Aschengrube, versank bis zum Bauch und verbrannte mir beide Füße. Die Asche drang durch die Schnürsenkellöcher an den Fuß – die Narben sieht man heute noch.

Ich wurde in die Sanitätsbaracke gebracht, wo ich acht Wochen lang blieb und ein vergleichsweise erträgliches Leben fristen konnte. Wolfgang, der Lagerarzt, organisierte Zirkel, in denen ich das SED-System analysierte.

Meine Wunden heilten. Wolfgang hatte wieder eine Idee, um mich im Lager zu halten: Er ließ meine Schuhe verschwinden. Da ich Schuhgröße achtundvierzig habe, konnten die Vopos keinen Ersatz finden. Ich durfte im Lager bleiben. Wenn ein Transport mit neuen Schuhen kam, ließ der von Wolfgang bestochene Kalfaktor, der die Lkws entlud, Schuhe größeren Formats sofort verschwinden. Der Lagerkommandant durchschaute unsere Absicht, mich im Lager zu halten, und orderte in einem Wartburg die größten Schuhe, die in der Leipziger Stasi-Zentrale aufzutreiben waren. Sie waren so groß, daß ich mich in ihnen rumdrehen konnte.

## *Akten unter SPD-Verschluß*

Nach diesem Schuh-Beispiel wurde ich in Röcknitz kaltgestellt und ins Haftarbeitslager Regis-Breitingen abgeschoben, bei Espenhain im Braunkohlenrevier, wo ich Gleisanlagen verlegen mußte. Das lief vier Wochen gut, dann stand auch für den dortigen KZ-Kommandeur fest, daß ich »konspirativ« arbeite. Er hatte recht.

In Regis-Breitingen traf ich Joachim Hoffmann, der zusammen mit Gerhard Hasse am 30. März 1957 – vier Tage nach meiner Verhaftung – vom Bezirksgericht Leipzig verurteilt wurde. Hasse kriegte fünf, Hoffmann zwei Jahre Zuchthaus. Beide waren Universitätsdozenten. Hasse lernte ich dann später in Waldheim kennen. In Regis-Breitingen schloß ich Freundschaft mit Hoffmann. Er und Hasse hatten in Leipzig versucht, eine SPD zu gründen. Für die SED die absolute Todsünde – eher hätte sie eine Geheim-CDU hingenommen. Aber daß eine zweite »Arbeiterpartei« neben der alleinseligmachenden SED entstand, das ging nicht in das ohnehin auf den Nullpunkt reduzierte Denkvermögen der Funktionäre. Joachim und ich saßen jeden Abend in der Baracke zusammen, planten, daß wir nach der Haft zusammenkommen müßten, um zu beschreiben, was wir hier erlebt hatten. Und wie wir im Lager Aufklärung gegen die SED betreiben könnten. Irgendeine Figur, der wir vertrauten, verriet uns.

Wenige Tage darauf erschienen zwanzig bewaffnete Stasi-Leute im Lager, »verhafteten« die Häftlinge Hoffmann und Rudorf – zur demonstrativen Abschreckung der übrigen Lagerinsassen mit Handschellen. Dann wurde wir, schärfstens bewacht, zurück ins Zuchthaus Leipzig in die Kästnerstraße gebracht.

15. Mai 1990. Helmut Herles beschreibt heute in der *FAZ (Wo die SPD mauert)*, wie die SPD fest auf den Geheimakten ihres ehemaligen Ostbüros sitzt. Herles: »Die SPD verweigert den Zugang zu den Akten des Ostbüros.«

In diesen umfänglichen Dokumenten finden sich unter den Ziffern 0046 bis 0051 alle Details über Politische Polizei in der DDR, Haftanstalten, Straflager. Alles über die SED-Diktatur.

Nur: Diese Akten waren (waren?) der SPD-Vorstellung von jenem souveränen zweiten deutschen Staat namens DDR ebenso im Weg, wie sie auch Herrn Eppler bei den offiziellen SPD-Verhandlungen mit der SED im Wege waren, eine ideologische Kollaboration, die am 27. August 1987 zu jenem »Schandpapier« (Rühe) zwischen SPD und SED führte, in dem die SPD »ihre Gemeinsamkeiten mit der SED« abfeierte. Dieses Dokument betrachteten Eppler und die SPD allen Ernstes als historische Wendemarke in den Beziehungen zwischen SPD und SED.

Hans-Jochen Vogel ist sich nicht zu schade dafür, dieses Fraternisierungspapier zwischen dem westdeutschen Lehrersozialismus à la Eppler & Bahr und der ostdeutschen Stasi-Doktrin à la Mielke & Tisch auch im nachhinein »als richtig« zu apostrophieren. Und das obschon die SPD mit diesem Dokument der SED einen kostenlosen Persilschein aushändigte, eine Art Legitimationsgarantie, mit der sie die DDR doppelt bequem verrotteten. Herrn Vogel macht es offenbar auch nichts aus, daß die Gesprächspartner der SPD von damals heute samt und sonders als Verbrecher entlarvt wurden, in Haft kamen, Selbstmord verübten, zu den Sowjets flohen oder, wie Mielke, mit Kinderpistolen spielend, den Wahnsinn eines Regimes demonstrieren, das trotz dieser westlichen SPD- und Medienhilfe in wenigen Tagen von der Bildfläche verschwand, als sei es nie dagegewesen – wohl der erstaunlichste Vorgang dieses Jahrhunderts.

Hoffmann und Hasse, die ihre Jugend in den Zuchthäusern

der Stasi verloren, kamen in den Verhandlungen der Herren Eppler und Bahr mit ihren SED-Freunden von 1987 nicht vor, weil sie gestört hätten.

## *Abschied von Marx*

Wieder im Zuchthaus Leipzig, in der Kästnerstraße, wurden wir beide »Regis-Breitinger« auseinandergerissen und in verschiedene Zuchthäuser für Langstrafige verlegt – ich nach Waldheim. Vorher wurden wir wie Vieh in die unvorstellbar verdreckten Kerkerzellen der »Kästnerpiepe« gepfercht. Von hier sah ich zum ersten Male einen zum Tode Verurteilten allein seine Runden im Hof drehen – er wurde täglich kahl geschoren, hatte rote Streifen (wir: gelbe) und ist später in Frankfurt/Oder mit dem Fallbeil hingerichtet worden.

Ich kam aus dem Leipziger Kellerverlies nach Waldheim. Im »Grotewohl-Expreß«, wie die Gefangenenwagen der Reichsbahn hießen, rollten wir an einem Mittag auf dem Waldheimer Bahnhof oberhalb des Städtchens ein. Aus dem vorbeisausenden D-Zug winkten uns unbekannte Leute zu.

Im monströsen, weit verwinkelten Zuchthauskomplex Waldheim wurden wir Newcomer zunächst ins alte Klostergebäude abgeschoben, in mittelalterliche Mönchszellen, die für Strafgefangene hergerichtet waren, mit Kübeln und meterdicken Türen. Nach Einkleidung und Klamottenfassen ging's dann in die »Bremen«, das berüchtigte Zellenhaus, das für lange Zeit mein unfreiwilliges Zuhause wurde.

Hier durfte ich nichts. Nichts lesen. Nichts arbeiten. Nur die Tage zählen bis zur Haftentlassung. Ich erlebte das erbärmliche Finale von Lebenslänglichen, die sich vom vierten Stock in die Tiefe stürzten. Ich sah den Mecklenburger Pfarrer, der fünf Jahre Zuchthaus bekam, weil er eine fanatische FDJlerin nicht taufen wollte. Ich sah Grotewohls Sekretär. Häftlinge, die nur mal »Spitzbart« gesagt hatten, gemeint war Ulbricht, und dafür zwei Jahre hinter Gitter mußten.

In Waldheim nahm ich Abschied von Karl Marx.

Wer durch die grüne Hölle von Waldheim oder durchs gelbe Elend von Bautzen ging, in Brandenburg, Cottbus oder Hoheneck war, hatte Stalinismus und Stasi durchschaut und zu den Akten gelegt. Meine linken Freunde, die ich später im Westen fand, konnten das nicht begreifen, weil sie nie den Kommunismus von innen kennengelernt hatten, sondern nur auf dessen rosarotem Theorie-Leim ein bißchen probekriechen durften.

Von außen, aus der Geborgenheit westlicher Demokratien, hatte und hat Marxismus für westliche Intellektuelle den nahezu magnetischen Charme exotischer Radikalität besessen, eine hochmögende Spielart ideologischer Edelfolklore, mit der man in Salons schick schocken konnte und kostenlos in den schillernden Ruf elitären Rebellentums kam, ohne das geringste zu riskieren. Im Gegenteil: Wer sich hierzulande als eleganter Marxomane geriert, ist in den feinsten Zirkeln linksdrehender Medien hoch angesehen und wird vor allem gefördert. Ganze Etagen unseres öffentlich-rechtlichen Sendesystems sind mit dieser Spezies gleichsam ideologisch amalgamiert.

In den ersten Jahren nach der Flucht in den Westen habe ich in zahllosen Diskussionen immer wieder Anlauf genommen, Kollegen etwa in der *Frankfurter Rundschau,* für die ich zehn Jahre lang täglich schrieb, Freunden im *NDR,* im *ZDF* oder im *Hessischen Rundfunk,* Mitarbeitern im *Saarländischen Rundfunk,* Redakteuren bei *Pardon* zu erklären, daß es einen diametralen Unterschied zwischen der marxistischen Theorie und der stalinistischen Praxis gibt. Sie lächelten meist fein und bedeuteten mir, daß ich verständlicherweise durch die lange Haft verbittert wäre. Ich war überhaupt nicht verbittert, sondern, ganz im Gegenteil, durch die Entlassung aus Zuchthaus und Archipel Gulag zutiefst beglückt, mit der Freiheit ein zweites Leben gewonnen zu haben. Sie verstanden mich nicht; und es ist für niemanden nachvollziehbar, was jahrelange Einzelhaft unter stalinistischen Bedingungen bedeutet.

Ich habe es meinen Freunden zur Linken nie übelgenommen, daß sie mich nicht verstehen wollten.

Aber sie mir. Sie nahmen mir gleichsam übel, daß ich den

Kommunismus am eigenen Leibe erfahren hatte und dadurch auch sie zu durchschauen vermochte.

Durchschaute als das, was ich fortan an als das heilloseste aller Intellektuellen-Übel erkannte: Ideologie, die Kraft also, die stets das angeblich Gute will, jedoch das tatsächlich Böse schafft.

Wir sind fortan getrennte Wege gegangen. Ich habe das nie bedauert.

Linke, sie waren die größte Zeitverschwendung in meinem Leben.

## *Reines Gift für alle*

10. Juni 90. Premiere. Der DDR-Premier erstmals in New York, Und was tut er? Wie vom alten SED-Protokoll getrieben, treibt es Lothar de Maizière erst mal zur Pestbeule der Metropole, an die Lower Eastside. Daselbst sagt er, wie aus dem stalinistischen Katechismus für Antiamerikanismus auswendig gelernt, die Parole auf, die Ulbricht wie Honecker auch abgesondert hätten: »Wenn das der Preis der Freiheit ist.«

Sicher: de Maizière ist ein Greenhorn in Manhattan. Aber soviel hätte er doch wissen sollen: In einem US-Slum sind unendlich mehr Freiheiten als in allen Ländern des Ostblocks von gestern zusammen. Und zweitens: Der Slum ist eine Elendsecke in der sonst blühenden Welthauptstadt der Demokratie.

Aber die Vernichtung von ganzen Städten ist eine der wenigen Eigenleistungen, die die alte DDR fertiggebracht hatte. Stadtzertrümmerung ist made in DDR – nicht USA. Armer de Maizière.

Ich lese in der *WamS* von heute, daß Pfarrer Eppelmann, der jetzt mit Revolver und gepanzertem Dienstwagen durch das verwahrloste Land fährt, die NVA erhalten will.

Die Nationale Volksarmee, die laut Befehl *DV 30/10* auf jeden Bürger, der das Land verlassen wollte, »wie Hasen schoß« (Lothar Loewe), nimmt weiter an den Übungen mit der Sowjetarmee teil. Die NVA-Luftwaffe ist in ständiger Gefechtsbereitschaft – so, als ob Luxemburgs U-Boot-Flotte vor Rügen aufgetaucht sei, um die DDR zu torpedieren. Was treibt Eppelmann um, diesen verkappten Herz-Jesu-Sozialisten? Und was de Maizière, den Lehrersozialisten mit Bratsche?

Ausgerechnet der kleine Ostberliner Premier auf Zeit schwätzt in Amerika vom Preis der Freiheit, die ihm Amerika gerade schenkte, während in »seiner« DDR nach wie vor im Schlick des alten Regimes die Stasi nistet, gegen die ein Slum sich wie eine Oase der Freiheit ausnimmt.

Ich kommentiere de Maizières Auftritt für die morgige *Bild*-Ausgabe, und Erinnerung holt mich ein.

Was bewegt de Maizière und Eppelmann? Ich meine, daß fast sechs Jahrzehnte ununterbrochener brauner und roter Diktatur den Prozeß der freien und damit eigenen Meinungsbildung total blockiert haben. Alle, die Eppelmanns wie die de Maizières, kommen aus dem Dschungel des totalen Überwachungsstaates und sind vom Glamour der Demokratie zunächst einmal geblendet – und nicht erleuchtet. Das älteste Mitglied der Regierung in Ost-Berlin ist einundsechzig – es war fünf, als Hitler kam. Die de Maizières und Eppelmanns glauben irgendwo im tiefsten Innern an ihre kleine, arme DDR. Die gigantische SED-Agitprop hat in den Seelen stalinistische Verwüstungen angerichtet und Spuren latenter politischer Schizophrenie hinterlassen. Monika Zimmermann sagte es in der *FAZ* so: »Auch ein verhaßtes Leben streift man nicht einfach ab.«

Hinzu kommt, daß den Maizières und Eppelmanns das Regieren gefällt – Maizière möchte am liebsten, wie mir gestern ein Kanzler-Intimus berichtete, so etwas wie eine österreichische Lösung für die DDR erreichen, ein deutschsprachiges Musterländle ohne Sozialismus, arm und ehrlich, ein wenig brav frühkapitalistisch mit reinrassigem Ökoanstrich und einer adrett paradierenden Rest-NVA. Sozusagen reines Gift für alle.

Während des deutsch-deutschen Einigungsprozesses war von Tag zu Tag zu spüren, wie zäh der Leim des Sozialismus ist, auf den selbst aufrechte Demokraten gekrochen sind, die drüben groß wurden. Viele der wenigen Demokraten drüben wurden psychologisch pulverisiert – Böhme, Schnur – aber eben auch

Diestel, Romberg, Eppelmann, de Maizière und alle anderen. Sie sind, bei allem gebotenen Respekt, doch gezeichnet von der Stasi-Diktatur, ob sie wollen oder nicht.

Ihr Problem ist, daß sie weder die Freiheit des Westen erlebten noch den Archipel Gulag betraten, sondern dazwischen beschädigt wurden.

## *Ein Stasi als Flucht-Engels*

25. März 1959. Als mich meine Frau an diesem angenehm warmen Märztag am Zuchthaustor von Waldheim abholte, war mir nur eines klar: Raus aus dieser DDR.

Für immer raus aus diesem »Reich des Bösen« – Ronald Reagans Charakterisierung des stalinistischen Ostens war die zutreffendste.

Weg. Ich hatte mit allem abgeschlossen, was DDR hieß.

Die DDR war weder deutsch noch demokratisch oder gar eine Republik, sondern ein schlimmes, furchtbares Land.

Ich wußte, daß in der DDR nichts stimmte, sondern in ihr die Fortsetzung des Faschismus unter sozialistischer Etikette stattfand.

Weg aus der DDR. Als Vera mich fragte, was ich denn vorhätte, habe ich sie ausgelacht.

»Ich habe nichts vor. Ich will etwas hinter mich bringen. Diese elende, gottverdammte DDR.«

Im Bummelzug von Waldheim nach Leipzig packten Mitreisende ihr Frühstücksbrot aus und gaben es mir. Vera hatte nichts mitgebracht. Sie meinte, ich wäre satt. »Man« hatte ihr sogar erzählt, wir hätten in Waldheim Fernseher in den Zellen gehabt. Ich hätte ihr um ein Haar eine runtergehauen, so hat mich das in Wut gebracht. Fernsehen. Das einzige, was ich fernsehen konnte, war der Himmel. Von ferne.

Die Reisenden erkannten mich am gelblichen Zuchthaus-Teint, der sich mit den Jahren unweigerlich auf der Haut verewigt.

Was sollte ich Vera erzählen? Ich erzählte nichts. Niemand

kann erzählen, wie es in einem Gefängnis ist, schon gar nicht in einem Zonen-Zuchthaus. Also hielt ich den Mund, schaute aus dem Zugfenster auf die vorbeifliegende Landschaft. War das ein Gefühl! Nach Jahren wieder eine bewegte Landschaft zu betrachten. Frei. (Frei?)

Dörfer, Autos, Menschen ohne Sträflingskleidung oder Uniform. Märzlandschaft, erstes Grün. Dann die Umrisse von Leipzig.

Auf dem Bahnsteig des Hauptbahnhofes hatten sich viele Freunde eingefunden. Woher sie das Datum meiner Entlassung wußten, ich habe es nie erfahren. Eine bunt zusammengewürfelte Band aus Kurt-Henkels-Musikern und free lancern spielte *When the Saints go marchin' in,* ich war gerührt und Stunden später blau. Die alten Kameraden zogen mich zum Café *Schmalfuß,* dem alten Treffpunkt der Jazzer in der City, es war alles wie einst im Mai – und doch völlig anders. Ich hatte mich entschieden, nach einem im Zuchthaus ausgetüftelten Deal, die DDR zu verlassen.

Ich plante die Details mit Vera, die nach wie vor in Berlin beim Deutschen Modeinstitut arbeitete und in Leipzig die Wochenenden verbrachte. Sie packte das Familiensilber ein, nahm jeden Montag, wenn sie nach Berlin fuhr, einen Koffer mit unserer Habe dorthin mit. Die Zugpolizei kannte sie über die Jahre als unverdächtige Berlin-Dauerreisende, kontrollierte sie nicht. Ich suchte nach Verbündeten für die Flucht. Ich fand sie bei meinen Freunden um den Sohn des namhaften Hallenser Theologen Professor Lehmann. Theo und seine Freunde halfen mir.

Vorher mußte ich mich bei der Bezirksregierung Leipzig als entlassener Zuchthäusler in der Liebknechtstraße melden.

Es ist jene geschichtsträchtige Straße des ewigen Umtaufwahns. Erst hieß sie Südstraße. Dann kam Hitler – aus Süd- wurde Adolf-Hitler-Straße. Dann die Kommunisten, die sie zur Liebknechtstraße machten. Heute heißt sie für alle Zeiten Adolf-Südknecht-Straße.

Ich bekam keine Papiere, sondern nur einen Aufenthaltsschein für Leipzig. Ich durfte die Stadt nicht verlassen. Für den Fall einer Arbeitssuche erklärte mir die SED-Nazisse: »Folgsfeinde wie dich brauchmer nich. Du gannsds mal in der Brodugdschion versuchn.«

Ich nickte beflissen und antwortete, immer genau nach dem Textbuch meines Deals: »Jawohl, Genossin, ich werde meine Schandtaten in der Produktion abarbeiten. Zum Wohle des Volkes.« Sie sah ziemlich dumm von ihrem Schreibtisch hoch, als ich mit dem Aufenthaltspapier die Bezirksleitung verließ.

Die ersten Schritte eines Entlassenen sind von Merkwürdigkeiten begleitet. Als ich, noch angeheitert vom Jazz-Empfang im Café *Schmalfuß,* an der Schwägrichenstraße 15 ankam, spielte dort ein kleines Mädchen, gerade vier. Das Mädchen kannte ich nicht.

Es war meine Tochter Maria. Oder: Ich konnte die ersten zwei Wochen in keinem Bett schlafen. Ein Bett war zu weich. Ich wurde dauernd wieder wach und schlief kurzerhand auf dem Fußboden.

In den Bars und Kneipen, die ich besuchte, machten sie Vera schlecht. Sie hätte . . . Ich ließ mich auf nichts ein. Auch in den *Kammerspielen,* meiner Hauptkneipe vor der Haft, schaute ich nur noch mal rein, um zu sehen, wie es war. Es war alles nichts mehr. Die DDR war abgebrannt.

Ein alter Genosse, der ehrlich, aber verbohrt der Endlösung Marxismus anhing, fragte, wie denn die schwere Zeit im Strafvollzug war. Ich antwortete ihm wörtlich: »Du, es war nötig, mich einmal in den Strafvollzug zu bringen. Dort habe ich gelernt, ein echter Sohn des Proletariats zu werden.«

Der Genosse weinte. Vor Stolz und Freude, daß die Heilslehre wieder einen gesundet hatte. Er sagte: »Ja, Ulbricht weiß schon, warum er oft die Besten bestraft.«

Die Verwüstung der Gehirne war schon 1959 weit fortgeschritten.

Mein Plan war, am 29. April zu flüchten. Am 27. April ging ich zum Alten Markt ins Messehaus, buchte zwei Flugkarten zum 29. April für Maria und mich nach Ost-Berlin – und zurück. Zurück war wichtig, damit niemand durch Oneway-Tickets auf den Verdacht kam, wir wollten weg. Preis damals: achtundfünfzig Ostmark. Für Maria die Hälfte. Vera war schon in

Berlin. Am 29. April fuhr ich mit Maria in unserem grünen Opel Olympia kreuz und quer durch Leipzig zu alten Bekannten. Über der Stadt abwechselnd blauer Himmel, Gewitter. Die Stasi-Agenten, die mich beobachteten, verloren mich, als ich den Wagen stehen ließ, ein Lokal aufsuchte, das ich schnurstracks zum Hintereingang verließ, um mit der Straßenbahn weiterzufahren. Immer kreuz und quer. Ich glaube, vier Stunden lang. Maria maulte zwar, aber mir gelang es, die abzuhängen.

Für Maria und mich hatte ich gefälschte Pässe besorgt, da ich ja nur über eine für Leipzig gültige Aufenthaltsgenehmigung verfügte. Mit dieser wäre ich nach Berlin durch keine Kontrolle gekommen. Ich mußte also nur darauf achten, daß die Vopo-Zöllner nicht die Flugkarten, die auf Rudorf ausgestellt waren, mit den falschen Pässen verglichen. Der Flug DH 04 am 29. April startete pünktlich um 19. 10 von Leipzig-Mockau. In der Maschine achtete ich darauf, ob jemand von den Verfolgern da war. Neben mir Maria. Sie schlief sofort ein. Auf der Sitzreihe rechts neben dem Gang ein Mann, der von Kopf bis Fuß nach Stasi stank. Als Gefangener hat man ein Gefühl für solche Typen. Ich wurde außerordentlich nervös. Was tun? Die Maschine hatte etwa zehn Minuten Flugzeit hinter sich, als mich plötzlich dieser Mann ansprach – ich war wie neugeboren. Denn ich wußte: Ein Stasi-Agent, der auf dich angesetzt ist, darf alles. Alles. Nur dich nicht ansprechen. Der Kamerad war außerordentlich gesprächsbegierig, erzählte mir, daß er Oberst bei der kasernierten Volkspolizei sei – er war natürlich Stasi. Ich erzählte ihm, daß ich Gesellschaftwissenschaftler sei, der nun in Berlin eine große Forschungsarbeit über Friedrich Engels und Feuerbach in Angriff nehme. War der stolz. »So, Friedrich Engels und Feuerbach, das ist ja großartig.« Und klopfte mir genossenschaftlich auf die Schultern. Meine letzte DDR-Idylle.

Die Maschine landete nach fünfunddreißig Minuten in Berlin-Schönefeld, das letzte Flugzeug aus Leipzig. Auch das war Teil meines Kalküls: Die letzte Maschine am Abend wird sicherlich lascher kontrolliert als morgens die erste, wenn die sozialistischen Kontrollgeister noch frisch sind.

Der Genosse Oberst war mir behilflich, mein Gepäck zu

tragen, damit ich Maria, die noch schlief, auf den Arm nehmen konnte. Wir verließen das Flugzeug und stiegen zusammen mit etwa zwanzig Passagieren, meist Funktionäre, in den letzten Bus von Schönefeld nach Ost-Berlin. Die Flughafen-Stasi winkte uns durch. Dann kam die entscheidende Kontrolle zwischen DDR-Festland und Insel Ost-Berlin – damals noch unvermauert, gleichsam ein Teil West-Berlins. Der Bus rollte auf die Grenzkontrollanlage zwischen Schönefeld und Ost-Berlin zu, hielt quietschend.

Zwei Vopo-Offiziere sprangen in den Bus – und mein Stasi-Oberst sagte zu den Genossen Volkspolizisten: »Alles schon kontrolliert, alles okay.« Die Offiziere salutierten brav, sie kannten den Mann, stiegen wieder aus. Der Bus rollte unkontrolliert nach Berlin. Maria und ich waren so gut wie frei. Mein Plan hatte geklappt. Mit dem Flugzeug fliehen, ist die unverdächtigste Methode. An diese Flucht werde ich immer wieder erinnert durch den Hitchcock-Film *»Der zerrissene Vorhang«*, der übrigens die Stasi-Maschine der DDR ebenso turbulent wie genau schilderte – Kieling als Stasi-Häscher Gromek, Felmy als Stasi-Oberst Gerhard und Paul Newman als Professor Armstrong, der aus der Leipziger Uni eine Formel nach West-Berlin bringen mußte.

Der Oberst gab mir seine Adresse. Wir verabschiedeten uns mit einem kämpferischen »Glückauf, Genosse« am Ostbahnhof. Es war das letzte Mal, daß ich dieses schreckliche Wort Genosse aussprach, aussprechen mußte.

Die Sozialdemokraten wissen gar nicht, was sie da tun, wenn sie diese Anrede weiter benutzen. Genosse, das ist für Millionen Deutsche, die von drüben kommen, der Inbegriff von Terror, Lüge, Haft und Tod.

Ich stieg in die S-Bahn zum Bahnhof Zoo. Der Zug rollte in die Friedrichstraße ein. Letzte Krümelschnüffler der Vopo tauchen auf. Nichts geschieht. Die Spannung steigert sich unerträglich. Klappt der letzte Part der Flucht? Zehn Minuten später waren wir im Bahnhof Zoo. Frei.

Ich dankte Friedrich Engels, dem Stasi-Oberst, und wußte nur eines: In diese DDR gehst du nie wieder.

Diese DDR ist das Schlimmste, was du je erlebt hast. Ich war an diesem Abend des 29. April achtundzwanzig.

Hatte außer Bomben, Krieg, SED, Zwang, Zuchthaus, Genossen und Knüppeln nichts im Leben kennengelernt. Ich sagte mir: Jedem, der dir erzählt, daß diese DDR ein souveränes zweites deutsches Land sei, gehst du aus dem Wege.

Und so mußte ich fortan laufend lauter Leuten aus dem Weg gehen, die die DDR toll fanden oder doch wenigstens ansatzweise in ihr einen zarten Blütentraum heraussprießen sahen, mitten in imperialistischen Wüsteneien.

Soviel DDR-Freunde, wie ich im Westen vorfand, gab es nicht einmal in der SED.

# VI
## »Mach alles, nur nie Zeitung«

## Der Westen: Wie wird man kalter Krieger?

## »Mach alles, nur nie Zeitung«

28. APRIL 1959. Ich wache in West-Berlin auf, Joachimstaler Straße, Pension am Citystrich.

Endlich frei. Keine Stasi mehr. Keine Vopos, keine Russen, keine Bonzen mit Bonbons am Revers. Keine FDJ-Blauhemden, keine NVA-Offiziere, keine HO – der ganze Dreck lag hinter mir. Und der ganze elende Irrtum vom Kommunismus auch, den zu durchdenken ich in Waldheim ja genügend Zeit gehabt hatte. Zwar drehe ich mich noch immer alle zehn Meter um, ob einer vom »VEB Horch & Greif« hinter mir herläuft. Nach Wochen habe ich auch das abgelegt.

Die Flucht hatte ich vorbereitet. Meine Eltern mieteten für mich im Frankfurter Kettenhofweg 131 eine Wohnung. Vera war schon dort. Maria brachte ich nach Tempelhof, von wo sie mit PanAm nach Rhein-Main flog. Die Familie hatte ein Heim. Ich erledigte in Berlin die Flüchtlings-Formalitäten, traf Heinz Lukasz wieder, gab *BBC* am Bayerischen Platz ein Interview. Schrieb zwei, drei kleine Artikel.

Vor allem aber schaute ich erst mal am Ku'damm herum. Leute, Auslagen, Banken, Autos – das, was jeder Häftling nach der Flucht eben als erstes tut. Die Mädchen. Ging zum alten Odeon-Plattengeschäft, wo wir nach dem Krieg die Hotplatten kauften, lief zum *Delphi,* dem Platz, wo wir während der Luftbrücke bei Verdunkelung Jazz hörten. Und traf am Ku'damm Professor Hans Mayer, der ja noch in Leipzig wohnte und erst später in den Westen floh. Mein Lehrer hatte während meiner Haft meinem Anwalt Dr. Kolbe einen Brief geschrieben und sich als Zeuge für meine politische Integrität – DDR-Integrität – erboten. Ein guter, mutiger Brief, der Mayer in der SED neue Feinde schaffte, obwohl er davon schon genug hatte.

Als ich aus Waldheim kam, lud er mich demonstrativ ins Leipziger *Astoria* zum Abendessen. Mayer wußte, daß die Leipziger SED-Schickeria sich allabendlich im *Astoria* atzte – er wollte diese Demonstration für seinen Schüler. Ich habe das genossen. Hans Mayer erwies sich auch in diesen Jahren als eine der großen integren Persönlichkeiten. Wo er politisches Unrecht in der DDR sah, trat er, ohne zu zögern, dagegen auf. Er fragte mich an diesem *Astoria*-Abend, ob ich denn in den Westen fliehen wolle. Ich log ihn an. »Ich gehe nie in den Westen.« Diese Stereotype wiederholte ich gegenüber allen. Auch, um keine Mitwisser zu haben, da Mitwissen in der DDR mit Mitschuld übersetzt wurde.

Mayer staunte mich am Ku'damm an: »Sie hier?« Ich sagte ihm, daß ich geflohen sei und daß ich meine Flucht vom ersten Tag im Kettenloch der Leipziger Wächterburg an geplant hätte – aber eben niemandem, auch ihm nicht, davon erzählen durfte.

»Mompi«, sagte Mayer, »ich wünsche Ihnen viel Glück. Aber ich gebe Ihnen einen guten Tip: Mach alles, nur nie Journalist. Dazu haben Sie nicht das Zeug. Sie sind viel zu theoretisch.«

Nur: Was schon werden, wenn nicht Journalist? Denn mit meinen marxistisch-leninistischen Kenntnissen konnte ich im Westen keine Mark verdienen. Und die Pfründen an den Brunnen des Jazz waren von Berendt & Co. total besetzt – jeder, der da kam, wurde von den Futtertrögen an den Honorarkassen der öffentlichen Sender weggestupst. Ich konnte nichts außer schreiben. Ich mußte Journalist werden.

Auch mein Vater, mittlerweile Vertriebschef von Siemens in Dortmund, bekniete mich, nicht Journalist zu werden. »Das ist brotlos. Du kannst zu Siemens kommen.«

Ich wollte nicht. Auf der Frankfurter Kaiserstraße traf ich alte Freunde wieder, Hanno Gebbing, Jochen Conrad.

Hanno war das geworden, was ihm am besten lag: Playboy – keiner von der gelangweilten Blabla-Spezies, sondern eher ein gewitzter Lebenskünstler, der als Vertreter Furore gemacht hatte. Als er vor Jahren in den Westen floh, wollte er natürlich auf die Karriere-Leiter in der deutschen Zoo-Hierarchie. Sein Vater hatte als langjähriger Direktor des Leipziger Zoos einen großen Namen. Er war darauf mächtig stolz. Hannos älterer Bruder Shark hat es später tatsächlich zum Zoodirektor in Wuppertal gebracht. Gebbings Mutter, eine ungemein sympathische Dame des unvergeßlichen Adele-Sandrock-Typus, hätte es nur zu gern gesehen, wenn auch ihr Filius Hanno in die Fußstapfen ihres Mannes getreten wäre. Nur Hanno war nicht als Zoologe geboren, sondern a priori ein Cabrio-Mensch. Er hatte zwar zu Hause den ganzen Brehm im Wandschrank und vergaß auch nie, seine Besucher darauf hinzuweisen. Dabei blätterte er demonstrativ im zoologischen Standard. Aber ich wette, gelesen hat er darin nie. Als er floh, suchte er in Frankfurt Professor Grzimek auf, sagte ihm: »Meine Namensart ist Gebbing, Sohn des Zoodirektors Gebbing, haben Sie Arbeit für mich?«

Grzimek hatte keine im Zoo. Aber am Frankfurter Hauptbahnhof hatte der rührige Grzimek eine Seilwinde gemietet, mit der er einen Ballon hochließ, auf dem stand: »Kommt zum Frankfurter Zoo« – oder ein anderer Werbespruch. »Wenn Sie mir da helfen, kann ich Sie gebrauchen«, so Grzimek zu Gebbing junior. Hanno sagte ja und kurbelte nun alltäglich den Werbeballon nach oben. Eines Tages war die Karriere zu Ende. Das war, als Freunde Hanno an der Seilwinde entdeckten und ihn überredeten, mit ihnen ins Kino zu gehen. »Das Ding bleibt ja auch von alleine in der Luft.« Also gingen sie ins Kintopp. Als sie rauskamen, war der Ballon weg. Ein überraschend aufkommender Wind hatte das Drahtseil an eine Mauer gedrückt und so lange daran gescheuert, bis es durch war. Der Ballon flog davon.

Grzimek entließ den unbegabten Ballon-Posten und annoncierte in den großen Frankfurter Zeitungen nach den Überresten des Fluggerätes. Wer Stücke des Ballons und der Zooreklame finde, solle sie an den Zoo schicken.

Grzimek wurde in einer Flut von Zusendungen erstickt. Ganze Güterwagen voll mit Ballonresten sollen ihm vor die Zootür geschüttet worden sein. Der Name Gebbing war fortan bei Grzimeks tabu.

Hanno Gebbing wurde Parfümvertreter, für eine Pariser

Marke namens Raffael. Er lud mich ein, einmal mitzufahren, damit ich sähe, ob der Job was für mich sei. Da das Geld knapp war, fuhr ich mit.

Hanno parkte mit seinem weißen Skoda-Cabrio in einer Wiesbadener Nebenstraße und ließ mich seine beiden Parfümkoffer schleppen. Dann betrat er, genau getimt, fünf Minuten vor Ladenschluß eine Parfümerie. Der entsetzte Ladeninhaber deutete nur stumm auf jene überfüllten Regale, auf denen, offensichtlich unverkäuflich, lauter Raffael-Flakons standen. Hanno bekümmerte das überhaupt nicht. Er lächelte und strahlte und erzählte einen seiner unsäglich abgedroschenen Witze und blieb wie angewurzelt in der Mitte der Parfümerie stehen. »Verehrter Herr Gebbing«, gab der Inhaber händeringend Hanno zu verstehen, »ich kann wirklich nichts gebrauchen. Sie sehen ja selbst, die Raffael-Stücke stehen da wie Blei im Regal.« Gebbing lächelte nachsichtig und schob wieder einen Witz nach, der einem die Schuhe auszog. Es war mittlerweile achtzehn Uhr fünfzehn. »Herr Gebbing, wir müssen jetzt schließen.« Gebbing lächelte weiter geduldig und hob an, ein erneutes Späßchen der untersten Klappstuhlreihe zu erzählen. Entnervt kaufte der Parfümerie-Eigner zehn Raffael-Flakons. Gebbing kassierte cash und lud mich zur Bockwurst ein.

Das war sein Verkaufsgeheimnis: Er kannte keine Scham. Er blieb vor Ort stehen wie eine Eins und ging erst, wenn gekauft wurde. Er sprach kein Wort über das Produkt, sondern riß nur Billigpossen. Wieder nichts für mich.

## *Hymnen für Höschen*

Der andere alte Freund aus Leipziger Tagen war Jochen Conrad. Sein Bruder wurde einer der großen Werbe-Strategen in Frankfurt. Aber Jochen wollte ganz eigene Wege gehen, bequemere. Jochen schlug mir vor, für ihn als Texter zu einem Versandhaus nach Hanau zu gehen.

Vorher mußte ich nach Gießen. Der US-Geheimdienst hatte

mich gebeten, Angaben über meine Haftzeit zu machen. Dies tat ich.

Ich war überrascht, daß die Amerikaner vom Haftarbeitslager Röcknitz ein Modell hatten. Dabei wurde mir unter anderem auch gezeigt, daß wir in den Steinbrüchen nicht nur Haufwerk abgeräumt, sondern an Raketen-Abschußrampen für die Sowjets mitgebaut hatten. Ich fuhr etwa zwei Wochen lang täglich mit dem Zug nach Gießen.

Von der Landesregierung Hessen erhielt ich ein sehr kleines Begrüßungsgeld. Auch von der Stadt Frankfurt und aus Bonn. Später eine Haftentschädigung von wenigen tausend Mark und den C-Ausweis. Das alles war keine Starthilfe.

Ich brauchte Geld. Also nahm ich Conrads Angebot an und fuhr ein paar Wochen lang in das Hanauer Versandhaus, um mich dort als Texter zu versuchen. Vielleicht war es mein Pech (oder Glück), aber als ich kam, war Muttertagszeit. Alle Texte für Hemdchen wie Höschen, die der vollautomatische Großversand anbot, standen unter der Devise »Muttertag«. Ich habe mich angestrengt, aber schaffte es nicht, Texte für Frau Jedermann zum Muttertag zu finden. Der Übergang Ost-West war schon damals schwierig. Ich wollte allen erzählen, was ich drüben erlebt hatte, und mußte Höschen für den Muttertag betexten. Nach zwei Wochen verließ ich die freundlichen Herrschaften des Hanauer Hauses. Jochen machte mittlerweile für einen Offenbacher Lederwaren-Hersteller einen Farb-Versandkatalog. Hier sollte ich wieder texten. Das ging besser. Ich stand auch Modell für Lederjacken und verdiente leidlich.

Nur: Der Katalog kam nie raus. Conrad hatte sich einen üblen Trick ausgedacht. Er produzierte den Katalog mit fünfzig oder hundert Seiten in Farbe fertig, bekam vom Auftraggeber eine halbe Million Mark bar für das Porto, um die sechsstellige Auflage des Katalogs zu verschicken.

Aber Conrad kassierte lediglich die millionenschwere Portokasse und verschickte keinen einzigen Katalog. Eines Tages wurde dem Offenbacher Unternehmer klar, daß der Katalog nirgends angekommen war. Wie auch? Conrad jedenfalls setzte sich ab.

## *Ein Simpl für Simpel*

Anfang der achtziger Jahre tauchte Conrad wieder auf, in Paris, als Herausgeber der französischen Ausgabe von *Playgirl,* einer Pornopostille für Frauen. Ich besuchte ihn dort zusammen mit meinem Chefredakteur Fritz Oehlerking. Jochen war mittlerweile ein Kerl wie ein Faß, eine mögliche Version von Orson Welles für Arme. Er rauchte, soff, wog zweieinhalb Zentner und war auch sonst ungemein aktiv. Er wollte den *Simplicissimus* in Deutschland wiederbeleben – sein Portobetrug wäre verjährt, der Offenburger Produzent längst tot.

Er kam nach Frankfurt, kaufte irgendwo die Rechte und produzierte sechs oder sieben Nummern des neuen *Simpl.* Aber das Blatt war so simpel gemacht, daß das Finale schon vor dem Andruck sichtbar wurde. Das Experiment schlug fehl, meine Warnungen hatte er in den Wind geschlagen. Als die Rechnungen für Druck und Vertrieb präsentiert wurden, machte er sich wieder aus dem Staub. Ich glaube gen England. Ich habe nie wieder etwas von ihm gehört.

## *Glosse a gogo*

Nach den mißglückten Gehversuchen zwischen Parfüm und Muttertag wurde mir immer mehr bewußt, daß ich kaum berufliches Glück im kommerziellen Bereich zu entwickeln vermochte.

Ich schrieb Artikel, vor allem für Hans Benders Feuilleton in der *Deutschen Zeitung* in Köln. Bender lud mich zum Schreiben ein, in erster Linie zu Glossen über die DDR. Das lag mir natürlich. Bender war somit jener Publizist, der mich ermutigte, dem journalistischen Beruf auch in der Bundesrepublik nachzugehen, obschon es für ein Greenhorn aus dem Osten mehr als schwer war, eine Nische zu finden.

Auch im späteren *Rheinischen Merkur,* der mit der *DZ* zusammengelegt wurde, konnte ich bis 1987 eine große Zahl Artikel veröffentlichen. Ich spürte, daß ich mit den Glossen allmählich konkreter wurde, also jenen theoretischen Ballast abwarf, den Hans Mayer meinte, als er mich davor warnte, Journalist zu werden.

Inzwischen hatte ich auch Fuß im Frankfurter *Domicile du Jazz* gefaßt, dem Jazzkeller von Carlo Bohländer. Albert und Emil Mangelsdorff wurden Freunde von mir. Ich lernte Dr. Reclam kennen und konnte ihn während einer Buchmesse überreden, daß es neben dem *Opern-Führer* auch einen *Jazz-Führer* geben mußte. Mit Carlo zusammen schrieb ich *Reclams Jazz-Führer.* Bald merkte ich, daß die Jazzmusik zwar meine ganz spezifische Kontaktstelle zum Zeitgeist war, aber Jazz war nicht mein Lebens- und Berufsinhalt. Also: Parfüm nichts. Muttertagstexte nichts. Conrad nichts. Jazz nichts. Quo vadis?

## *Alptraum Adorno*

Meine neuen Freunde in Frankfurt rekrutierten sich aus Adorno- und Horkheimer-Schülern: Walter Wilhelm, Gerd Ochs, der später bei einem Verkehrsunfall umkam. Auch der langjährige Sprecher vieler Frankfurter Oberbürgermeister, Joachim Peter, gehörte dazu. Diese drei zählten zu einer linksdrehenden Hybris-Intelligenzija, die zwar den Kommunismus stalinistischer Prägung ablehnte, aber hinter ihm immer wieder Reize eines verfeinerten Marxismus neu zu entdecken glaubte. Ihre Dialektik erschöpfte sich darin, philosophisch pointierte Pirouetten zu drehen, Sentenzen durch Datendetails respektabel aufzufüllen, eine Faktenfülle anzudienen, die an sich gravierend, aber für sich, also als Putz für marxomanische Maximen, im Grunde realitätslos blieb. Die Treffs mit diesen Freunden, die mir nahezu die komplette Literatur anschleppten, die an Frankfurts Uni damals *in* war, glichen immer mehr esoterischen Salonveranstaltungen, Verbal-Vernissagen, höchst animierend, aber nirgends mit einem Bezug auf jene Wirklichkeiten, aus denen ich kam und die untergründig stets als meine Meßlatte fungierten.

Als ich dann bei Adorno las, daß Jazzfans Leute seien, die viel freie Zeit und wenig Freiheit hätten, wurde mir die Bezugslosigkeit der Adorno-Schule klar. Die Jungs hatten beeindruckend viel von nichts eine Ahnung, was sich tatsächlich abspielte. Ich koppelte mich ab. Zu dieser hochmögenden Art intellektueller Zeitverschwendung hatte ich nicht die geringste Lust. Adorno blieb für mich ein Alptraum auf Zeit – und die Kulturkritik der Frankfurter Schule, die ich gleichsam im Eiltempo durchlief, verblasen, elitär und dünkelhaft, sicherlich nicht mehr als ein brisantes dialektisches Gripstraining. Ich entschied mich für einen geordneten Rückzug aus diesem Trainingslager und zur Hinwendung zu irdischeren Dingen. Ich beschloß, meine unmittelbaren Erfahrungen in der DDR publizistisch auszuwerten. Carola Stern, damals Lektorin bei Kiepenheuer & Witsch, animierte mich zu einem Buch über meinen Kampf mit der SED. 1964 kam *Jazz in der Zone* heraus. Ich wollte es immer *Zwischen Jazz und Gewalt* nennen, aber Carola Stern beharrte auf dem Titel *Jazz in der Zone.*

Das Buch ging gut, alle großen Blätter und Sender rezensierten den Band, der *Spiegel* machte dazu am 9. September 1964 eine ganze Seite (*Meister der Fröhlichkeit*). Das war schon immer die beste Reklame. Hans-Ullrich Barth, der damals die *NDR*-Reihe *Diesseits und jenseits der Zonengrenze* leitete, lud mich zu zwei Einstunden-Dokumentarfilmen über meine Erlebnisse in der DDR ein. 1965 drehte ich *Fans und Funktionäre,* der am 12. Oktober 1965 im Abendprogramm der *ARD* lief. Zwei Jahre später der Film *Es führt kein Beat nach Bitterfeld,* den das Erste am 26. Oktober 1967 im Abendprogramm sendete.

## *Der kalte Krieger wird erfunden*

Schon vor der ersten Sendung spürte ich im *NDR* Gegenwind. Ulli Barth erzählte mir, daß die Linke im *NDR* die unliebsame Sendereihe streichen wolle. Unter den vielen positiven Rezensionen gab es auch solche, die Ulli und mich der »Kalten-Kriegsmache« *(Weser Kurier)* bezichtigten. Nach der ersten Sendung schrieben die *Kieler Nachrichten* am 14. Oktober, daß das alles »aus der Mottenkiste« des kalten Krieges stamme, denn »drüben gibt es ja schon die ersten Beatplatten«. In dem Artikel wurde übrigens Hermann Kant im gleichen Atemzug gelobt wie wir verrissen. Schon damals waren die Weichen gestellt.

Der neue Trend: Wer die DDR kritisiert, war kalter Krieger. Hans-Ullrich Barth schrieb mir am 22. Februar 1965, vor der ersten Sendung, auf *NDR*-Papier: »Als aufmerksamer Leser der Presse in Sachen Fernsehen wird es Dir nicht entgangen sein, daß es um die von mir mitverantwortete Sendereihe *Diesseits und jenseits der Zonengrenze* in den letzten drei Monaten viel Differenzen gegeben hat, bis zum Versuch der *ARD*, diese Sendereihe ganz vom Programm zu streichen. Es gab dann Interventionen und eine Anfrage im Bundestag und mehr dergleichen. Dies alles fiel in die Produktion meiner beiden Wiedervereinigungs-Dokumentationen. Es waren Umstände, unter denen ich einfach nicht mehr produzieren möchte oder kann.« Schon damals war der Gedanke an eine Wiedervereinigung in der *ARD* suspekt. Drei Jahre nach diesem Brief wurde Barth aus dem Sender geekelt, die Sendereihe abgesetzt. Und am 12. Juni 1990 schreibt mir der *NDR* auf Anfrage, ob es eine Kopie meines Films *Fans und Funktionäre* gibt: ». . . kann es leider sein, daß das Material bereits in den siebziger Jahren gelöscht worden ist.«

Die filmische Dokumentation eines Kapitels DDR-Terrors war offenbar nicht mal mehr als Archivmaterial erwünscht. Aber immerhin hatte ich ein Buch und zwei Sendungen geschaffen – später noch zwei Beiträge fürs *ZDF* und eine Reihe Sendungen für den *Hessischen Rundfunk.* Von 1970 an war das alles vorbei.

## *Fehlanzeige FAZ*

Für mich schien festzustehen, daß nach den freiberuflichen Ausflügen eine feste Bestallung angebracht schien. Meinen politischen Intentionen entsprach die *Frankfurter Allgemeine* am ehesten – auch heute noch. Ich bewarb mich. Der mittlerweile nahezu legendäre Erich Welter nahm mich. Nach einem Jahr verließ ich das Blatt, das mir keine Möglichkeit geben wollte, meine politischen Erfahrungen in die neue Arbeit einzubringen. Rudolf Reinhardt, der Lokalchef, dem ich zugeteilt worden war, wollte das nicht. Andererseits lernte ich eine Menge bei ihm, beim Umbruch in der *FAZ*-Mettage, beim Nachrichtenschreiben. Was mir dagegen mißfiel, war die clanhafte Hierarchie. Oben saßen die Herausgeber-Götter, dann kamen deren Exekutoren – ganz unten und am Ende wir. Sicherlich ist eine gute Zeitung nur hierarchisch zu führen. Aber ich wollte nicht domestiziert sein – ich ging. Erst zur *Abendpost,* die damals noch als eine der gewitzten Feuilleton-Boulevards existieren konnte. Eine kurze schöne Zeit.

## *»Die FR ist für die DDR«*

Als die *Abendpost* später in der schlicht gestrickten *Frankfurter Nachtausgabe* aufging, war auch das vorbei. In den folgenden zehn Jahren schrieb ich täglich bis zu einem Dutzend Artikel für die *Frankfurter Rundschau,* baute dort unter Horst Hachmann die Fernsehseite auf. Die Zeitung war zwar links, aber im Innenbau demokratisch. Da gab es nicht die *FAZ*-Zucht von oben nach unten; ich verdiente sehr gut – bis der liberale Karl-Hermann Flach, Chefredakteur der *FR,* unvermittelt einem Gehirnschlag erlag. Flach hatte mich vor der militanten Linken in der *FR* in Schutz genommen und erklärt, daß die *FR* Platz genug habe für mehrere Meinungsrichtungen.

Kaum war Flach tot, kam Werner Holzer, der mich unter dem Druck der Hauslinken in Regie des eifernden Feuilleton-Marxomanen Wolfram Schütte an die Leine der neuen Linie links von der Linken legen wollte. Der einstige Napola-Schüler Holzer war keineswegs vom Kurs der Hausmilitanten überzeugt; er war eher schon ein Opportunist, der seine Karriere sah. Und Karriere in der *FR* ging nur über die Hauslinken. Also paßte er sich an.

Als mir Kulturchef Köpke nach einem Report von der Messe in Cannes sagte, in seiner Zeitung sei »kein Platz für Kritik an der DDR«, packte ich die geistigen Koffer.

Nach zehn Jahren *FR* bot ich meine Arbeit der *Welt* an. Das ging freilich nur halbwegs gut, alldieweil Günter Zehm, damals Feuilletonchef der *Welt,* dessen Argumentation und Schreibe ich stets bewunderte, meine »kulturelle Abkunft von Jazz und Pop« wenig behagte. Für ihn blieb dieser Bezirk ein Buch mit sieben Siegeln. Er belächelte diese amusische Sphäre, das war Unterhaltung für ihn – und zwar Unterhaltung von untere Haltung und Unterhalt her definiert, so daß meine Mitarbeit bei der *Welt* nur auf Sparflamme vor sich hin garte.

Dennoch: Zehm war nie Intrigant, eine fulminante Feder, ein eloquenter Geist, analytisch, wenn auch chaotisch; ich mochte ihn sehr. Vor allem, wenn er einen seiner berühmten Wutanfälle bekam. Dann war er hinreißend.

Aber zwischen uns stand die Bildungsbürger- und Feuilleton-Wertewelt. Hier machte mir meine Jazzherkunft einen Strich durch die Rechnung, mit konservativen Journalisten in eine Reihe zu kommen.

Vielleicht war das gut so, da ich damit unangenehmen Konfrontationen entging. Ich suchte stets eine leichte, elegante Florettdistanz zu unserem gemeinsamen politischen Gegner, eben der militanten Linken. Allein die Zehms und Löwenthals argumentierten oft so freudlos verbissen und aggressiv unerbittlich, daß sie es am Ende weniger durch ihre eigentliche Argumentation als eben durch ihren Auftritt der Linken leichtmachen, sie als Erfinder von Galle und Gift zu verteufeln.

Mit anderen Worten: Alle Versuche, mich irgendwo zu integrieren, waren temporär begrenzt. Die längste Zeit, immerhin ein Jahrzehnt, war die *Frankfurter Rundschau* meine journalistische Heimat. Ich denke gerne daran zurück, an Freunde wie Hachmann, der leider so früh starb, an Peter Miska, an Flach. Bei der *Rundschau* hatte ich jeden Monat ein gutes Honorar auf dem Konto, zehn Jahre lang. Ich trage dieser Zeit wirklich nichts nach. Ich erfuhr jedoch eine wichtige Erkenntnis, nämlich, daß die linke Doktrin das Blatt von innen her auf jenen subkutanen

DDR-Kurs gehievt hatte, der auch im *Hessischen Rundfunk* grassierte.

Kaum hatte ich in der *Welt* einige Artikel verfaßt, in denen ich die Verhältnisse in der DDR kritisierte, winkten der *HR*, der *WDR*, der *NDR* und der *SR*, für die ich regelmäß gearbeitet hatte, in punkto weiterer Mitarbeit ab. Ein Saarbrücker sagte mir: »Du bist ein verkappter Nazi.« Selbst der liberale *Pardon*-Chef Nikel, für dessen Satire-Blatt ich ein Jahrzehnt geschrieben hatte, trug mir an: »Ich will, daß Sie weiter für *Pardon* schreiben. Aber die Linken im Blatt plagen mich, die wollen, daß ich mich von Rudorf trenne. Wir könnten doch eine Abmachung arrangieren, daß Sie weiter für *Pardon* schreiben, aber unter einem Pseudonym.« Ich lehnte ab. Damit war ich auch *Pardon* los, das letzte Blatt in diesem Spektrum.

Die journalistische Linke hatte das rechte Element Rudorf ausgeschwitzt.

Leute, die wie ich die DDR nicht akzeptierten, die Mauer als Schandmal brandmarkten und die Wiedervereinigung als oberstes Ziel nationaler Politik postulierten, hatten im neuen Medientrend nichts verloren. Ich wurde von der offiziösen Meinungsmache der deutschen Medienlinken wider besseres Wissen in die rechte Ecke abgeschoben. Meine linken Freunde wußten, daß ich alles andere als ein Rechter war, sondern ein Mann der Mitte – ich habe daher auch stets den Versuchungen widerstanden, einer politischen Partei oder Organisation beizutreten oder diese durch irgendwelche Funktionsübernahmen, verdeckte wie offene, zu unterstützen. Für mich blieb meine politische und publizistische Unabhängigkeit immer das eigentliche Kapital.

Plötzlich war da eine Wand. Nachdem ich in der *Zeit* eine ganze Seite über die Wechselwirkung zwischen Jazz und Politik untergebracht hatte (*Barometer Jazz*, 4. 12. 64), lud mich Gräfin Dönhoff zu einem Gespräch nach Hamburg ein. Sie fragte mich, wie ich denn den Osten sähe, was ich für Folgerungen aus meinen Erlebnissen gezogen hätte. Auf derlei linkische Tests antwortete ich stets gleichermaßen mit einem präludierenden Bekenntnis zur Gewaltlosigkeit, dem ich jedoch nahtlos folgen ließ, daß der ganze Osten eine Art Fortsetzung des Faschismus in Rot sei. Das Gespräch hatte sich damit erledigt, wie jeder verstehen wird, der die Auffassungen der geschätzten Gräfin über die Jahrzehnte verfolgt hat.

Schon wie mich die Dame musterte, als ich ihr vollbärtig, unbeschlipst und turnbeschuht unter die Augen trat! Die *Zeit* war immer ein hoch-sommerliches Nadelstreifen-Blatt; ihr eben sechzig gewordener Chefredakteur war stets so etwas wie der Dressman des *Zeit*-Geistes, tadellos hanseatisch, mit dem angestrengten Hang zum Londoner Börsen-Layout, welches man nicht ganz, aber doch fast vollkommen zu kopieren verstand.

Jede konsequent auf Tiefsinn ausgelegte Einlassung der Sommers hebt an mit »In der Tat«. Es wimmelte da nur so von reziprok proportionalen Relationen zu peripheren Problemen subtiler Phänomenologie. Ich hatte da nie eine Chance.

## *Schnulzenrechts + Rocklinks*

Ich muß es auf die verkürzte Formel bringen, danach ein Mann der Popkultur *a priori* lange Jahre bei den Rechten hier als Linker galt, in der DDR dagegen als Faschist.

Diese ideologische Kleiderordnung funktioniert nach dem ganz ähnlichen Schwachsinn, der heute in weiten Teilen der Medien ventiliert wird. Danach werden Schlager und Schnulze als repressive, reaktionäre akustische Kategorien der Rechten denunziert; Rockmusik wird dagegen links angesiedelt, obschon die Mehrzahl der SPD-Wähler Schlagerfans sind, wie die Wikkert-Institute einmal im Falle von Heimat-Sänger Heino repräsentativ ermittelten. Nachdem Wickert das Ergebnis veröffentlichte, stellten Gewerkschafts- und SPD-Blätter über Nacht ihre Attacken wider Heino und Schnulzen weithin ein.

Und Rockfreaks, die etwa nach den flinken Radiodefinitionen von *SWF 3* oder anderen Popwellen im Lande als Sound-Sinnbilder des Progressiven und jenes latenten Antiamerikanismus stilisiert werden, gleiten sehr oft ins äußerste rechte Spektrum ab – ganz abgesehen davon, daß die zur antiamerikanischen Propaganda vieler Sender prostituierten US-Rock-Stars das Hauptinkasso der US-Musikindustrie bestreiten. Und genau diese Musikindustrie, von deren Platten *SWF 3* lebt, wird von den Frequenz-Marxisten noch immer als die böseste Ausgeburt des spätimperialistischen Wallstreet-Imperialismus denunziert. Als ich unmittelbar nach der Flucht meinem Pariser Freund Girod de Láin einige Artikel zur *Le Monde* schickte, antwortete er, daß er diese nicht drucke, da sie den Stalinismus zu negativ darstellten. Ich solle mir nichts daraus machen, denn wer aus dem Dunkel eines Tunnels komme – damit meinte er wohl das Zuchthaus –, blinzele in der Helligkeit zunächst geblendet.

Armer Girod. Heinz Ohff schrieb nach einem Gespräch mit mir in den *Bremer Nachrichten:* »Ich glaube nicht, daß wir uns leicht mit ihm zurechtfinden.« So war's. Nachdem mich Andreas Razumovsky, damals Starfeuilletonist der *FAZ,* in einem literarischen Salon zur Diskussion gebeten hatte, die ich dazu nutzte, dem elitären Zirkel die Brisanz des Jazz in der Diktatur zu beschreiben, weil man mit Jazz eher junge Leute als mit blutleeren Theorien erreiche, schrieb Razumovsky anderntags in der *FAZ,* daß der Jazz ein untaugliches Mittel für oppositionelle Gedanken und Taten sei. Da – man höre – schon Adorno gesagt habe, daß alles »Ungebärdige im Jazz von Anfang an in ein striktes Schema eingepaßt war und daß zu dem Gestus der Rebellion die Bereitschaft zum blinden Parieren derart sich gesellte und immer wieder noch gesellt, wie es die analytische Psychologie vom sadomasochistischen Typus lehrt, der gegen die Vaterfigur aufmuckt und dennoch insgeheim sie bewundert, ihr es gleichtun möchte und die verhaßte Unterordnung wiederum genießt«.

Ich kam aus dem Tunnel, dem Zuchthaus, und war danach also nicht etwa erfahrener, sondern eben verdunkelt und dann, kaum frei, geblendet. Hätte also gleich drin bleiben können. Und dann war das alles noch mit dem Jazz sowieso ein Irrtum, weil diese Musik zum rebellischen Gestus nicht tauge, geschweige denn zur Veränderung – und schließlich habe ich die verhaßte Unterordnung im Grunde doch genosssen.

Ich habe Razumovsky später in der *FAZ* mal darauf angesprochen. Aber da hatte er flugs einen neuen Adorno zwischen den Zähnezaun genommen und ließ Sentenzen von einer Brillanz über die Lippen laufen, daß ich mich beschämt von dannen machte.

## *Die Quadratur des Blattes*

In der psychologischen Situation, völlig auf sich selbst zurückgeworfen zu sein und die besten Artikel oder Gedanken letztlich doch nie loszukriegen, lernte ich einen findigen Phantasten kennen, den der Traum vom eigenen Blatt plagte. Kurz: Er wollte eine *runde* Illustrierte herausbringen. Wir brachten das Ding auf den Markt, es hieß *rund* und ging überhaupt nicht. Es rollte, weil es rund war, in jedem Zeitungsstand hinter die anderen Zeitungen, war nie zu sehen – nach drei runden Ausgaben kehrten wir reumütig zum rechteckigen Format zurück. Das Blatt ging dann auch nicht, obwohl wir gute Leute hatten, die für uns schrieben. Der Themenmix aus Medien und Musik war highbrowed angerührt. Eines Tages sprach mich der *rund*-Erfinder an und gestand: »Ich bin pleite.« Ich machte ihm den Vorschlag: »Du bringst deine Satzmaschinen mit, wir besorgen uns eine Druckerei, lassen das teure *rund* sein und bringen einen billigen Medieninformationsdienst heraus, den wir *rundy* nennen.«

So entstand 1975 *rundy*.

Der Titel *rundy* machte es uns natürlich ungemein schwer, in der Medienlandschaft ernst genommen zu werden. *rundy* war wieder so etwas wie Jazz. Im Grunde unsolide. Aber der Dienst hieß nun mal *rundy*, und wir brauchten sage und schreibe zehn Jahre, um diesen Dienst auf einem übermächtig besetzten Markt mit vielen Informationsdiensten, die nicht nur gut gemacht waren, sondern zunächst auch besser informiert waren, durchzuboxen.

Aber ich hatte erstmals etwas, das mir uneingeschränkt journalistisch Spaß machte: ein Blatt, in dem ich alles schreiben konnte, was ich wollte. Der Wunschtraum eines jeden Jounalisten war für mich sozusagen im Kleinformat in Erfüllung gegangen. Ich mußte niemanden mehr fragen, ob ich denn ein kritisches Wort über die DDR oder gar ein positives über eine kommende Wiedervereinigung schreiben durfte.

Ich konnte fast alles, was ich wollte. Das war ein gutes Gefühl.

## *Hatz in der Haifischbranche*

Natürlich konnte ich mit *rundy* keine große Politik machen, zumal ich zur Finanzierung des Dienstes Geld brauchte. Da ich vom Jazz kam, stieg ich mit *rundy* in das Musikgeschäft ein. Dabei half mir »Goldfinger« Hans R. Beierlein. Der Münchner Medienmanager, damals Verleger und Stratege von Udo Jürgens und vielen anderen Stars in Deutschland, Österreich und Frankreich (Bécaud, Sardou), führte mich in der Haifischbranche ein, machte mich mit den Vorteilen und Fallstricken des Musikgeschäfts vertraut, mit den Stars und Journalisten vom Fach bekannt, holte mich nach Paris und Cannes zu den großen Musikmessen. Ich habe ihm zehn Jahre *rundy* zu verdanken, da er mich immer mit korrekten Informationen versorgte, mir die richtigen Tips gab und zudem politisch auf meiner Linie lag: parteilos, aber unbestechlich gegen alle Verlockungen jener Linken, die uns den Osten subkutan als Kuschelfaktor eins und rosarote Morgengabe unter die Weste jubeln wollten. Unsere Kontakte blieben immer sachlich, gerieten nie ins Persönliche, und die Verdächtigungen, die jahrelang die Runde machten, ich sei von ihm bezahlt worden, konnte ich stets dadurch widerlegen, daß ich meine Bücher offenzulegen bereit war – und offenlegte. Beierlein stiftete Ehen in der Plattenbranche, in der es von Einfaltspinseln nur so wimmelte, schlichtete Streite. Ihm verdanke ich es auch, daß ich aus einer unliebsamen Konfrontation mit GEMA-Generaldirektor Professor Erich Schulze wieder herauskam. Diese Kontroverse entstand aus einer unterschiedlichen Betrachtung des *Grand Prix Eurovision.* Erich Schulze, der die

GEMA zur besten Urheber-Organisation der Welt entwickelte, hatte naturgemäß nur ein Interesse: deutschen Musik-Autoren und Verlegern bessere Startpositionen auf einem anglo-amerikanisch okkupierten Markt zu besorgen. Schulze zog aus gegen jene, die US-Importe dem deutschen Ton vorzogen. Im *Grand Prix Eurovision* sah er eine Möglichkeit, deutschen Musik-Urhebern eine Plattform zu verschaffen. Ich sah dagegen im *Grand Prix* immer nur ein marktfremdes Radio-Entertainment, um Nichtkönner in einem akustischen Seifenkistenrennen zu verheizen. Ein »Grand Prix petit«. Große Stars nahmen nie an ihm teil.

Beierlein schaffte diesen Streit aus der Welt – Erich Schulze und ich fanden den Weg zueinander. Ich fühle mich Schulze in hohem Maße verpflichtet, weil er mir das Urheberrecht als eines der wichtigsten und unterschätztesten Grundrechte nahebrachte. *rundy* wurde ein Dienst, der bis zum Tage fest an der Seite des Urheberrechts steht und dafür streitet. Das war eigentlich der erste klare Trend des Blattes.

Haifischbranche? Die deutsche Musikindustrie trägt diesen Namen zu Unrecht. Sie ist selbst ohne Reinheitsgesetz durchsichtiger als die Bierbrauer-Branche. Natürlich werden Stars und Stile gemanagt, promotet und in Sendungen gedrückt und auf Platten gepreßt, aber dies ist so durchsichtig wie kaum ein anderes Gewerbe. Denn es war und ist die GEMA, die preußisch korrekt jeden Ton und jeden Text in ihrem Berliner Großcomputer speichert und verwaltet. Hier war der Manipulation jedenfalls nie ein Raum gegeben.

Im Unterschied jedoch zu allen anderen Branchen muß die Musikindustrie mit einem Produkt arbeiten, von dem sie nie weiß, ob es geht. Das Produkt ist weder schätz- noch planbar, weil der Geschmack der Leute nicht vorhersehbar ist. Das Produkt, also der Schlager, ist ein risikobeladenes Entscheidungserzeugnis von Musikern, Managern und Vermarktern, eine Produktplanung mithin, die oft genug in die Hose geht, weil der Trend der Töne, anders als vermutet, genau in die entgegengesetzte Richtung läuft.

Überdies ist Musikgeschäft in Deutschland besonders schwierig aus drei Gründen:

1. Hitler vernichtete und verjagte den kreativen Impuls des deutschen Musikgeschäfts – die Juden.

2. Nach dem Krieg war Deutschland eine akustische Absastzkolonie angloamerikanischer Importe.

3. Der öffentliche Monopolrundfunk erstickte jeden freien Wettbewerb über Jahrzehnte im Keim, weil nicht auf eigenes Risiko Musik für den Hörer, sondern umgekehrt mit dem Geld der Hörer für den Geschmack von hundert Musikprogrammeuren produziert wurde.

Dennoch entwickelten sich im deutschen Nachkrieg zahllose Talente, die jedoch samt und sonders von den Medien verspottet wurden. Mit Hilfe von Beierlein, Schulze, Udo Jürgens, Heller, Lindenberg, Ralph Siegel und selbst Peter Maffay wandelte ich mich vom Kritiker der deutschen Musikszene zum Protagonisten eines konsolidierten deutschen Musikmarktes. Dabei war meine Devise: nicht in einem ummauerten Naturschnulzpark abschotten von der US-Konkurrenz, sondern den Wettbewerb vor Ort suchen.

## *Rückkehr zur Politik*

Die Auseinandersetzungen in der Musikbranche machten mich zum hochkarätigen Informationsträger. *Spiegel* und *Bild* bohrten mich an. Sigi Schmidt-Joos, mein alter Kampfgefährte aus Leipzig-Hallenser Jazztagen, leitete die Musikredaktion des *Spiegel* – mit ihm schrieb ich mehrere Kulturaufmacher des Magazins. Er lehrte mich investigativen Journalismus. Das Schreiben für den *Spiegel* in meiner Wohnung in Buchschlag bei Frankfurt war die erste Hochschule für Publizistik, die ich absolvierte. Sigi war dann meist eine Woche unser Gast – er zeigte mir in einer unbeschreiblich fesselnd unnachgiebigen Weise, wie man an ein Thema heranzugehen hat, wie recherchiert wird – und das natürlich vor dem Background des süperben *Spiegel*-Archivs. Nahezu simultan lernte ich Peter Bartels kennen, damals Unterhaltungschef von *Bild*. Ich schickte ihm irgendwann mal ein Telex, in dem ich monierte, daß *Bild* Musikdaten nicht exakt gebracht hätte. Bartels rief mich an und sagte: »Okay, wir machen das in Zukunft so: Wenn wir Musikdaten bekommen, schicken wir die Ihnen zu. Und dann verifizieren Sie die Daten. Okay.«

So war der Kontakt zu *Bild* geschlossen. Meine Idee war, auch den Kontakt *Bild – Spiegel* zuwege zu bringen. Eines Tages hatte ich dann Peter Bartels und Sigi Schmidt-Joos in meinem Buchschlager Haus. Von da an liefen manche Deals zwischen *Bild* und *Spiegel.*

Peter Bartels war es, der in *Bild* die tägliche Fernsehkritik als Kleinkolumne einrichtete. 1978. Seit genau zwölf Jahren schreibe ich diese Kolumne, ohne einen Tag Ausfall – immer gegen einundzwanzig, zweiundzwanzig Uhr gebe ich die Kritik an die Aufnahme bei *Bild* durch – am nächsten Morgen steht sie auf Seite zwei im Blatt. Für diese Kolumne habe ich sieben Zeilen à sechsundzwanzig Anschläge.

Ich war es bis dato gewohnt, mich stets in epischer Breite und dann auch noch tiefschürfend über ästhetische oder elektronische Probleme auszulassen. Bei *Bild* hieß es: Kurze Sätze. Kein Feuilleton.

Und Bartels weiter: »Keine Kritik von oben herab. Du schreibst für Leute, die morgens am Bau 'ne Stulle auswickeln und 'nen Schluck aus der Pulle nehmen. Wenn du die erreichst, bist du ein Boulevard-Mann. Sonst nie.«

Ich war gut dran und drauf: Zur Linken Sigi vom *Spiegel,* der mich zur Gänze auf Recherche drillte. Zur Rechten Peter, der mir sagte, für wen ich schreiben mußte: für Leser. Bislang hatte ich ja bestenfalls für den Redakteur oder Chefredakteur geschrieben, der entschied, ob man ins Blatt kam. Plötzlich spielte der Leser eine Rolle. Die Rolle. Früher erhielt ich bei der *FR* oder der *Welt* im Jahr einen Leserbrief. Bei *Bild* täglich zehn. Schrieb ich in einer *Bild*-Kritik von einem »Köter«, schrien gleich hundert *Bild*-Leser auf. »Hund heißt das, nie Köter.«

Durch *rundy* unabhängig. Durch Beierlein branchenfest. Durch Schulze rechtskundig. Durch Sigi investigativ. Durch Peter boulevardesk. Durch Betsy, meine vierte Frau, besänftigt und familiär hoch motiviert. Vierte Frau – das hört sich haremhaft arabesk an. Hinter der nackten Zahl verbirgt sich jedoch der schwierige Psychologismus des deutsch-deutschen Exodus. Vera hatte während meiner Haft einen anderen Mann kennengelernt. Scheidung in Frieden. Ihr gelang eine glänzende Karriere als Modegrafikerin. Unsere Tochter Maria hat sich in Berlin als Grafikerin etabliert. Ich steuerte zwei weitere Schiffbrüche an. Zuerst heiratete ich die Tochter eines Managers, erfüllte aber als Journalist deren Erwartungen von wirtschaftlicher Sicherheit nicht. Scheidung Nr. zwei. Meine dritte Frau eine Hoteliers-Tochter. Als ihr Vater starb, sollte ich mit ihr das Hotel übernehmen. Scheidung Nr. drei.

Erst mit Betsy von Aichinger lernte ich eine Frau kennen, die aus ähnlichem Material war wie ich. Nach dem Tode ihres Vaters wuchs sie in einer Klosterschule auf, hatte also den vergleichbar »positiven« (Betsy) Drill und Zwang erlebt wie ich im »negativen« Zuchthaus. Die Ehe hielt, weil Betsy und ich auch ein jounalistisches Team wurden. Wir heirateten 1971. Unser Sohn Tillmann Winnetou, Gymnasiast im bayerischen Hösbach, gedieh in unserem Team zur Zwei-Meter-Länge, will Regisseur werden. Unsere Tochter Katja kam zur *rundy*-Redaktion als Volontärin.

Zu allen diesen aufbauenden Koordinaten zählt auch mein Vater, der alte Siemens-Mann, der mich kommunikativ mit Telex, Fax und Autotelefon auf Trab brachte. So gesichert ging meine Karriere in die Steilkurve. Diese war immer darauf begründet, daß ich **a**) immer erreichbar war und **b**) schneller liefern konnte als Mitbewerber. Das hatte einen Nachteil: Mein sauer verdientes Honorar legte ich in Kommunikations-Elektronik an, die, kaum gekauft, drastisch im Preis verfiel. Keine Geldanlage. Aber ein Riesenvorsprung gegenüber den Kollegen, die sich, in ehrwürdiger Tucholsky-Tradition erstarrend, an ihren alten Schreibklavieren festklammerten.

Mittlerweile hatten sich die Themen in *rundy* gedreht: Immer mehr gerieten TV und Funk ins Zentrum unserer Betrachtung. Wir entdeckten in *ARD & ZDF* verfestigte und verfilzte Strukturen und Beziehungen, die es in der Musikbranche so nicht gab. Wir erfuhren, wie starr und stur das Medium auf Kritik reagierte. Sobald wir eine öffentliche Sendung aufs Korn nahmen oder die Diktatur der hundert ARD-Musikredakteure rügten, die darüber bestimmen, was hierzulande gehört wird, wenn wir uns die Selbstherrlichkeit von TV-Abteilungsleitern vorknöpften, reagierte das Medium so rüde und selbstherrlich, daß ich an Funktionäre erinnert war, die ich weit weg wähnte. In dieser Zeit tauchte in der Fernsehredaktion der *Welt* Hans-Hermann Tiedje auf. Er sah die Unflexibilität der *ARD*-Apparatschiks und *ZDF*-Päpste genauso wie ich und er drehte die *Welt* in den Wind – wir machten uns von dieser Stunde an jede Menge Feinde in *ARD* und *ZDF*, weil Tiedje ein Tempo und eine Angriffslust vorlegte, die unsere Freunde vom Zerrbilder-Dienst überrollten und die im deutschen Journalismus so bislang unbekannt waren. Tiedje unterlegte außerdem – und das war die Brisanz seines Auftauchens – seine Attacken mit Facts der Drei-Sterne-Klasse de luxe.

## *Facts & Fakes*

Das heißt: Sie stimmten nicht nur, sondern stammten aus erster Hand. Ohne Dreh und Deal. Das war neu. Denn meistens gab's nur Facts aus »erster Hand«, die nicht stimmten, sondern ideologisch einstimmen sollten, also keine Facts, sondern Fakes waren.

Oder sie stimmten, aber dann waren die News in der Regel nur Secondhandfacts, journalistischer Ausschuß. Tiedje ging seine Informanten frontal an, ohne jenen Schmus, zu dem Journalisten hierzulande, erzogen im Ungeist standesgemäßen Stufenleiterdenkens, neigen, wenn sie sogenannten Prominenzen gegenübersitzen.

Tiedje kannte nie Verwandte. Er lehrte mich, daß das blitztelegrafische Reagieren und Angreifen die TV-Kameraden in die Defensive drängte, unsicher machte und zu Kurzschlußreaktionen animierte, welche die Drittklassigkeit der meisten Telekraten offenlegte, die ja nicht aufgrund einer kreativen Leistung, sondern wegen des richtigen Parteibuchs in den Telemedien waren.

## *Intendanten – elektronische Papiertiger*

Die Radio-Intendanten wurden von den meisten wie Medien-Fürsten hofiert. Tiedje teilte meine Abneigung gegen diese aufgepumpten Übergrößen des Glotzariums, die sich im nachhinein, bis auf die rühmliche Ausnahme von Lothar Loewe, als Papiertiger entpuppten. Wer kennt heute noch diese Herrschaften von Räuker bis Lehr, Hess, Schröder oder von Sell und seinen später beim *SFB* als Intendant abgestürzten Justitiar Herrmann?

Dies und die Erkenntnis, daß, wer die Medien besitzt, die Macht hat, animierte Tiedje, in *Bunte* die Krokodil-Kolumne zu entwickeln, wohl mit Abstand die klügste, griffigste, respektloseste, polemischste und satirischste TV-Kolumne, die es je in Deutschland gab. Tiedje, zwanzig Jahre jünger, dachte auf den Millimeter so wie ich. Erstmals stimmte die politische Binnen-Kommunikation zwischen mir und einem anderen.

Tiedje, kein anderer, leitete meine Rückkehr in die Politik ein, zumal das Musikgeschäft ausgeschöpft war. Also drehte ich *rundy* ganz gegen *ARD* & *ZDF*

Mein auf ein Jahrzehnt kalkuliertes Ziel war dabei:

WERBUNG NUR FÜR PRIVATE.

GEBÜHREN NUR FÜR *ARD* & ZDF.

Meine langfristige, also über ein Jahrzehnt hinausgehende Strategie dagegen:

ÜBERFÜHRUNG DES GESAMTEN RUNDFUNKS IN EINE WETTBEWERBLICHE ORDNUNG OHNE GEBÜHREN.

Und zwar exakt und en détail so, wie es Professor Ernst-Joachim Mestmäker, Direktor des Max-Planck-Instituts in Hamburg, begründet hat.

Damit waren in *ARD* & *ZDF* über Nacht all jene gegen mich, die ahnten oder wußten, daß ein wettbewerblich organisierter Rundfunk die amusischen und unkreativen Subventions-Artisten in *ARD* & *ZDF* ebenso brotlos machen würde wie die von Parteizentralen ferngelenkten Herrschaften der Proporz-Journaille, die samt und sonders außer der gewünschten Gesinnung nichts bringen.

In einem auf Leistungwettbewerb gegründeten Rundfunk, der sich nur durch Werbung finanziert – also durch Reichweiten, die er beim Zuschauer erzielt –, erleben die mit Zwangsgebühren ernährten Rundfunk-Kostgänger außer dem freien Fall ins Nichts – nichts.

Der öffentlich-rechtliche Rundfunk denaturierte durch das Gebührenmonopol, dem sich die Doppelfinanzierung durch eine verfassungsrechtlich nicht gedeckte Werbung anschließt, zum Megaphon für Partei-Funktionäre. Nur der gebührenfreie Wettbewerb garantiert kreativen Rundfunk und verhindert politische Indoktrination – so richtig auch die öffentlich-rechtliche Organisation des Rundfunks im deutschen Nachkrieg war, um Staats- und Konzernferne der Sender zu garantieren. Aber diese Gefahr der Staats- und Konzernnähe, so das oberste Verfassungsgericht 1985, ist durch die Rasanz der technischen Entwicklung längst in Wegfall geraten. Deshalb gaben die Verfassungsrichter grünes Licht für ein duales Rundfunksystem als Vorform eines schließlich pur wettbewerblich organisierten Rundfunks.

Diese auf freiem Wettbewerb strukturierte Umgestaltung des Rundfunks nun in ganz Deutschland wird aber allein dann gelingen, wenn die privaten Sender ernst zu nehmende Reichweiten erlangen.

Diese Reichweiten hätten sie alle längst erreicht, wenn die Privaten – statt sich vorwiegend auf Spielfilme, Shows, Quiz und Talks zu konzentrieren – News als Mittelpunkt und als Identifikation ihres Sendeangebots geschaffen hätten, die – so wie *Tagesschau* und *heute* – Zuschauermillionen anziehen.

Abend für Abend saugen *Tagesschau* und *Tagesthemen, heute* wie *heute journal* den Privaten die Zuschauer zu Millionen aus den Programmen ab.

Das private Fernsehen hat die Einrichtung aktuell aufbereiteter und exzellent servierter News versäumt und damit den Doktrinären im *ARD* & *ZDF*-Konzern die Macht an den Drähten erhalten.

*RTL plus* und *SAT 1* haben den Crash des Honecker-Regimes regelrecht verschlafen, weil keine Sendestrukturen und Personalbesetzungen vorhanden waren, um das Weltereignis publizistisch in Griff zu kriegen.

*ARD* & *ZDF* haben im deutschen Herbst 1989 nahezu allein in zahlreichen aktuellen *ARD-Brennpunkten* und *ZDF-Spezials* darüber berichten und dabei auch jene Verzerrungen vornehmen können, die bei einer echten Konkurrenz durch die privaten Sender hätten korrigiert werden müssen.

Ich meine die von *ARD*-Korrespondenten verbreitete, beförderte Angstmache vor der Bundesrepublik.

Nachdem auch für die ideologisch festgeleimten Ost-Fetischisten im öffentlich-rechtlichen Medium feststand, daß die DDR nicht mehr zu retten war, funktionierte sie das Medium auf jene PDS-Panikmache um, die die arme DDR, die in Konkurs ging, das Fürchten vor den Kapitalisten lehren sollte, die nun das wehrlose Opfer des Stalinismus ausschachten würde. Natürlich gab es in *ARD* und vor allem im *ZDF* auch glänzende, korrekte, aktuelle Berichte über den Zusammenbruch des Stasi-Staates. Aber der Tenor war plötzlich nach dem Exitus der SED die Furchterzeugung vor dem Westen – übrigens immer in Koop, vor allem mit der *Zeit.* Sommers Edelpostille profiliert sich zunehmend zu einem Übernahmeorgan von PDS-Formeln.

Am 29. Juni, zwei Tage vor der Währungsunion, schlagzeilte *Die Zeit* (*Die Zeit* – nicht das *ND*!) auf Seite dreizehn: »*Gerade befreit und schon wieder gedemütigt – DDR-Bürger in der Krise.*«

DDR-Bürger gab es nie? Das waren immer Deutsche!

Und weiter *Die Zeit* über die »DDR-Bürger«: »Verunsicherung erleben sie nun, wie mit dem Staatsvertrag der Westen einrückt. Plötzliche Leere und das Gefühl, immer alles falsch gemacht zu haben, lösen eine Fluchtwelle aus – in die Welt des Konsums und in die Arme neuer Autoritäten.«

Zu deutsch: häßliche DM. Häßlicher Konsum. Häßlicher Kohl.

Oder zurückübersetzt: Wie schön war doch der Stasi-Staat. Oder?

Das historische Versäumnis der Privaten, über den Zusammenbruch der DDR komplex und komplett zu berichten, hat sich dem Zuschauer fest eingeprägt. Millionen sahen sich, ohne es sich laut zu sagen, daß man bei *ARD* und *ZDF* bei politisch-aktuellen Informationen und komplexen Hintergrund-Reportagen tatsächlich in der ersten Reihe sitzt.

*ARD* & *ZDF* behaupten auch ein halbes Jahrzehnt nach Einführung des privaten Fernsehens mit allabendlich mehr als vierzehn Millionen Zuschauern ihren Logenplatz in der Meinungsmache – *RTL plus* und *SAT 1* kommen nur mühsam und gemeinsam an die Fünf-Mio.-Hürde.

An dieser Entwicklung ist die Politik mitschuldig. Die Bonner Parteien schrieben die Doppelfinanzierung des *ARD* & *ZDF*-Gebührenmonopols fest, setzten den Privaten Landesmedien-Aufpasser vor die Nase, die den Privaten ein Korsett nach dem anderen verpaßten. Und das alles machen die Politiker nur aus der einen und einzigen Erkenntnis heraus, daß sie bei *ARD* und *ZDF* mehr Zuschauer erreichen.

Schon richtig.

Aber die Herren der Unionsparteien und der Freien Demokraten verkennen, daß sie ihre Erfolge nie diesen öffentlich-rechtlichen Medien verdanken, sondern sie gegen *ARD* & *ZDF* durchsetzten.

Um die Demokratie im Lande stünde es weit besser, wenn die Politik das Gebührenmonopol der öffentlich-rechtlichen Sender beseitigte oder zumindest der Doppelfinanzierung der Medienkonzerne durch Werbung plus Gebühren Einhalt geböte.

Das ist die *rundy*-Linie, die mich direkt zurück in die Politik brachte, dank Hans-Hermann Tiedje, Max Grundig und Karlheinz Kögel. Der Westen hatte mich nun ganz.

# VII
# Landung auf dem Müllplaneten

## DDR 1990:
## Begegnung der dritten Art

## *Die DDR*
## *Eldorado des Etikettenschwindels*

RÜCKBLENDE. 1948, als ich Student der Gewifa, der Gesellschaftswissenschaftlichen Fakultät der Uni Leipzig, wurde, wußte ich natürlich nicht, daß diese Gewifa purer Etikettenschwindel war. Denn: Dort wurde nicht Gesellschaftswissenschaft, sprich: Sozologie, gelehrt, sondern ausschließlich strammer Marxismus-Leninismus. Zur Gewifa kam nur, wer SED-Mitglied war und vom ZK als würdig empfunden wurde, in dieser Kaderschmiede zum Top-Genossen hochgestählt zu werden.

Ich war in der SED und durch meinen Mentor Gerhard Dengler, Chefredakteur der *Leipziger Volkszeitung,* in die Gewifa gehievt worden, obschon ZK und SED-Bezirksleitung »schwere Bedenken« hatten. Mein Vater war bekanntlich vor dem Krieg Chef bei Siemens in Leipzig, dann in den Westen geflüchtet, dort wieder beim »spätkapitalistischen Ausbeuterkonzern« – so Leipzigs SED-Chef Fröhlich. Den Bürgersohn wollten sie nicht. Aber Dengler drückte das durch – und ich war vom Marxismus-Leninismus durchdrungen. Ich las *meinen Marx,* hörte bei Professor Berendt mit roten Ohren *Die Theorien über den Mehrwert* und bekam im Abschlußzeugnis für das Kernfach der kommunistischen Heilslehre, den *Dialektischen und Historischen Materialismus,* die Note eins und den Eintrag »vorzüglich«. Seither bin ich modischen Marxomanen im sicheren Westen ein Greuel, weil ich das Thema von innen her beherrsche.

So ideologisch gegen den Klassenfeind abgeschottet, hatte ich meine Begegnung mit dem Germanisten Hans Mayer, dessen Vorlesung an der Leipziger Uni – Mayer kam aus US-Emigration – zum Kult wurde. In seinen Vorlesungen Platz zu bekommen war nahezu unmöglich. Vor dem Hörsaal drängte sich die

Menge. Mayer brachte einen völlig anderen Redestil in die Leipziger Uni ein – die ideologischen Rituale des marxistisch-leninistischen Lehrkörpers waren, verglichen mit Mayers freier Rede, dogmatische Trockenkurse. Er sprach frei, fließend. Seine Rede war angefüllt mit uns unbekanntem Gedankenreichtum. Wir waren fasziniert. Wir alle, die zu Mayer gingen, was unter den Führungskadern der SED bereits als unfreundlicher Akt registriert wurde – so wie später Besuche bei Ernst Bloch –, wurden von der Partei als Abweichler registriert. Mayer war meine intellektuelle Blutgruppe. Und Mayer spürte, daß ich aus dem Dogmen-Kerker der stalinistischen Denke raus wollte.

Das Wichtigste, was mir Mayer so ganz nebenbei »mal zum Reingucken gab«, war ein Büchlein von Victor Klemperer, der damals auch an der Uni lehrte. Klemperer hatte eine Studie namens LTI über die Sprache des Dritten Reiches geschrieben: *Lingua Tertii Imperii.* Das Buch wurde, kaum erschienen, von den SED-Zensoren kassiert (1975 bei Röderberg in Frankfurt am Main wieder aufgelegt).

Die *LTI*-Lektüre ließ erste Zweifel am Marxismus aufkeimen. Klemperers Analyse schreckte mich hoch, weil die Sprache der SED exakt die Sprache der Nazis war.

DIE SUBSTANTIVE dominieren: Partei. Marxismus. Die systematische Anhäufung von Substantiven erstarrt die Sprache. Hauptwörter verbinden sich zu denktötender Koop mit Parteikürzeln wie SED, FDGB, FDJ, KPdSU (B) – das nervtötendste Kürzel. Wir mußten in Seminaren beim Zitieren die Klammer mitsprechen, etwa so: »Die ruhmreiche KPdSU in Klammern B«.

B stand für Bolschewiki, als das Gute, M für Menschewiki, also das Böse.

DER DOPPELTE GENETIV feierte wahre Triumphe. Etwa so: »Genossen, das ist die Frage des Kollektivs der Freunde des Fortschritts der Weltfriedensbewegung . . .«

VERBEN wurden von der SED-Spreche und -Schreibe ausgetrieben. Die verbalen Zuchtmeister des Stalinismus wußten oder ahnten, daß Verben für Bewegung stehen, für Veränderung, Nachdenken. Also verbannten sie zunehmend das Verb aus ihrer Sprache, die immer mehr zum substantivierten Prägeeisen für die vermittelten Dogmen verkam. An der Gewifa las man nicht Marx oder Engels, sondern die MEGA (Marx-Engels Gesamtausgabe). Klemperer suggerierte das augenfällige Sprach-Gleichnis zwischen NSDAP und SED, HJ und FDJ. Und, vor allem, Klemperer stellte bloß, was sich hinter der NS- und SED-Semantik versteckt: die totale Sinnumkehrung. Zum Beispiel SED. Die SED war nie sozialistisch. Nie für die Einheit. Und von Deutschland wollte sie schon gar nichts wissen. Die SED war immer ein bedingungsloser Erfüllungsgehilfe des KGB – sonst nichts.

Der FDGB war nie frei, nie deutsch, und von Gewerkschaft konnte bei diesem Arbeiter-Unterdrückungsverein der SED nicht einmal im Ansatz die Rede sein.

Die FDJ war nie frei, nie deutsch, von Jugend keine Rede, da sie von früh vergreisten SED-Bonzen geleitet wurde.

Die DDR war nie deutsch, nie demokratisch, nie Republik.

Die NVA war nie national, nie Armee des Volkes – und als Armee war sie ein technologisch verkümmerter Wurmfortsatz der Sowjetarmee, die den roten Preußen nie traute.

Wenn die DDR von Frieden sprach, meinte sie Krieg. Wenn die SED Fortschritt feierte, war das Gegenteil der Fall: Niedergang.

Die SED fühlte sich daher von der *LTI* durchschaut und verbot das Werk.

*LTI* drehte meinen Sinn erstmals aus der marxistisch-leninistischen Einbahndenke. Ich machte eine erste Kehrtwendung.

Hans Mayer bestätigte und bestärkte mich bei meinen zahllosen Besuchen in der Leipziger Tschaikowskystraße 26, wo »Wittib Klopfers« Küchenkabinett den Einsiedler Mayer vor den Unbilden des Mauer-und-Murks-Staates bewahrte.

»An der Sprache«, so Mayer, »erkennst du sie.«

1970. Nach Zuchthaus im sächsischen Waldheim und Flucht in den Westen war mir Klemperers *LTI* hilfreich beim Erkennen von linken Dogmatikern. In den zehn Jahren, in denen ich für die *Frankfurter Rundschau* schrieb (fünftausend Artikel), wußte ich immer, mit welchen Redakteuren ich reden konnte, mit welchen nicht. Da ich mit dem Kommunismus abgeschlossen, aber diesen als Insider erlebt und erlernt hatte, konnte ich mit der *LTI*-Sonde sofort spüren, aha, der Schütte, Feuilleton-Doktrinär der *FR*, ist Dogmatiker. Ihm ging ich, solange es ging, aus dem Weg. Karl-Hermann Flach, ehemals FDP-General und danach *FR*-Chef, war das Gegenteil – er hielt, solange er lebte, seine Hand über mich, denn die *FR*-Dogmatiker um Schütte erkannten instinktiv, daß ich keiner von ihnen war. Leider starb Flach mit dreiundvierzig Jahren viel zu früh.

Fazit: Klemperer befähigte mich, Etikettenschwindler auszumachen, was diese mir nie verziehen.

1978. In diesem Jahr brach ich mit der *FR*, weil sie einen Artikel von mir über die DDR (!) nicht brachte. Begründung: »Kritik an der DDR ist nicht ›in‹.« Seither wurde ich von allen Linksmedien von *ARD* bis zur *Zeit* regelrecht ausgesperrt. Mich faszinierte die komplexe und komplette Perfektion, mit der mich der linke Medienverbund ausstieß – es war wieder fast so wie drüben.

## *War die DDR ein KZ?*

SONNTAG, 7. JANUAR 1990. Felix Schmidt, ehemals Kulturchef des *Spiegel*, Programmdirektor des *SWF*, Chefredakteur des *stern*, der *Hörzu*, schließlich Fernsehproduzent in München – also ein mit allen Medienwassern getaufter Allroundjournalist, dieser Felix Schmidt hatte mich eingeladen, beim Start der *SAT 1-Show Talk im Turm* mitzuwirken, alldieweil ein »Überraschungsgast« zu erwarten sei, den ich am 1. November in *Bild* unter der Schlagzeile abgefeiert hatte: »Honeckers größter Lügner gefeuert.« Ich kommentierte den letzten Auftritt »Sudel-Edes« am 30. Oktober im Schwarzen Kanal des DDR-Fernsehens so: »Zehn Millionen ›Ede‹-Geschädigte genossen drüben live den elektronischen Exitus des roten Lügenbarons.« Jetzt sollte ich mit diesem unerträglichsten aller SEDisten in *SAT 1* diskutieren. Sollte ich das? Wollte ich das? Und wenn ja, könnte ich diesem Mann die Hand geben? Ich sagte zu. Eine Stunde vor der Sendung saß ich mit

Otto Schily im Bonner *Maritim.* Ich gab Schily die erste Schnitzler-Kolumne aus *Titanic,* die der »Neuzugang der SPD« *(Welt)* mit Schmunzeln las. Hinter mir stand plötzlich Heidi Schüller, »die Sprechstunden-Hilfe mit der irreführenden Denkerstirn« *(Spiegel),* und gurrte verheißungsvoll: »Darf ich Ihnen Reginald Rudorf vorstellen?« Ich stand auf, drehte mich um und hatte unversehens die schlappe Hand des Altstalinisten von Schnitzler in der meinen. Trost bei dieser ekligen Handreichung war Otto Schily, der den gelernten Bauchredner Honeckers notgedrungen ebenfalls per Handschlag begrüßte. Schnitzler, der mir wie ein verwaschener Geschwätzreisender vorkam, versuchte sich offensichtlich durch munteres Anplaudern über die anstehende Peinlichkeit seines ersten Live-Auftritts im Westfernsehen hinwegzureden. »Sie sind ja auch Skifahrer«, wandte er sich fraternisierend an Schily, der aber abwinkte und Schnitzler mit der Abfuhr bedachte: »Ich fahre nie Ski.« Danach stellte Schnitzler seine Frau vor, eine angestrengt auf spätbürgerlich layoutete Dame mit Kroko-Handtasche, die, wie sich dann herausstellte, einfach nicht verstehen konnte, daß ihr Mann in der anschließenden Talk-Show kein gutes Wort zu hören bekam.

Frau von Schnitzler war anzumerken, daß sie im Ostberliner-Schnitzler-Domizilium am Zeuthener See geistig ghettoisiert war. Sie hatte die Zeitläufe, so wie sie waren, nie mitbekommen.

Auch von Schnitzler war diese ideologische Selbstisolation anzumerken: Er war in keiner Sekunde befähigt (und daher auch nicht bereit), über den Schatten des marxomanischen Dogmas zu springen – er sprach, obschon längst aus der SED verbannt, weiter von »meiner Partei«. Er war, dies nebenbei, weder geistreich noch witzig, sondern alles in allem intellektuelle Holzklasse – unbegreiflich, daß ein solcher Secondhändler der DDR-Goebbels wurde.

Der Talk mit dem unsäglich unbedeutenden de Maizière, dem alerten Schily, dem sympathischen Umweltminister Töpfer, dem der vergebliche saarländische Wahlstreß anzumerken war, wurde von der überforderten Frau Schüller mit dem Anmerken eröffnet, daß Herr von Schnitzler: der »Überraschungsgast« sei. Die Schüller zu Schnitzler. »Willkommen beim Klassenfeind.«

Die Überraschung war gelungen – alles pfiff und buhte im *Maritim.* Lothar de Maizière, so Frau Schüller, wolle aber nicht mit dem Mann in einer Show auftreten. Maizière befand sich schon auf Wahlkampfkurs. Töpfer fragte mich, ob er denn bleiben könne. Ich riet ihm dazu.

Ich hatte beschlossen, Schnitzler ausreden zu lassen, mit ihm sachlich zu debattieren, wenn er wenigstens so etwas wie einen Ansatz von Selbstkritik und vielleicht sogar einen Hauch von jener Bereitschaft erkennen ließe, sich mit der allenthalben entbrannten Kritik an seiner ideologischen Zuhälterrolle auseinanderzusetzen.

Davon war keine Rede. Der Mann gab sich von der ersten Silbe an so selbstgerecht und so unbelehrbar, daß ich von meiner Bereitschaft, mit ihm sachlich zu reden, abkam. Als Schnitzler sagte, er sei gewissermaßen der erste, der die Zustände in der DDR kritisiert habe, war ich entschlossen, den Ober-Agitpropler frontal anzugehen, was mir anderntags in einer Berliner Zeitung den Titel eines »Vergeltungsexperten« einbrachte. Vergeltung lag mir fern. Ich wollte lediglich von diesem Augenblick an Schnitzler kein argumentatives Pardon einräumen. Aber geschenkt.

Denn dann kam in den Talk ein Dreh, der um ein Haar die Front gegen Schnitzler, die von Schily bis zu Töpfer wie eine Eins stand – und besser war als Maizières Flucht –, durchbrochen hätte. Ich bezeichnete die DDR als KZ – und schon war Schily da und verbat sich diesen Vergleich. Ich erkannte Schilys Absicht und revozierte sofort. Wir hätten mitten in der Abrechnung mit Schnitzler einen zweiten Kriegsschauplatz eröffnet. Ich sagte Schily, daß KZ als pures Vernichtungssystem wie in Auschwitz natürlich nicht auf die DDR zutrifft. Schily akzeptierte. Wir einigten uns auf die »DDR als Gefängnis«. Die Front gegen Schnitzler stand wieder. Aber ich war mit Schily nicht einverstanden.

Tags darauf bot mir eine Berliner Zeitung an, Schily zu widersprechen und zu erklären, warum ich die DDR ein KZ genannt habe. Ich habe abgelehnt – Schily ist ein kluger Mann. Der einstige Edel-Grüne unterliegt einer sukzessiven, aber konsequenten Rechtsverschiebung. Bei seinem langen Weg von links außen über das sozialdemokratische Rosarot bis zur konservativen Mitte, wo er, tausend zu eins, einst landen wird, braucht Schily kaum Hilfe von draußen, da seine intellektuelle Innenausstattung bestens ist. Er wird das selbst sehen.

Natürlich war ich nahe daran, in dem Talk Otto Schily ein paar Beispiele aus meiner Haft in Waldheim zu bieten – etwa über das Erwürgen von sechsundzwanzig Häftlingen im Keller der »Bremen« in der Nacht vom 3. zum 4. November 1950. Damals erdrosselten Vopo-Offiziere ihre Opfer mit Drahtschlingen. Die vorangegangenen Waldheimer Prozesse veranlaßten Thomas Mann 1951 dazu, an Walter Ulbricht einen 228 Zeilen umfassenden Brief zu schreiben, in dem Thomas Mann der DDR eine KZ-Mentalität attestierte und ihr vorhielt, »ganz im wildesten Stil des Nazismus und seiner ›Volksgeschichte‹, ganz im Stil jenes zur Hölle gefahrenen Roland Freisler, der genau seine Zuchthaus- und Todessprüche verhängte«, zu verfahren. Alfred Kantorowicz veröffentlichte diesen Brief Manns acht Jahre nach dessen Tod – in der *Welt* vom 15. Juni 1963. Am 15. März 1954 wurden durch Beschluß des Westberliner Kammergerichts die Waldheimer Urteile als »absolut und unheilbar nichtig« erklärt. Das Kammergericht sprach in diesem Zusammenhang ausdrücklich von »den verschiedenen Konzentrationslagern« in der DDR. Karl Wilhelm Fricke dokumentiert in seinem Standardwerk *Politik und Justiz in der DDR* (Verlag Wissenschaft und Politik, Köln 1979) allein achtzehntausend Todesopfer im KZ Bautzen (a.a.O. S. 540) – die *Welt* berichtete am 16. Februar '90 in zwei Leserzuschriften von hundertfünfundachtzigtausend Insassen in den KZs von Fünfeichen über Torgau, Bautzen, Buchenwald und Sachsenhausen.
Sicher: Selbst der spätere DDR-Generalstaatsanwalt Streit distanzierte sich von den Waldheimer Prozessen – aber das Einmauern eines ganzen Volkes, die Bewachung und Peinigung durch zweihunderttausend Stasi-Spitzel, Bluthunde, Todesschußanlagen, Schießbefehl, Zuchthäuser wie Brandenburg und Hoheneck machten die DDR gottlob nicht zu einem zweiten Auschwitz, aber zu einem monströsen KZ, das keinen Vergleich mit einem schlichten Gefängnis, wie Schily es wollte, aushält.

## *Stasi in Taxen*

Cornelia Gerstenmaier schüttet in *kontinent* (Heft 1/90, S. 1 ff.) Fakten im Dutzend aus:

Der Komsomol verlor zehn Mio. Mitglieder. Im Herbst '89 lagen wochenlang fünfunddreißigtausend Waggons mit Lebensmitteln allein im Gebiet Moskaus fest. Nach dem Pipeline-Crash im Ural ging die Erdgasversorgung der UdSSR um zwanzig Prozent zurück. Rentner haben in der UdSSR sechzig Rubel im Monat – *zum Betteln zu wenig*. Sie zitiert Milovan Djilas, den großen alten Mann Jugoslawiens, was er Gorbi zu sagen hätte.

Djilas: »Ich würde ihm raten, sich von den leninistischen Illusionen zu befreien, von der illusorischen Vorstellung darüber, daß die sowjetische Gesellschaft eine sozialistische sei und daß man eine solche Gesellschaft retten könne, daß eine solche Rettung sich überhaupt lohne.« *Gorbi schafft das nicht.*

Monika Zimmermann berichtete am 13. Januar in der *FAZ*, daß die Stasi zweihundert Ex-Agenten in die Ostberliner Taxibetriebe schmuggeln wollte, mit sechshundert Mark mehr Gehalt als die gestandenen Fahrer. Deswegen kam es vor der Volkskammer zum Hupstreik der stasifreien Taxifahrer.

Allein in Ost-Berlin gab es sechs Stasi-Abhörzentralen, von denen aus jedermann in der »Hauptstadt der DDR« belauscht werden konnte.

Gegen die Volkszählung mobilisierten Literaten & Linke – zum Stasi-Lausch-Angriff schwiegen sie, obschon jedermann im linken Spektrum der Bundesrepublik durchaus wußte, daß in der DDR alles und alle flächendeckend observiert, bespitzelt, denunziert und unter Druck gesetzt worden waren. In der DDR war es eben normal und geduldet, weil der Aufbau des Sozialismus eben auch »einige persönliche Opfer erfordere« (O-Ton Hermlin) und »die Staatssicherheit im Interesse des werktätigen Volkes« (O-Ton Kant) die komplette Behorchung des Landes »durchführen« mußte, um das Volk vor den »Kräften des Bonner Spätimperialismus zu schützen« (*Die Freiheit*, Parteiorgan der SED-Halle).

## *Nie unter minus fünfzehn*

Zwischenbemerkung. Zitat von Rolf Schneider: »Am Abend des 8. November 1989 verlas die DDR-Schriftstellerin Christa Wolf im Programm des DDR-Fernsehens eine Erklärung. Darin forderte sie fluchtwillige Landsleute zum Bleiben auf, indem sie ihnen für die Zukunft ›ein interessantes Leben‹ versprach. Kennzeichen der SED, der die Autorin vor mehr als drei Jahrzehnten beitrat, war es immer, daß sie Versprechen abgab, die sich nicht halten ließen.« Rolf Schneider veröffentlichte am 26. Januar '90 im *FAZ-Magazin* sieben Seiten Tagebuchnotizen zum politische Erdrutsch in der DDR unter dem Titel: »*Wann blühen die Steine?*«

Gedanken eines Schriftstellers, die wir mit Bedacht und Besinnen zur Kenntnis nehmen sollten. Schneider bewertet kaum, sondern berichtet, investigativ auf Facts versessen, was ihn von jener literarischen Cliqueria unterscheidet, die bislang jeden als kalten Krieger zusammenkläffte, der es wagte, jener insgeheim geliebten DDR zu nahe zu treten. Denn diese DDR verstand sich in gewissen linksdrehenden Kreisen hierzulande, die sich manisch mit kreativen Könnern verwechseln, nicht nur als Stasi-Land mit Direktaufträgen, sondern auch als Subventions-Oase für Talentlosigkeit, wenn nur die politische Aussage links von der Wahrheit stimmte. Eine Subvention übrigens, die nicht allein sozialistischen Heldentenören und publizistischen Rotlichtstrahlern galt, sondern auch literarischen Fernlenkwesen, die jede Gelegenheit nutzten, die DDR als das im Grunde bessere Deutschland zu preisen – »weil arm, aber ehrlich«, wie Böll einmal sagte.

Am 28. Mai 1990 arrangierte das *ZDF* seine alljährlich zelebrierten *»Mainzer Tage der Fernsehkritik«*, eine Versammlung von Hofkritikern, Apologeten des öffentlich-rechtlichen Gebührenmonopols und der gelernten Selbstdarsteller des Massenmediums. Diesmal, im Frühsommer des denkwürdigen Jahres 1990, ging es um die dramatischen Veränderungen in Osteuropa, vor allem in der DDR.

Mit keiner Silbe wurde dabei jener *ZDF*ler erwähnt, der – oft als einziger – über Jahrzehnte die häßliche Wirklichkeit in der DDR beim Namen nannte. Gerhard Löwenthal.

Der Intendant des *ZDF*, Dieter Stolte, nachdrücklich daran erinnert, daß es doch eigentlich zwingend seiner Sorgfaltspflicht obliege, an diese journalistische Unbestechlichkeit des im linken Gruselchor einstimmig als »kalter Krieger« *(Hessischer Rundfunk)* verschrienen Löwenthals zu erinnern, diesem sich als liberal gerierenden Stolte kam offenbar aus lauter kleiner Angst vor der linken Hausmafia keine Silbe über die Lippe, um an Gerhard Löwenthals publizistische Unbeirrbarkeit zu erinnern – er hätte Löwenthal ja nicht mal zu loben gehabt. Auch ich habe vor dem DDR-Crash Löwenthal nie lauthals gepriesen, weil ich seiner Leichenbittermiene und Essigsaure-Tonerde-Rede wenig abgewann. Nur: Löwenthal hat verdammt recht gehabt. Und da muß doch zumindest sein Intendant ein Wort finden. Er fand nichts. Dafür aber setzte das *ZDF* den ebenso ausgebrannten wie bedauernswerten Altkommunisten Walter Janka in Szene, der das Medien-Meeting dazu benutzte, nochmals die gesammelten Irrtümer des angeblich so braven Ursozialmus aufzustoßen.

In einer Hinterzimmerrunde am 22. Januar 1990, irgendwo in Hamburg, zog ich mir den Tadel eines ebenso beredten wie beherzten Mannes zu, als ich zu bedenken gab, daß die SED verboten werden sollte. Was diese Partei, Gang wäre die treffende Bezeichnung, vierzig Jahre lang drüben zelebriert hat, war die Fortsetzung der NSDAP. Man hatte die Vernichtungsformel RASSE lediglich durch den Totschlagbegriff KLASSE ersetzt.

»Unsinn«, sagte mein Freund.

Acht Tage später lese ich im *ND*, daß der Magdeburger Parteichef die dringende Auflösung der SED gefordert hat. Seine Begründung: »Die SED war kriminell und kaum von den Nazis zu unterscheiden.«

Gefragt, was denn die umwerfendste Neben-News der Ostwende war, fiel mir ein: Ceauçescu befahl den Metereologen, Temperatur-Meßwerte in Funk + TV zu fälschen. Unter minus fünfzehn durfte nichts gemeldet werden, damit im frierenden

Rumänien niemand fror und somit Kohle brauchte. Ob die Walter Jankas sich über die unauslotbaren Abgründe des Zynismus je gesorgt haben? Sie können es nicht, da ihnen eine mörderische Ideologie den Blick auf jede Realität verstellt. Lebenslänglich.

## *Häscher + Honey*

19. Februar 1990. Erstaunlich: Ingmar Wagner, Mitglied des ZK der dänischen Kommunisten, hat in einem *ADN*-Gespräch Erich Honecker angeboten, in seinem Haus bei Præstø seinen Lebensabend zu verbringen. Erstaunlich, weil in der DDR Honeckers Büttel, rote Staatsanwälte, sich dabei überschlagen, ihren gestürzten Parteichef vor den Kadi zu zerren. Man darf dabei zwei Zahlen in Erinnerung rufen, die in etwa zeigen, welche Art von Justiz an Honecker zelebriert werden soll:

1. Fünfundneunzig Prozent aller DDR-Richter waren Mitglied der SED, also gelernte Honeckers.
2. Achtundneunzig Prozent aller Staatsanwälte der DDR waren Mitglied der SED, also Honeckers gelernte Häscher.

Es gehört zur Methode zusammenbrechender Despotien, daß die Henkersknechte des Despoten den großen Stellvertreterkrieg gegen ihre einstigen Herren anzetteln, um von sich abzulenken.

Ost-Berlins Pastor Uwe Holmer, der Honecker bei sich privat in Lobetal aufnahm, erklärte sich über den Haß bestürzt, mit dem der todkranke Ex-Diktator der DDR in seiner Bleibe verfolgt wurde.

Daniel Cohn-Bendit hat wohl recht, wenn er diese Rachegelüste als schlimme Begleiterscheinung bei revolutionären Prozessen beschreibt. Er meint, am besten wäre es, diese bösen alten Männer wie Deng, Honey und Castro auf eine Pazifikinsel abzuschieben und sie dort in Ruhe sterben zu lassen.

Bendit lernt: Er rechnet auch Castro zu den bösen Männern. Datum dieser Erkenntnis: 31. Januar 1990 in der *taz*.

Nur: Was sagt Cohn-Bendit zur DDR als Unterschlupf der Terroristen? Ist Honecker noch der arme alte Mann, der trotz der Verwüstung von siebzehn Millionen DDR-Leben Anspruch auf Generalpardon ob seines Generalirrtums hat?

Bendit schweigt dazu.

In Leipzig sind allein in Februar 1990 zwei Dutzend Staatsanwälte damit beschäftigt, ihren ehemaligen SED-Genossen in Leipzig Prozesse wegen »Amtsmißbrauchs« anzuhängen. Die Scharlatanerie ist offensichtlich.

Denn wenn es in der DDR eine Kaste gab, die den »Amtsmißbrauch«, der im DDR-»Recht« übrigens gar nicht vorkommt, erfunden, begünstigt und ausgeübt hat, dann die stalinistischen Schüler der »Roten Hilde«. Diese Richter und Staatsanwälte sind wohl das schlimmste Kapitel der DDR, weil sie sich als Werkzeuge des Stasi-Terrors haben mißbrauchen lassen. Es spricht gegen die moralische Qualtität des DDR-Ministerpräsidenten de Maizière, daß er eine politisch kriminalisierte Figur wie Ulbrichts Justizminister Wünsche als Justizminister der demokratisch gewandelten Übergangs-DDR in sein Kabinett nahm.

9. Februar '90. Peter Glotz. Noch vor ein paar Tagen hatte ihm die ehemalige »Mona Lisa« des *ZDF*, Petra Gerster, Saures in der Thalk-Show *Life* gegeben, als Glotz versuchte, mit Parolen aus der Agitpropkiste der SED die Deutschland-Fans unter Vorgestrigkeit und Chauvinismus abzuhaken. Die Gerster war gnadenlos. Glotz erlebte erstmals einen Knockout am Schirm. Auf dieses ebenso vollweibliche wie topinformierte Temperament war er nicht vorbereitet. Ich habe die Gerster still vor mich hin und her geheiratet.

Zehn Tage später hat die *FAZ* für Glotz einen fünfspaltigen Seitenaufmacher freigemacht. Titel: *Warum wir eine Nation sind.* Peter Glotz knöpfte sich, leicht hochmögend, Karl-Heinz Bohrer vor, der am 13. Januar in der *FAZ*-Beilage *Bilder und Zeiten* eine ungemein gescheite Betrachtung unter dem herausfordernden Titel *Warum wir keine Nation sind* angestellt hatte. Bohrer balancierte die Über- mit der Unterzeile aus: »Warum wir eine werden sollten.«

Glotz fühlte sich durch die glänzende Analyse des liberalistischen Widerparts provoziert, alldieweil Bohrer jene unheimlich heimliche Liebe der deutschen Linken und Literaten zur DDR mit wenigen Strichen bis aufs Hemd auszog: die DDR »als quasi utopisches Regulativ der eigentlich ›bösen‹, weil kapitalistischen Bundesrepublik«. Glotz versucht mit Fichte und Heine die mittlerweile zerbrochene SPD-Front gegen die deutsche Einheit gleichsam postum zu rechtfertigen. Das mißriet ihm ebenso gründlich wie Bohrer leider dann auch zum Schluß seines *FAZ*-Reports das Finale seiner Gedankengänge.

Aber Glotz unterläuft dabei ein böses Stück Geschichtsklitterung. Glotz: »Es ist ja selbstverständlich, daß es den Konservativen weh tut, daß die offene Opposition gegen den ›realen Sozialismus‹ der DDR eher von den Linken kam.«

Nein, Peter Glotz, dieser Taschenspielertrick zieht nicht. Wahrheit ist: Die Stasi jagte die Konservativen und Liberalen – wie die Linken – zu Zehntausenden in die Zuchthäuser. Ich war dabei, lieber Peter Glotz, so wie Günther Zehm oder Erich Loest. Im Widerstand gegen den Stasi-Staat gibt es keine Aufrechnung, wer mehr dagegen war. Alle Demokraten waren es.

## *»Kommt die D-Mark, bleiben wir. Kommt sie nicht, gehn wir zu ihr.«*

13. Februar. Diese Parole war am Leipziger Montag die verkürzte Kundgebung dessen, was die Bürger drüben dachten. Herr Modrow, wegen der Dresdner Bahnhofsereignisse Ende Oktober schwer angeschlagen, kann nicht ernsthaft geglaubt haben, daß Bonn ihm vor den Wahlen auch nur einen Pfennig gibt. Das Ergebnis der ersten halbwegs freien Wahlen der DDR am 18. März wird die Mobilisierung Mark gegen Marx sein.

Die Lehrer in der DDR rufen nach Landkarten. O-Ton-Ost-Pädagoge: »Unsere Schüler wissen über die Bundesrepublik ebensowenig wie über den Südpol.« Warum haben diese Lehrer diese Bitte nicht früher erhoben? Weil sie Mitglied der SED waren!

Egon Bahr, DDR-Anbiederungsexperte der SPD, macht jetzt die Bundesrepublik in Ostblättern schlecht. In der *Jungen Welt* vom 13. Februar erklärt Bahr: »Wir haben in der Bundesrepublik eine Gesellschaft der Oberflächlichkeit.« Und an die FDJ-Genossen gerichtet, fährt Bahr fort: »Ich wünsche mir, daß die Menschlichkeit hier euch erhalten bleibt und auf uns vielleicht überschwappt.«

Welche Menschlichkeit meint Bahr: Waldheim, Hoheneck, Bautzen, Wandlitz, Jagdhaus, Verfall, Stasi, Zensur, Folter?

Apropos Folter. In einem DDR-Lexikon steht unter Folter: »Nur noch im Kapitalismus übliche Anwendung von Gewalt zur Erpressung von Geständnissen.«

Schnitt: Der KGB gibt am 13. 2. '90 bekannt, daß von den Millionen KGB-Opfern gleichsam nur 786 098 erschossen wurden. Wer so mörderisch genau registriert, hat immer alles gewußt – auch Hans Modrow, der Biedermann mit der politischen Brandstiftervergangenheit, hat immer alles gewußt. Mit Modrow inszenierte der zynische Taktiker Gysi das arme, aber ehrliche DDR-Gesicht als letzten Vorhang über Deutschlands dunkelste Nachkriegsgeschichte.

## *Ein Sonntag mit Egon Krenz*

20. Oktober 1989. Am Tag nach der Inthronisierung von Egon Krenz als Nachfolger des gestürzten Honecker begann ich in *Bild* ein Porträt des neuen Generalsekretärs mit dem Satz: »Spätabends, wenn Karl Marx geht und Johnny Walker kommt, beginnt der Lenz für Egon Krenz.«

4. Februar 1990. Sechzehn Wochen später. Ich sitze, kaum glaubhaft, mit Egon Krenz in Hamburgs Edelpinte, dem Fischereihafen-Restaurant, bei Labskaus und Weißwein.

Ich frage den Vierundvierzig-Tage-Generalsekretär und letzten DDR-Staatsratsvorsitzenden, ob er denn nun wirklich nichts von der Diktatur seiner Partei, den Zuchthäusern, dem Schießbefehl zurückzunehmen habe, ob er wirklich nichts vom Verfall der Städte, der Verwahrlosung der Betriebe, der Verdreckung der Luft gewußt habe – die Terroristen flogen erst vier Monate später als kriminelle Konterbande des Politbüros auf. Eva Kohlrusch, sie ist beim Gespräch dabei, hakt mit Fragen nach, die sich aus dem Erleben während ihrer DDR-Rundreise taufrisch ergaben. Eva: »Der Zustand der DDR hat mich tief erschüttert.« Krenz hört genau zu und weicht nicht aus: »Ich habe viel zurückzunehmen. Ich bin mir klar darüber geworden, daß ich in das Regime verstrickt war und bin. Darüber werde ich nachdenken, berichten, schreiben. Ich werde dafür zur Verantwortung gezogen – nicht von Gerichten, aber von den Menschen. Was den zweiten Teil der Frage betrifft: Ich habe die Verwahrlosung der Produktion und der Städte nie mitgekriegt. Gemeinsam mit meiner Frau habe ich Ende letzten Jahres den Dokumentarfilm des DDR-Fernsehens über Leipzig gesehen. Über den Verfall ganzer Stadtteile, über die Ruinen von Plagwitz, die Zustände in der Kanalisation, Gemüseversorgung. Ich war über den Bericht ebenso erregt wie verärgert und habe meiner Frau gesagt, es ist doch unglaublich, daß ausgerechnet unser eigenes Fernsehen Leipzig von seiner Schattenseite zeigt. In Leipzig gibt es ja auch Leistungen, die man vorzeigen kann. Warum diese Trümmer? So meine Reaktion damals.

Meine Frau war anderer Meinung und empfahl, ich sollte mir einen Blick vor Ort verschaffen. Ich flog also ohne Voranmeldung Ende November nach Leipzig. Kurz: Was der Film gezeigt hatte, war leider korrekt. Ich war entsetzt, ich hatte das nie zuvor gesehen, weil ich in Leipzig immer denselben Weg hatte: Flughafen. Hotel. Freundliche Genossen. Also Potemkin.«

Log Krenz nur kalt?

Ich bohrte weiter, ob er nicht irgendwann mit dem Zweifeln angefangen habe.

Krenz: »Wir alle hatten Zweifel. Ich glaube, selbst Honecker und Mittag. Wir haben diese Zweifel im Kollektiv und nach den üblichen Selbstbestätigungs-Ritualen im Politbüro verdrängt. So wie alle Führungsspitzen, die sich der Kontrolle entzogen haben und über Jahrzehnte durch die Bevormundung Moskaus entmündigt worden waren. Selbst die Außenpolitik bei uns wurde ja bis 1984 von Moskau gemacht. Wir haben nur nachgebetet. Mir wurde die Unhaltbarkeit der Lage schlagartig beim Begräbnis von Andropow bewußt, als ich dessen Nachfolger Tschernenko vor Altersschwäche zitternd am Grabe Andropows stehen sah. Mir war klar, daß neben den ideologischen Gründen und der Hegemonie Moskaus auch die Gerontokratie ein Problem war. Ich konnte mich mit Honecker über kritische Gesichtspunkte nicht unterhalten. Er wehrte sofort ab. Er war fast drei Jahrzehnte älter. Und wenn wir ihm sagten, daß doch da und dort nachgebessert werden müßte, dann verwies uns der alte Herr auf Kaisers Zeiten. Verglichen damit, so Honecker regelmäßig, hätten wir in der DDR doch tolle Fortschritte gemacht.«

Ich habe in den sechs Stunden mit Egon Krenz über China, Wahlfälschung und Leipzig gesprochen. Eine Frage interessierte mich vor allem: Wie kam es, daß Schabowski am 9. November zum Schluß der legendären Ostberliner Pressekonferenz über die Öffnung der Grenzen plötzlich einen Zettel aus der Tasche zog und wie nebenbei davon ablas, daß die DDR-Grenze ab sofort auf sei. Das klang so nebensächlich hingeworfen.

Krenz lacht: »Das war wirklich mehr als komisch. Wir hatten im neuen Politbüro beschlossen: aufmachen. Das alte ZK nahm den Beschluß ohne Widerspruch an. Die Regierung sollte also am 10. November bekanntgeben, daß am 10. November aufgemacht wird. Uns war allen klar, daß nur das Aufmachen den Strom der Flüchtlinge stoppen könnte. Daß wir uns auch darin gerirrt hatten, zeigte, wie gründlich der Vertrauensverlust war, den die Parteiführung im Lande erlitten hatte. Nun passierte das: Die von uns am 9. November vorbereitete Presseerklärung über die Grenzöffnung für den 10. November kam vorher in die Medien und wurde dort als News verlesen, so daß jedermann, der zuhörte, natürlich daraus schließen mußte: Die Grenzen sind schon am neunten auf. Und tatsächlich strömten die Leute zu Hunderten an die Grenze. Mielke rief mich an und sagte, an den Grenzen tut sich was. Ich beschloß: sofort aufmachen, nicht mehr zögern.

Also habe ich einen Boten zu Schabowski geschickt, eben mit der Nachricht, er sollte sofort sagen, die Grenze ist auf. Schabowski hat das ohne mit der Wimper zu zucken getan. Wie mechanisch. So war das.«

Alkohol, Frauen, Krankheiten? Krenz, ein Mann in den besten Jahren, sehr gepflegt, hochgewachsen, korrekt, aber nicht glatt angezogen, mit glasklaren Augen, straffer, sauberer Haut, ruhigen Händen, kurz: äußerlich das Gegenteil eines Alkoholikers, grinste zurück: »Die Quelle aller dieser gezielten Desinformationen kann nur im alten Politbüro gewesen sein. Die hatten dort einfach Angst vor mir, weil ich jünger war, und haben vielleicht diese Gerüchte in die Welt gesetzt.«

Ich fuhr mit Krenz zum Hotel, fragte, ob er nicht befürchten müsse, verhaftet zu werden, und ob es nicht besser sei, wenn er im Westen bliebe.

Krenz: »Nein, ich bleibe in der DDR. Ich will mich nicht der Verantwortung entziehen. Ich kann es auch gar nicht.« Viele fragten mich, nachdem sie anderntags, Montagmorgen, in *Bild* mein Interview mit Krenz gelesen hatten, ob denn ausgerechnet dieser Krenz glaubhaft sei.

Schwer zu sagen. Krenz wirkt sehr sympathisch. Sein »wieherndes Gebiß« erweist sich als fröhliches Lachen. Krenz wirkt wie ein atypischer Funktionär mit ausgesuchten Umgangsformen und offenem Blick. Er ist Jazzfan, fragte mich, ob ich seinen Sohn Karsten als Volontär unterbringen könne, falls Karsten drüben wegen des Namens Krenz keine Zukunftsaussichten habe – das schnelle Ende der DDR war noch nicht in sein Bewußtsein gedrungen.

Aber ob ich ihm glauben konnte? Kann Krenz der ganze Umfang der Stasi-Versklavung der DDR entgangen sein? Ich glaube, nein. Ich meine, daß Krenz auch von den Terroristen wußte, die Mielke in der DDR unterkriechen ließ. Es kann ihm ebensowenig entgangen sein wie seinem Begleiter Dr. Herger, der im ZK für Sicherheitsfragen mitverantwortlich war.

Daß die arme, aber ehrliche DDR, deren Honecker den Terrorismus mit dem beschwörenden Augenaufschlag des empörten Biedermanns weit von sich wies, daß diese DDR in den Terrorismus offenbar nicht nur verwickelt war, sondern ihn möglicherweise sogar förderte, macht die rosarote Kitschpostkarte vom honetten deutschen Sozialismus für immer zum Muster ohne Wert.

## *Landung auf dem Müllplaneten*

Samstag, 10. Februar '90. Punkt zehn Uhr morgens gebe ich meinen Paß dem DDR-Zöllner am Übergang Rottenbach nördlich von Coburg. Kurzer Grepoblick. Dann: »Gute Reise« – dreißig Jahre nach meiner Entlassung aus dem Zuchthaus Waldheim zurück. Komisches Gefühl.

Ich gebe zaghaft Gas. Lauert Vopo-Radar hinter Bäumen? Wann naht das erste Schlagloch?

Nichts. Keine Vopo. Kein Schlagloch. Erste Dörfer im Thüringer Wald. Wie verlassen. Schmucklos. Keine Geschäfte. Keine Antennen. Kinder, die scheu weggucken.

Fazinierend der Thüringer Wald. Wir fahren auf den Rennsteig zu, touristische Edelstrecke des vergessenen Gebirges. Ich glaub's kaum, Schnee. Auf der 861 Meter hohen Dürren Fichte bei Lauscha.

Zehn Minuten von Saalfeld winkt uns ein Mann auf den Parkplatz. Umwerfendes Panorama auf Thüringens Bergwelt. Deutschlands grüne Lunge von morgen. Auf dem Grill brutzeln Bratwürste. Jens und Inge, beide aus Gräfenthal, haben hier eine »Rast für Wessies« gezaubert. Was kostet eine Thüringer? »Wir dürfen nichts verkaufen.« Spenden, ja. Zwanzig Westwagen pro Stunde halten. »Gestiftet« wird »harte Mark«. Der clevere Jens kassiert am Tag fünfhundert D-Mark, wenn's schön ist wie heute. Erste Begegnung mit einem Kleinstunternehmer von morgen?

Die Sonne überstrahlt Saalfeld, Kreisstadt im »Bezirk« Gera. Dreißigtausend Einwohner. Maschinenfabriken. Kranbau. Über der Stadt ein Schleier. Morgennebel? Nix da! Was da grau in jeder DDR-Stadt schwelt, ist der Dreck aus tausendundeinem

Schornstein, der braune Qualm aus brüchigen Fabrikschloten, verrosteten Dampfkesseln und kaputten Autos.

Plötzlich waren wir mitten in dem, was die SED von Saalfeld, der »Perle Thüringens«, übriggelassen hat: Rost, Rauch, Dreck. Vor, neben, hinter jeder Fabrik, jeder Straße, jedem Schienenstrang, jedem Platz türmen sich Berge von Schutt, Müll, Abfall – unsere Grünen haben immer auf der falschen Seite krakeelt.

Mich beschleicht das Gefühl, vom fernen Oasien kommend auf dem Planeten Müll gelandet zu sein. Die nächsten Schocks in Rudolstadt, Kahla.

Jena – verfallen die alten Professoren-Villen gegenüber der alten Uni. Das Karl-Marx-Denkmal steht, aber mit der Sprayzeile »Proletarier aller Länder – vergebt mir«. Nichts ist schön in Jena.

Wir fahren weiter. Mammutfelder der LPGs, kollektiviertes, enteignetes, durch Monokulturen verdorrendes Land. Die LPG-Zentrale ist schon von weitem auszumachen: Ein Trümmerhaufen aus umgestürzten Traktoren, verrosteten Maschinen, zerfallenen Hütten – ein Bild des Jammers. Gewiß, wir haben später bei Meiningen auch tadellos betriebene LPGs gesehen.

Hinter uns Seltsames: ein blankgeputzter olivgrüner Jeep mit weißschwarzem Nummernschild. Und Menschen, die lachen. Rotarmisten. Wir haben viele von Gorbis Garde gesehen, unweit von Weimar bei Nohra, wo Hunderte von sowjetischen Kampfhubschraubern stehen. Als ich vor dreißig Jahren floh, sah der Iwan traurig aus. Heute spürt man ihm an, daß er sich als Hüter der neuen Freiheit fühlt. Der Iwan trägt einen Gorbi-Bonus zur Schau.

Weimar. Verfallene Häuser. Verkommenes Fachwerk, vor dem Einsturz. Die historischen Plätze durch Müll und Briketthalden verstellt. Leere Läden. Mief quillt durch Goethes Stadt. Gegenüber dem *Russischen Hof*, Ex-Absteige der Stasi, verteilen wir einen Stoß *Bild*-Zeitungen, den wir aus der Neu-Isenburger Druckerei bei Frankfurt mitgenommen hatten. Die Leute reißen sie uns aus der Hand.

Die vornehmen Villenviertel Weimars – verfallen. Zerklüftete Bürgersteige, verwilderte Vorgärten, zerborstene Straßen. Mein Begleiter Armin und ich suchen nach den gepriesenen DDR-

Kulturleistungen – vergebens. Auch das eine Lüge. Die SED hat die Altstädte gnadenlos verfallen lassen. Es hat ja auch niemand bemerkt. Die Korrespondenten von *ARD & ZDF* haben diesen Tatbestand weithin verschwiegen. Man fühlte sich unbeobachtet.

Weiter nach Erfurt. Wir sehen das Mahnmal von Buchenwald. Plötzlich fällt meinem Begleiter auf: »Die Chaussee-Bäume sind alle weg.« Tatsächlich. Sie sind weg. Wir fragen in Erfurt, warum: »Verwelkt, gestorben, gefällt.«

Erfurt, ich habe hier viele Jahre gewohnt. Mondlandschaft aus häßlichen Wohnburgen am Stadtrand und verfallener Abfall-Altstadt – Harlem in klein. Nur der Anger, die einstige Wohlstands-Zeile der City, zeigt Reste von Thüringens einstiger Bürgerstolz-Metropole. Zwischen geschlossenen Cafés und Restaurants ein bißchen Wahlkampf. CDU, SPD, Grüne, Neues Forum. Ein junger Mann bittet uns um einen Packen *Bild* im Tausch gegen Spartakus-Flugblätter. Politische Verwirrung ist »in«. Ein Vierzehnjähriger: »Keiner weiß, was er wählen soll. Wir gehen ja doch alle.« Als ich ins »renommierte« *Anger*-Café will: »Tut uns leid. Unser Objekt ist geschlossen. Wir haben keine Bedienung.« *Unser Objekt.* In jedem zweiten Schaufenster nahezu ein Schild: »Suchen Arbeitskräfte.«

O Gott, Gotha. Eine tote Stadt. Die Bergstraße nach Oberhof eine altersschwache Pflasterbeule. Zella-Mehlis. Die Robotron-Fabrik sieht aus wie nach einem Erdstoß. Es wird dunkel. Meiningen. Straßenbeleuchtung wie bei einer Verdunkelungsübung.

Den Grenzübergang orten wir mitten in dem finster dahindämmernden Thüringer Land nach einem fahlen Lichtschein über den Bergen.

Übergangslos hinter Henneberg dann gleißendes Licht. Ein DDR-Soldaten-Aufgebot, als stünden wir kurz vor dem nächsten Krieg. Schritt fahren. Die monströse Grenzanlage Eußenhausen, mitten vor der Hohen Rhön, stellt sich dar, als wäre hier das Ende der schönen roten DDR-Welt und drüben dann das böse Land der Revanchisten, vor der man die DDR schützen müsse.

Unser Wagen rollt durch die Sperranlagen des Irrwitzes. Bayerns vertrautes Wappen kommt in Sicht, ein Zollbeamter wünscht »Grüß Gott«.

## *Reisen in verwahrlostem Lande*

9. März 1990. Wir rollen mit dem Wagen gegen zehn Uhr zum zweiten Male am DDR-Grenzübergang Eußenhausen-Henneberg ein, zwölf Kilometer vor Meiningen gelegen. Diesmal in umgekehrter Richtung. Der Grepo-Offizier schaut auf unsere Antennen am Wagen und fragt, ob wir ein Funktelefon haben. Als ich bejahe, meint er: »Müssen Sie am Zoll anmelden.« Ich antworte: »Nein, ab heute nicht mehr. Das C-Telefon ist zur Leipziger Messe zugelassen.« Der DDR-Offizier stutzt, nickt und meint gequält lächelnd: »Die Presse zur Messe.« Und: »Euer Wagen sieht aus wie ein Militärfahrzeug.« So war es. Auf unserer Reise über Henneberg und Gotha nach Leipzig testen wir mit zwei Spezial-Antennen das B- und das C-Auto-Netz, die Empfangsmöglichkeiten für Mobilfunk in der DDR – mit ein paar Tricks geht es.

Gotha. Elf Uhr. Wir erreichen die Transit-Autobahn und fahren in Richtung Hermsdorfer Kreuz. Rechts und links der holprigen, alten Platten-Autobahn aus Hitlers Zeiten die endlosen Monokulturen der LPG-Zwangsneurose. Zur Linken gegen elf Uhr dreißig Jena, weithin geprägt durch häßliche Wohnblock-Ghettos.

Mercedes ante portas. Wir überholen dreißig nagelneue Mercedes-Wohnwagen mit Stuttgarter Kennzeichen, offenbar zur Leipziger Messe als Hotel-Ersatz für Mercedes-Manager aus der zweiten Etage gedacht. Hotels sind in der Messestadt restlos ausgebucht. Das Hermsdorfer Kreuz, einst vitaler Verkehrsknotenpunkt Mitteldeutschlands, schaut aus wie eine Straßenkreuzung dritter Ordnung in südamerikanischer Pampas-Einöde – die Hinweisschilder an den Ein- und Abfahrten verwaschen – oder es ist gar nichts beschildert. Ein Vopo-Wartburg kassiert einen Temposünder aus Düsseldorf ab, der gerade mit hundertfünfzig an uns vorbeigeprescht war.

Die Autobahn wird in Richtung Leipzig erbärmlicher. Die rechte Fahrspur durch Bodenwellen kaum befahrbar. Die beiden Gegenspuren der Autobahn großenteils gesperrt; sie werden auf die Überholspur unserer Seite geführt. Auf der Gegenbahn wird mit altem Gerät notdürftig geflickt – ich habe den Eindruck, daß diese Autobahn nicht erneuerbar ist. Auf den Hinweisschildern immer wieder in Versalien BERLIN – darunter die Zeile »Hauptstadt der DDR« und, ganz klein, kaum lesbar, »Leipzig«.

Siebzig Kilometer vor Leipzig rastet sich das C-Telefon ein. Die Bundespost hat offenbar eine C-Telefon-Großzelle auf dem Leipziger Hauptpostamt am Augustusplatz errichtet. Die Trabbi-Fahrer stutzen: Sind wir telefonierende Stasis? Die Verständigung mit Frankfurt und Hamburg ist tadellos – auch dann aus Leipzig. Die Abfahrt Leipzig–Merseburg: Ein verblichenes Schild weist darauf hin. Rechts und links stehen Leipziger Leute, junge Frauen, die private Wohnquartiere zur Messe anbieten oder »privaten Mittagstisch für Bundesbürger«. Die Einfahrt Leipzig durch den Westteil der Stadt wird zur Reise in die Erinnerung. Ich habe Leipzig einunddreißig Jahre nicht gesehen – bis zum 8. November 1989 galt ich als politischer Flüchtling und Staatsfeind. Nur langsam entdecke ich Merkpunkte, etwa den alten Fürstenhof; leicht angegammelt steht er noch am alten Fleck. Der wuchtige Bau des Hauptbahnhofes – wie einst im Mai, häßlich und imponierend zugleich. Wir parken am Brühl, dem einstigen Pelzzentrum Deutschlands – ich erinnere mich noch an die bärtigen Kaftanjuden vor der Reichskristallnacht, die hier für ein fast orientalisches Bazar-Gepräge sorgten. Kommt der Frankfurter Pelzhandel zum Brühl zurück? Es hat sich nichts getan in den dreißig Jahren. Die alten Geschäfte. Die Thomaskirche. Natürlich wird gerade eine Fuge gespielt.

Ich erinnere mich an einen üblen Schülerjux. 1943 im Krieg. Zusammen mit zwei Freunden, wir waren Gymnasiasten an der Thomasschule, haben wir uns ins Kirchenschiff geschlichen und vielleicht zwanzig kleine Orgelpfeifen aus dem Register gezogen, die wir dann auf der Straße an Freunde verschenkten. Das kam raus – wir erhielten alle den »Rat zum Abgehen«. Ehe wir rausflogen, wurde das altehrwürdige Gymnasium von Fliegerbomben getroffen und brannte aus.

Heute gegenüber der Thomaskirche ein Teehaus, zur Messe aufgemacht, die zwei Tage später beginnt. Die Auswahl ist groß, der Tee sehr gut. Die Halberstädter Würstchen schmecken mir. Aber es geht keine Stimmung im fast vollbesetzten Lokal um. Kein Klima, alles irgendwie gedrückt, man schaut uns verstohlen an. Wessies. Was wollen die. Wir gehen am *Thüringer Hof* vorbei – wie vor dreißig Jahren. Das Filmtheater *Capitol* wie vor dreißig Jahren, nicht einmal die Eingangstüren sind erneuert worden.

Diese Türen haben große Bedeutung für mich. Als Zwölfjähriger – ich streifte das ja schon kurz – wartete ich bis zum Schluß der Nachmittagsvorstellung im *Capitol*. Wenn dann die Besucher nach Filmende zu den alten Pforten auf die Nebengassen strömten, klemmte ich ein Streichholz ins Schloß, das dann nicht zuschnappen konnte. Wenn die zweite Nachmittagsvorstellung begonnen hatte, wartete ich bis zum Gong für den Hauptfilm. Hatte es gegongt, drückte ich die präparierte Türe auf und schlich mich ins Innere des *Capitol*.

Dort waren die Ranglogen nachmittags immer leer. Ich legte mich unter die Logensessel und sah all die großen Filme jener Zeit, die mir eigentlich verwehrt waren, da nichts von alledem jugendfrei war.

Diese Hintereingänge sahen so aus wie einst im Mai – und der Streichholztrick klappte auch nach einem halben Jahrhundert noch. Mein Gott, ist die Zeit in der DDR stehengeblieben. Von vorne, von der Petersstraße her, sah das Premierenkino der Messestadt mit seinen siebzehnhundert Plätzen so ramponiert aus, daß es im Westen nicht mal als Provinz-Lichtspiel durchgehen könnte.

Die Mädler-Passage ist vielleicht das einzige, was in der Innenstadt noch etwas vom Glanz der alten Tage hat. Aber schon die Auslagen der Geschäfte rufen den Erinnerungsuchenden in die Gegenwart zurück. Es sind nicht Auslagen, sondern Armutszeugnisse eines Sozialismus, der nur Sprüche machte und nie Werte schuf.

*Auerbachs Keller*, er hat mir nie gefallen, gefällt mir im Rückblick heute erst recht nicht. Die alten Messehäuser auf der Grimmaischen Straße – verwahrlost, »heruntergewirtschaftet und reparaturbedürftig«, wie Oehm heute in der *FAZ* schrieb. »Potemkin läßt allenthalben grüßen.« Und das auch nur bedingt. Denn ein Gang durchs Gewandhausviertel hinter dem ehemaligen Reichsgericht läßt auch Potemkin vergessen. Dort, wo einst das alte, wunderschöne Gewandhaus stand, ein Parkplatz voller Trabbis. Die Mozartstraße – heruntergekommen. Die Schwägrichenstraße mit Häßlichbauten verunschönt – nur die Nummer 15 ist renoviert. Das einzige Haus in Leipzig, das in Sandfarbe vom Keller bis zum First schön anzusehen ist – hier hatte die Stasi eine Luxusherberge, heute die Stadt ein Gästehaus. Der Zufall will's: Es war das Haus, in dem ich bis zu meiner Verhaftung und Flucht lebte. Aber schon holt die Realität den Spaziergänger in die triste Düsternis zurück: Leipzigs einstige Park Avenue, die Karl-Tauchnitz-Straße, einst Platz der Prachtvillen der Buch- und Messemetropole, eine Strecke des Jammers. Dort ein Wehrkreiskommando der NVA, da ein Psychologisches Institut der Karl-Marx-Universität – alles verfallen. Fresken bröckeln. Balkone notdürftig gestützt. Vor barocken Portalen Briketthalden. Wie die Leipziger SED den feinsten Teil der Stadt verkommen ließ, ist unfaßbar.

Vor der Staatsbank der DDR gegenüber dem vergrauten Breninkmeyer-Haus bieten uns Schwarzhändler Ostmark zum Kurs von eins zu vier an. Im Fußgängertunnel zum Königsplatz wird *Hörzu* verkauft. In der City sind die Bier-Container der bundesdeutschen Brau-Elite aufgezogen: Warsteiner, Würzburger Hofbräu. Wir fahren aus Leipzig heraus. Tschaikowskystraße. Hier wohnte mein Lehrer Hans Mayer. Hier tranken wir uns durch die Schnäpse der Volksdemokratien. Hier erfuhr Karl Marx seine Demontage vom Kopf her. Jetzt Schwamm in jedem Gemäuer.

Die »Reise durch die Volksdemokratien« startete mit Prager Sliwowitz; dann kam Budapester Kettenbrücken-Spiritus, polnischer Büffelgras-Wodka und so weiter. Funkenburgstraße, bevorzugtes Quartier der Leipziger Bourgeoisie – ein Trauerspiel des Verfalls.

Es ist sechzehn Uhr. Wir passieren die Vorstädte. Fabriken schließen. Aus verrosteten und verrotteten Fabrikanlagen strömen Arbeiter, die uns mit fremdem Blick vorbeirollen sehen – automobiles Metallicsilber an Grauemaus-Menschen. Wir haben ein schlechtes Gefühl – es ist nicht Neid oder Haß, der uns aus den Blicken entgegenschlägt, sondern vielleicht Verwunderung und Nachdenken darüber, ob der westliche Standard je nachgeholt werden kann. Dann wieder die »Autobahn«, die wir vor dem Hermsdorfer Kreuz wieder verlassen, um über Weißenfels nach Naumburg zu fahren – wir wollen den Dom sehen.

Naumburg – die Altstadt um den Dom ist regelrecht in Trümmer gelegt worden. Der Platz vor dem Dom sieht aus wie nach Artilleriebeschuß. Der Dom ist geschlossen. Die Tristesse der Trostlosigkeit ist komplett. Was hat die SED schon ein Dom interessiert.

Die Straße von Naumburg nach Weimar von Schlaglöchern übersät. Um uns herum qualmende Trabbis, schrottreife LPG-Wüsteneien – gegen zwanzig Uhr verlassen wir bei Henneberg die verwahrloste Republik.

Ich höre noch im Auto in den Nachrichten von einer Würzburger Kundgebung »Wider die nationale Besoffenheit«. Ich hatte während der Fahrt *Radio DDR* eingestellt. News vom »Ausverkauf der DDR« und »Billiglohnland DDR« und der »Kolonialisierung der DDR« wechselten sich ab mit Stimmen westlicher Zeitungen und Prominenzen, die sämtlich vor dem spätkapitalistischen Zugriff der westdeutschen Handkantengesellschaft warnten.

Ich frage mich nach den mittlerweile dreitausend Kilometern, die ich seit Februar kreuz und quer durch die DDR gefahren war, wer hier was von wem will? Wenn ich meine Gesprächspartner drüben richtig verstanden habe, dann wollen diese nach vierzig Jahren endlich so leben wie wir hier.

Ich frage mich, ob Bernd Engelmann jeglicher Realitätssinn verlorengegangen ist. Ich kann mir das Engelmann-Grass-Syndrom nur damit erklären, daß sie den gescheiterten Probelauf des Sozialismus wiederholen möchten, daß sie insgeheim das wollen, was die PDS offen will: alles noch mal von vorn, aber dann ganz echt sozialistisch. Das Volk in der DDR sollte sich am besten nochmals vierzig Jahre gedulden, bis dann die bessere SED den echten Sozialismus realisiert hat. Ich hörte dann gestern abend den entgeisterten Wolf Biermann bei Blacky Fuchsberger wieder – mir tun diese gespielten Weltschmerzsozis leid: Sie werden ihren heißgeliebten Sozialismus nie kriegen. In Meiningen sagte mir ein Jurist beim Bier in der *Wolfsschanze*, mitten in den Trümmern der Altstadt gelegen, die größte Schande in den vierzig Jahren DDR sei nicht die SED gewesen, sondern die Korrespondenten von *ARD* und *ZDF*, die über die Zustände der DDR einfach geschwiegen haben – bis auf einen. Lothar Loewe. »Wir haben in der DDR nie vergessen, daß Loewe den Mut hatte, den Bonzen ins Gesicht zu sagen, daß sie auf jeden, der das Land verlassen will . . ., wie auf Hasen schießen.«

Lothar Loewe. Jetzt begreife ich, warum die linke Medien-Mafia im *SFB* Loewe wie einen Hasen hetzte, bis er aus dem Intendantenamt gejagt war.

## *Die Pleite der Pleitgens*

SONNTAG, 18. MÄRZ. Sechzehn Uhr. Nach dreiunddreißig Jahren wieder in Ost-Berlin. Der Grepo am Übergang Heinestraße grinst verlegen, als er den Presseausweis sieht: »Ich muß alle Dokumente sehen.« Zu deutsch: den Paß. »Dokumente.« Ich bin im Osten. Letzte läppische Demo sogenannter DDR-Hoheit. Dann geht's von der Hoheit runter auf den Ostberliner Asphalt, der in Nebenstraßen so zerklüftet ist wie in Suhl oder Erfurt.

Die Leipziger Straße, Neubau-Slums der PDS-Privilegierten, protzt trotzig mit verschlissenen Spalter-Flaggen an Balkons. Hier wohnt sie also, die Resthefe des Stasi-Staates.

Der Taxifahrer, der uns ins Ostberliner Diplomatenviertel in der Kronenstraße karrt, auf die Frage, wer gewinnt: »Die SPD.« Und: »Ich bin ein CDU-Freak, aber viele kapieren nicht, um was es geht. Gewinnt die SPD, hauen noch mehr ab.« Um die Ecke, in der Otto-Nuschke-Straße, ein Stützpunkt dieser Unbelehrbaren: das DEFA-Dokumentationszentrum, die Fenster knallvoll mit PDS-Sprüchen. Kostprobe: »Ohne Vogel und Kohl, fühlen wir uns wohl.« Von diesem DEFA-Kritzel bis zum ehemaligen ZK-Bunker, der aussieht wie eine Reichskanzlei für Arme, sind es hundert Meter. Honecker und seine Komplizen hatten das perfekt gemacht: Rund um ihr Führerhauptquartier saß die Komparserie der Diktatur.

Heute abend hat die SED ihr letztes Häuflein aufgeboten – etwa fünfhundert der Verlorenen aus der Wandlitz-Generation, die zu Pop-Verschnitt aus RFT-Boxen rote Papierfähnchen schwenken, lagern vor dem ZK, dessen Fassade mit buntbemalten Plakaten verhangen ist, die musische Progressivität suggerieren sollen – darunter auch ein impressionistischer Gewaltakt mit dem Konterfei von Gysi.

Aber nichts karikiert das Ende des SED-Spuks mehr als die Auffahrt der internationalen Networks mit modernsten Satelliten-Systemen vor dem Palast der Republik gegenüber dem ZK – sie funken wenig später den Exitus des Stasi-Staates in den Äther.

Im Palast der Republik, Pompbau ohne Ästhetik. Drei Minuten vor neunzehn Uhr. Mit einer Crew von sechs Leuten stürmt CDU-General Volker Rühe ins *ZDF*-Wahlstudio. Zu den Journalisten kurz: »Spitze!« Fünf Meter weiter im Gewühl wie zwei begossene Pudel: *ARD*-Hauptmann Kelm und sein Chefredakteur von Sternburg. Dieser zu Kelm: »Das Ergebnis ist entsetzlich.«

Wie Laserstrahlen schossen kurz nach achtzehn Uhr die Zahlen der ersten Prognose aus den Monitoren auf die wartenden Journalisten. Die Allianz ganz vorn. Die SPD, von den Medien hoch favorisiert, abgeschlagen bei zwanzig Prozent. Der einzige Strahlemann unter den öffentlich-rechtlichen Statisten: Klaus Peter Siegloch. Er interviewt Rühe in *heute* um neunzehn Uhr.

Toll: Diejenigen, die monatelang die SPD-Trommel rührten, wurden vom Wähler an diesem Sonntag bis auf die Knochen blamiert. Sie, die Demagogen der *ARD*, hatten ja bereits gewählt.

Für die Pleitgen & Friedrichs KG stand in Umfragen und Prognosen fest: SPD siegt, und Kohl ist drüben der unbeliebteste Politiker aus Bonn – noch hinter Lafontaine. Ausgerechnet.

Pleitgen zu einem Kameramann im Palast der Republik: »Das Ergebnis ist eine Tragödie.« Sicher: Pleitgen & Co. hatten die Wahl-Bürger, die in der DDR leidvoll gelernt haben, zwischen Lüge und Wahrheit zu unterscheiden, nicht in ihre Zerrbildnerei integrieren können. Soweit reicht die Phantasie von Berufs-Propagandisten nicht.

Bezeichnend: Die Medienmeute im Palast ist über Kohls Triumph total frustriert, während sich auf den Straßen wildfremde Menschen umarmen, viele heulen vor Freude. Ein Volkspolizist, der vor Honeckers Prunkbau Dienst tut: »Die Stasis sind wir jetzt endlich los.« Neunzehn Uhr fünfundzwanzig. Die Hochrechnung hat sich stabilisiert. Kanzleramts-Minister Seiters kommt, ihm folgt auf dem Fuße, Zufall des Tatorts, Egon Krenz. Dann Otto Schily, der die DDR-Bewohner mit Affen vergleicht. Schily hält eine Banane in die Kamera: »Die hat man gewählt.« Pfarrer Eppelmann schüttelt den Kopf: »Der spinnt.« *ZDF*-Bresser, blaß, meint, die DDR hätte unter Kohl Kohle verstanden. Ein TV-Funktionär: »Die haben Geld und Golf gewählt.« Und? Liedermacher Biermann: »Ich bin entsetzt und enttäuscht.« In der Bier-Bar Spion Guillaume. Der Barkeeper bietet eine Wette an: »In drei Monaten gibt es die drei Kürzel DDR nicht mehr.«

Ibrahim Böhme wird von Fotografen durch die Gänge des »Ballasts« (O-Ton Ost-Berlin) gejagt. Johannes Rau schwafelt auf Fragen der Reporter drauflos – alle Politiker-Statements waren wie von der Stange, kein originelles Wort am ganzen Abend, nur die vorgestanzten Erklärungen in schlechtem Verlautbarungschinesisch.

Am nächsten Morgen die Zahlen: Es waren die Arbeiter und Bauern, in deren Namen die SED-Kaste die Arbeiter und Bauern unterdrückte, die ihre Unterdrücker abgewählt haben. Das *Neue Deutschland* schlagzeilte verzweifelt: *Ergebnis sieht unser Land als Verlierer.* Das ND begreift nicht: Es hat sich ausgeunsert.

## *Guillaume in der Bar*

18. März 1990. Der Barmann im uniformierten Grauemauskostüm der Paladine im sogenannten Palast der Republik verneint: »Bier gibt es bei uns nicht.« Offensichtlich war Bier fürs hochmögende SED-Establishment zu proletarisch – auch in der Bar am Entrée des Palastes kein Bier. Aber saure Unstrut-Weine und den klebrigen Becher-Bitter aus Karlsbad. Zweitausend bierdürstende Journalisten irren durch die Wandelgänge der gläsernen Parteiburg – vergebens. Nicht nur kein Bier auf Hawaii.

Später, als ich die gläserne Zitadelle aus Beton und Spucke verlasse und meiner Frau über den Mangel an flüssiger Gerste via Funktelefon-Handy berichte, korrigiert Betsy aus siebenhundert Kilometer Entfernung im Spessart: »Ich habe gerade Guillaume gesehen, der dem *ZDF* in der Bierbar im Palast ein Interview gab. Bier kriegste ganz oben im Palast.« Jetzt wollte ich nicht mehr, hatte ich doch schon am frühen Abend ein Ost-Bier in einem der Arkaden-Lokale neben dem Palast versucht. Armin schaute mich nach dem ersten zaghaften Nipp ziemlich hoffnungslos an. »Mensch, ist das ranzig?« Ich versuchte es auch. Igitt, dieser zungenziehende Nachgeschmack. Untrinkbar. Wir ließen das Gesöff stehen.

Zweiundzwanzig Uhr. Die Wahl ist gelaufen. Die Allianz – Sieger. Wir gehen zu Fuß Richtung Brandenburger Tor. Unter den Linden. Der Berliner Dom in altem Glanz, die historischen Prunkbauten aus der Kaiserzeit säumen den Boulevard – er wird wohl alsbald zum schönsten der Welt erstrahlen. Mir kommt für Sekunden jener naßforsche *ZDF*ler Herles in Erinnerung, der Berlin *a priori* als Hauptstadt verteufelte und Bonn favorisierte. Ist er nie die Linden entlanggeschlendert? Berlin wird nicht nur deutsche Hauptstadt wieder, es wird Weltmetropole. Vergessen dann die »Universitäts«-Buchhandlung mit einem Repertoire, das verrät, warum die SED-Büchermacher vor der Westkonkurrenz zittern. Der gedruckte und billig gebundene Schrift-Schrott wird über Nacht aus den Ostberliner Buchhandlungen verschwinden. Die grassierende Überlebens-Marxomanie der Ostberliner PDS-Cliqueria hat keine Zukunft.

Schlimm das Opern-Café. Ein Blick genügt, um den schalen SED-Schick mitzukriegen, makabrer Mix aus möbliertem Plüsch und tapeziertem Plunder. Die Kleinbürgerlichkeit der Ostberliner Hauptstadt-Gastronomie wird dem Ansturm Westberliner Profis keinen Moment standhalten – vom Angebot ganz zu schweigen. Die Linden werden kein Ku'damm Nr. 2 – aber *die* historische Straßenmeile des wiedervereinigten Deutschlands. Die sowjetische Botschaft zur Linken wird sicher an diesem Platz bleiben – ob mit dem finster in die Märznacht blickenden Lenin-Denkmal im Vorgarten ist zu bezweifeln.

Der Weg durch die Sperrzone vor dem Brandenburger Tor läßt noch einmal den ganzen Wahnsinn der vom sowjetischen Osten gesuchten Konfrontation mit der freien Welt erkennen. Die massiven Anlagen sollten den Insassen der Zone den Schwindel suggerieren, daß westdeutsche Revanchisten und Wallstreetgangster die DDR überfallen, wenn »der Sozialismus diese Kräfte der Reaktion nicht daran hindern würde« – so Horst Sindermann, als er noch in Halle an der Saale regierte. Jetzt weiß jeder, daß die Einmauerung nur unseren Landsleuten in der DDR galt, weil sie nicht sehen sollten, wie der wirkliche Lauf der freien Welt verlief.

Die VEB-Vopos lassen sich noch einmal die Pässe zeigen – man könnte aber auch einfach weitergehen. Sie sind entmannt, entmachtet. Einige Grepos stehen auf westlicher Seite und trinken schon Cola.

RÜCKBLENDE. 22. AUGUST 1989. Ich war mit Betsy vom Reichstag bis zum Checkpoint Charly auf der Westseite der Mauer gelaufen. Anschließend schrieb ich folgenden Bericht, der im September '89 veröffentlicht wurde:

»AM BRANDENBURGER TOR. Westwärts die Tafel: ›Achtung! Sie verlassen jetzt den amerikanischen Sektor.‹ Darübergesprayt die Zeile: ›Wie denn?‹ Berlin, 22. August 1989. Temperatur 29 Grad Celsius. Ich will es wissen und mache mich auf den Einstundenspaziergang, immer an der Mauer lang – zu Fuß vom Reichstag bis zum Springer-Haus an der Kochstraße.

Immer an der Wand lang. Ich will mir die Mauer noch mal voll reintun, bevor sie fällt. SIE FÄLLT. BALD.

Die DDR wackelt. Honecker stirbt.

Es gibt keinen Millimeter an diesem Monstrum ohne Gags & Graffiti, Spray + Sprüche.

Die altstalinistische Zementdiktatur, der dieser Betonismus entkroch, kalkulierte nicht ein, was die andere Seite aus diesem Spätwerk deutscher KZ-Mentalität machte – die politische Total-Karikatur des Stacheldraht-Staates. Kurz vor dem Checkpoint Charlie hat einer zehn Meter Mauer mit zersplittertem Spiegelglas beklebt. Gott zum Gruße: Man sieht sich plötzlich eingemauert selbst an der Mauer wieder.

Dieser *Spiegel*-Redakteur fand auch den einzig treffenden Titel für den Trampelpfad an der Wahnsinnswand: Wallstreet. Da kann die in Manhattan einpacken.

An anderer Stelle: ›Wer hier durchkommt, kriegt 'ne Mark.‹ Oder: ›Erich komm raus.‹ Oder: ›Bis zur nächsten Cola 10 000 Kilometer.‹ Böse Sprüche wie ›Grösstes Kunstwerk aller Zeiten‹ und tatsächlich größte Kunstwerke aller Zeiten wechseln sich an diesem Prachtbau Honeckerscher Zuchthaus-Architektur ab – so die hinreißende Fiktion der ostwärts durch die Mauer ragenden Hand, die der gefesselten drüben eine Blume geben will.

Über die Mauer glotzt aus Wachturm-Luken die Schieß-Soldateska der Marx-&-Murx-KGB – versteinert wie das Machtwerk, das sie verteidigen.

Der Gedanke läßt mich nicht los, ob man mit denen da je hätte verhandeln dürfen, Kredite geben sollen.

War Honeckers Westvisite nötig? Ja. War alles richtig? Brandt & Bahr haben das schon richtig gemacht. FJS vermittelte den Milliardenkredit. War richtig. Eine Cola drüben macht in der DDR-Insassen-Bewußtseinslage mehr her als vierzig Jahre Rotlichtbestrahlung.

Und die Großbemalung der Westseite der Wallstreet war die genialste Erfindung aller Zeiten: die der Betonerweichung.

Kurz: ›Fahre nach Berlin. Geh an die Mauer. Schlage dir ein Stück raus. Das wird wertvoll. Bald ist Börsen-Schluß an der Wallstreet.‹

Dieser Bericht vom Mauer-Spaziergang im August 1989 war von jenen Vorahnungen geprägt, die uns durch Gorbatschows Aufbruch im Osten alle umtrieben.

Allerdings sehe ich heute – zehn Monate nach diesem eben zitierten Artikel – die Ostpolitik von Brandt und Bahr anders, bewerte die Westvisite Honeckers von 1987 ebenso wie die Milliardenkredite durch Franz Josef Strauß neu, vor allem, nachdem sich die DDR als Brutstätte für Terroristen entpuppte und nachdem DDR-Innenminister Diestel am 10. Juli 1990 anhand neuer Akten des SSD feststellte, daß auch die Mega-Killer des Terrorismus seit 1978 die DDR offenbar als Drehscheibe ihres Attentat-Terrorismus nutzten. Ramírez-Sánchez Illich alias Carlos, Abu Hisham und Abu Daud, das Trio Infernale der Politmörder von München (Olympia '72) und Wien (Opec '75), jetteten in Ost-Berlin ein und aus, amüsierten sich mit Stasigirls in Mielkes Edelabsteige *Metropol,* holten sich möglicherweise auch die Todes-Logistik vom SSD. Der Stasi-Staat als Nistplatz der Politgangster – nichts ändert die jüngste deutsche Geschichtsschreibung mehr als das. Dies ist keineswegs Kritik an Bahr, Brandt, Strauß, Bonn – keiner wußte von alldem. Und die es ahnten, weil es in der ideologischen Logik des Stalinismus lag, waren mangels Facts zum Schweigen verdammt.

Natürlich war es einerseits richtig, die auf Konfrontation gepolte DDR durch Kontakte gleichsam zu entschärfen. Andererseits haben die Machthaber drüben alle die Kontakte und Gelder aus dem Westen dazu genutzt, ihr Regime über Wasser zu halten und die Bevölkerung weiterhin einzusperren und zu unterdrücken.

Im Rückblick ändert sich das Urteil, da die eingetretenen geschichtlichen Tatsachen Einblicke ermöglichen, die uns vorher – etwa durch die verhängnisvolle Rolle der TV-Berichterstatter in der DDR – verstellt waren.

Ebenso merkwürdig die Rolle Egon Bahrs, der gemeinsam mit seinem Parteifreund Eppler die SED hofierte und damit dem Stasi-Staat unbezahlbare Dienste erwies.

Die Aufklärung der Hintergründe jener ominösen SPD & SED-Kommission wird bei der Bewältigung aktueller deutscher Geschichte noch eine nicht unerhebliche Rolle spielen – die Wähler in der DDR scheinen darüber mehr nachgedacht zu haben, als der SPD das lieb war.

Wovon ich 1989 auch nichts wissen konnte, war die praktizierte Unterstützung von RAF-Terroristen durch den KP-Clan in Ost-Berlin. Das ändert viel im Rückblick. Sehr viel. Selbst jene, die gewillt waren, der DDR einen gewissen moralischen Kredit nicht zu verweigern, denken jetzt anders.

Auch die Funktion der publizistischen Abwiegeler des SED-Regimes wie Gaus & Bölling muß unter den gegebenen Umständen deutscher Wiedervereinigung entsprechend gewürdigt werden müssen. Beide Herren haben nichts unterlassen, die DDR in ihren Berichten und Büchern hochzujubeln und simultan die Bundesrepublik mit Hohn und Häme zu überziehen.

Diese systematische Desinformation durch Informationsunterlassung und Beschönigung sollte vor allem durch die Sozialdemokratie aufgearbeitet werden, alldieweil die erwähnten Zerrbildner ihrer Partei angehören oder zumindest deren Lied singen.

## *Geißler & Co.*

19. März 1990. West-Berlin. Am Ku'damm-Eck, vis-à-vis vom *Kranzler,* wird alle zwei Minuten auf der riesigen AV-NET-Newstafel, der größten Wandzeitung der Welt, die Schlagzeile aufgeblendet: »Allianz verfehlt absolute Mehrheit« –

Nicht: »SED entmachtet« oder »SPD verliert«, sondern: »Allianz verfehlt absolute Mehrheit.«

Die Zeitungen nach der Wahl. Es äußert sich neben Grass, Biermann, Gaus auch Geißler, der am Vortag mit der Vierzehn-Uhr-Maschine der PanAm von Frankfurt nach Berlin geflogen war. Feinste Clipper-Class, von keinem zur Notiz genommen, indessen *ARD*-Chef Kelm ostentativ in der Holzklasse Platz nahm, um rundfunkpolitische Gebührensparsamkeit zu demonstrieren. Geißler – wer hatte ihn wohl gefragt, da er doch zu keiner Antwort mehr kompetent ist? – nahm den Wahlsieg der Allianz in der DDR zum Anlaß, die üblichen »Behutsam- und Langsam-Vereinigungs«-Parolen abzusondern – ganz so wie anfangs die SPD.

Erstaunlich: Die SPD könnte eigentlich ihre PR-Büros schließen und einfach ihre Thesen- und Thematisierungs-Trends aus den jeweiligen Äußerungen von Frau Süssmuth, Herrn von Weizsäcker und Heiner Geißler übernehmen – nach unten variiert dann von Fink & Co. Die DDR-Wahl zeigte indessen, daß Kohls Entschluß, sich von Geißler zu trennen, korrekt war.

Auf der AV-NET-Tafel: »Allianz verfehlt absolute Mehrheit« – sicherlich stimmt diese Zeile, aber sie enthält durch Unterschlagung der brisanteren, newsträchtigeren Meldung »SPD verliert« ein dickes Stück Manipulation, zumal zum Zeitpunkt dieser periodisch aufgeblendeten Zeile jeder bei AV-NET wußte, daß die Allianz zusammen mit den Freidemokraten in Ost-Berlin die absolute Mehrheit hatte.

Neben mir sitzt eine Zwanzigjährige mit schicker Jamaika-Frisur. Sie liest in dem Buch *Wie beweise ich mich als Frau?* Dieser feministischen Anleitung hat sie wohl den Tip entnommen, fortwährend ihren Namen auf einen Block zu schreiben: »Alexandra Osten«.

Sie lauscht mit unverhohlener Neugier unserem Gespräch über den Wahlsieg der Allianz, steht auf, zischt uns ein »Unerträglich« zu und entschwindet mit bösem Blick und prallem Notizbuch. Arme Alexandra . . .

GUTE EMANZEN, SCHLECHTE VERLIERER.

# VIII
# Der west-östliche Iwan

## Gorbatschow: KP mit Stromlinie

EICHENBERG, 16. APRIL 1990. Post von Helmut Walther. Ein Buch. Ich staune. Theo Sommer (59), Chefredakteur der *Zeit,* hatte 1986 bei Rowohlt einen Report über die DDR herausgegeben, *»Reise ins andere Deutschland«*, den der Verlag – auf Sommers Anregung? – ausgerechnet im September 1989 zur Vierzig-Jahr-Jubelfeier der spätstalinistischen Diktatur als Taschenbuch neu auflegte.

Zitate aus Sommers Buch: »DDR 1986: Es herrscht Bewegung statt Resignation, die Zaghaftigkeit hat einer selbstbewußten Gelassenheit Platz gemacht, das Grau weicht überall freundlicheren Farben, die niederdrückende Trübsal ist verflogen.« (S. 19)

»VOR ALLEM wirkt das Land bunter, seine Menschen sind fröhlicher geworden.« (S. 20)

»UND AUS DEM tröpfelnden Motorverkehr von ehedem ist mittlerweile ein reißender Strom geworden – fast wie bei uns ... Im Jahre 1970 besaßen erst 16 von 100 Haushalten einen Wagen, 1985 waren es 46. Bis 1990 wird mit annähernder Vollmotorisierung gerechnet.« (S. 21)

»INDESSEN LÄSST sich nicht übersehen, daß der Wohlstand gewachsen ist.« (S. 22)

»HEUTZUTAGE gibt es ziemlich alles in der DDR.« (S. 23)

»DIE DDR ist eine einzige Großbaustelle. Allenthalben wird rekonstruiert, modernisiert, saniert. Straßenzug um Straßenzug wird hergerichtet. Baulücke um Baulücke gefüllt, Stadtkern um Stadtkern erneuert.« (S. 25)

»Das Verhältnis zwischen Volk und Obrigkeit entspannter als je zuvor. Die Bürger sehen, daß es vorangeht.« (S. 29)

»Und es ist drüben ja in der Tat ein soziales System entstanden, das unseres in mancher Hinsicht in den Schatten stellt.« (S. 33)

»Leben unter Honecker. Die Bürger des anderen deutschen Staates bringen ihm fast so etwas wie stille Verehrung entgegen.« (S. 38)

»Drüben hat sich ein zweites deutsches Wunder vollzogen.« (s. 39)

## *Der heitere Hager*

Sommer schwadroniert seitenweise durch jene unerträglichen DDR-Public-Relations, als sei er nicht Chefredakteur des hanseatischen Wochenblatts, sondern bezahlter Politruk des Honey-Clans. Einer seiner Freunde sagte mir mal: »Der Sommer ist Fachmann für die verläßlichsten Fehlurteile.«

So stellt er – auf Seite dreißig – den ehemaligen Haupt-Tapezierer des Honecker-Staates, Kurt Hager, als »fast heiteren alten Herrn« hin, »der«, so Sommer, »die Jahre der Rücksichtslosigkeit weit hinter sich weiß – mit der naiven Kraft des Gläubigen bekannte: ›Ich gehöre zu den Vertretern einer Philosopie, die an die Veränderbarkeit des Menschen glauben.‹«

Ausgerechnet dem militanten Oberhirten der Ostberliner MEGA-Orthodoxie, Kurt Hager, Naivität zu attestieren ist ein schon starkes Stück – es handelt sich nämlich um den gleichen Kurt Hager, der die Versklavung der Untertanen ideologisch abdeckte und der jetzt verkündet, der Sozialismus habe sich nur »vorübergehend zurückgezogen«.

Sommers gesammelte DDR-Idylle verläuft sich keineswegs in der singulären Irrung eines Spätmarxomanen.

Seine Herrin und Meisterin, Gräfin Dönhoff, zum Beispiel war über den Crash des Kommunismus offensichtlich so entgeistert, daß sie zwanghaft mit dem Exitus des Kommunismus das Weltfinale kommen sah.

So titelte sie den Aufmacher des Blatts am 22. September 1989 mit der menetekelnden Schlagzeile: *Am Ende aller Geschichte?*

Mit der Unterzeile versuchte sie aber die enttäuschte Glaubensgemeinschaft der Marxomanen gleichwohl moralisch wiederaufzurichten: »Die Niederlage des Kommunismus bedeutet nicht den Triumph des Kapitalismus.«

Jürgen Serke, der vom *Stern* zur *Welt* gewechselte und gewandelte Publizist, enthüllte in einem brillanten Essay über Christa Wolf (*Was bleibt, das ist die Scham, Geistige Welt* am 23. Juni '90) etwas von dem wahren Gesicht der Gräfin.

Serke: »Auf der Tagung der ehemaligen Gruppe 47 auf Schloß Dobris zirkulierte ein Schreiben der Herausgeberin der *Zeit*, Marion Gräfin Dönhoff, in dem sie am 28. Januar 1987 den erbetenen Abdruck eines Essays von Václav Havel wegen ›nicht ausreichender Substanz‹ in ihrem Blatt ablehnte.«

Zwischen einer Gräfin Dönhoff und dem durch die Hölle geschrittenen Präsidenten der freien ČSFR liegen Welten. Welten!

## *Die fünfte Feder*

Die wie offenbar verabredet agierende »Fünfte Feder«, welche Luis María Anson, Chef der staatlichen spanischen Nachrichtenagentur *EFE*, so treffsicher analysierte, gibt sich auch nach dem Zusammenbruch des osteuropäischen Kommunismus und der sukzessiven, unumkehrbaren Liberalisierung der UdSSR längst nicht geschlagen, zumal viele linke Parteien des Westens die Irrtümer ihrer Linienrichter lieber weiter ernähren, als das ideologische Sperrdifferential auszuschalten, um zügig ins einundzwanzigste Jahrhundert zu gelangen.

Auch die geschilderte publizistische Zwangsernährung der maroden DDR war letztlich nur ein Nebenprodukt jener makabren Koketterie der deutschen SPD mit der SED.

Aus den Reihen dieser DDR-Fans von gestern – allen voran Günter Gaus, der 1983 Honeckers Arbeiter- und Mauernstaat die gedruckte Ode widmete *Wo Deutschland liegt* – rekrutieren sich heute folgerichtig die Kritiker der Wiedervereinigung Deutschlands, die mit allen Mitteln auch im nachhinein noch dem Stasi-Terror menschelnde Züge abgewinnen wollen, die von der kulturellen Identität der DDR labern, von moralischen und materiellen Werten, antifaschistischen und humanistischen Idealen, die es vor dem Zugriff der Ellbogengesellschaft zu schützen gelte, leitmotivisch dabei nahe der neuen, von der SED/PDS zynisch inszenierten Heuchelei, die vorgibt, die DDR vor Kolonialisierung und Vereinnahmung durch westliche Konzerne zu bewahren, nachdem eben diese Partei, die SED, das Land vierzig Jahre lang zu einer Sowjetkolonie hat verkommen lassen und selbst nach Gorbis Glasnost im Stalinismus verharren wollte – bis Leipzigs Arbeiter dem Spuk ein Ende bereiteten.

## *Der west-östliche Iwan*

Einer *Reuter*-Meldung vom 29. Juni zu entnehmen: Für den Rest dieses Jahres zahlen wir den Rotarmisten auf deutschem Boden eintausendzweihundertfünfzig Millionen. Wir zahlen für die Sowjetarmee!

Die Meldung weiter wörtlich: »Die DDR-Mark-Konten der sowjetischen Soldaten werden zu einem Kurs von zwei zu eins umgestellt. Dabei handelt es sich um ein Gesamtvolumen von 400 bis 500 Millionen DDR-Mark.«

Meiningen, 6. April 1990. Wir – Armin und ich – staunen. Der Marktplatz von Meiningen ist mit Rotarmisten übersät. Aus vier VW-Bussen quillt Westware: Jeans, Radiorecorder, Blusen. Grund des russischen Aufzugs: Es gab Sold zum Aprilbeginn. Alsbald sind auch Offiziere da, zögernder, auf der Hut, daß keine Kamera sie festhält, wie sie in Westware wühlen. Wir fotografieren und filmen sie – Muschiks wie Offiziere. Lediglich den Garnisons-Chef, der sich mit einem Rot-Kreuz-Jeep der Roten Armee ankarren ließ, kriegen wir nur mit der Hand vor dem Gesicht auf den Film.

Drei Rotarmisten kreisen uns ein, fragen, was unsere Kameras kosten. Wir erklären ihnen die Apparate. Sie lassen sich fotografieren, lachen. Die Kameras sind ihnen zu teuer, aber unsere Uhren wollen sie.

Wir fahren in Richtung Suhl. Vor uns ein Mannschaftswagen der Sowjets. Vier Soldaten schauen unentwegt auf unser Cabrio, diskutieren, zeigen auf einzelne Partien des Wagens. Auf unseren Gruß winken und lachen sie zurück. Als wir vom Auto aus telefonieren – Meiningen wird vom bundesdeutschen C-Netz erreicht –, fallen sie fast aus dem Laster. Einer macht das Victory-Zeichen. Red Army via West – anders als geplant. Die russischen Soldaten sind seit Öffnung der Grenzen hellwach. Sie werden plötzlich mit jenem Westen konfrontiert, vor dessen imperialistischen Gelüsten sie die DDR schützen sollten. Jetzt sehen sie, wie diese Imperialisten und Revanchisten des morbiden Spätimperialismus tatsächlich aussehen: Lachende, wohlgekleidete Menschen, die in Autos daherkommen, von denen jeder Iwan träumt.

Im *Meininger Tageblatt* las ich, daß Bürger der Stadt Gorbatschow in einem Brief gebeten haben, die Garnison aus Meiningen nach Öffnung der Grenze abzuziehen. Bürgermeister Wiebel (am 18. März zurückgetreten), seit fünfzehn Jahren Chef der Stadt und strammes Mitglied der SED, die er wendehälsig im November '89 verließ, um seine Karriere zu retten, meint: »Wir brauchen die Kasernen der Roten Armee.« Wiebel will sich mit dieser Forderung einen guten Abgang verschaffen. Er kandidiert nicht wieder, was Wunder: zweiundsechzig Prozent der Meininger wählten die Allianz. In der Fünfundzwanzigtausend-Seelen-Stadt sitzen dreitausend Sowjetsoldaten in zwei Kasernen. Wozu? Sie sind überflüssig und wissen das, seitdem sie sehen, daß der ihnen jahrzehntelang eingehämmerte Klassenfeind in Wirklichkeit Wohlstandsbringer ist. Die jungen Rotarmisten kapierten blitzschnell, daß sie veralbert wurden, einem monströsen Moskau-Schwindel ausgeliefert waren. Moskau hat sie in jene totale Isolation einer für westliche Begriffe unvorstellbaren Soldaten-Kasernierung verbannt, damit die Muschiks nicht sehen, was der Westen ist.

Jetzt erleben sie diesen Westen täglich. Ein Rotarmist sagt mir, daß es in den Kasernen und in Offiziersunterkünften kein anderes Thema gäbe als die Westbesucher und ihre Autos, ihre Radiorecorder, ihre Uhren, ihre Kameras und immer wieder ihre Autos – und ihre Frauen. Die sowjetischen Frauen üben angesichts der schicken Konkurrentinnen aus dem Westen auf ihre Männer Druck aus, die Sachen aus den VW-Bus-Bazaren auf den Marktplätzen der DDR zu kaufen. Sie alle, Frauen wie Männer der sowjetischen Besatzungsmacht, ahnen, daß sie nach der Währungsunion vollends pauperisieren, zur Elendsschicht der Ex-DDR verkommen. Denn: Die Rotarmisten führen – im Vergleich zu den Soldaten des Bundes oder der US-Army – ein erbärmliches Landserleben in veralteten, schmutzigen Kasernen und unter einer Offiziers-Hierarchie, die seit dem Zarismus um keinen Deut liberaler geworden ist. Die Muschiks müssen, wie die Burschen von einst, den Offizieren die Koffer tragen. Und Abstand halten. Einer der Iwans zu mir: »Ich haue ab, wenn ich nur könnte.« Aus der ČSFR meldet *dpa,* daß dort Rotarmisten bis zu 5000 Kronen für eine Scheinehe zahlen, nur um im Westen bleiben zu können. Die militärische Moral ist dahin. Kalaschnikows werden ab fünfhundert Kronen aufwärts verschoben. Original-Uniformen der ruhmreichen Sowjetarmee gibt's billig in jeder Preislage.

## *1991 ist die DDR trabbilos*

Armin meint, der Brief der Meininger an Gorbi sei überflüssig, da Moskau die Rotarmisten spätestens dann zurückordern werde, wenn die westliche Konsumwelle, der Gorbi Garnisonen zunehmend in der DDR ausgesetzt sind, die ersten Zersetzungs-Erscheinungen oder gar Desertionen via West auslöst. Dies ist absehbar. Schneller als wir denken. Die totale Präsenz westlichen Konsums in der DDR, die völlige und omnipräsente Übernahme dieses *American Way of Drive* löst die Moral der roten Truppe auf – das geht so rasch, wie das Verschwinden der Trabbis aus der DDR-Straßenlandschaft.

Vor vier Wochen zählte ich sechs Westwagen mit Ostnummer. Vor zwei Wochen dreißig. Heute habe ich bei fünfzig aufgehört zu zählen – nur in Meiningen.

Die ehemaligen Insassen der DDR wollen das Kainsmal auf Rädern loswerden, sie wollen sich und aller Welt demonstrieren – und somit auch den Russen, daß sie jetzt den Anschluß an die freie Welt sichtbar erreicht haben. Und das Symbol dieses Anschlusses ist, ob rational oder irrational, eben das Auto. Nichts anderes. Kein anderes Produkt, nur das Auto wird die DDR so umwälzend verändern – äußerlich wie psychologisch. Von Ende 1991 an taugen in der ganzen DDR Trabbis nur noch als Lachnummer in den Kabaretts.

## *Das Kaugummi-Syndrom*

Frühjahr '45. Die US-Army marschiert in Leipzig ein. Ich war sechzehn. Meine Freunde und ich standen am Völkerschlachtdenkmal und erlebten, was mich mehr prägte als alle ideologischen Traktate später: Eine unendliche Kolonne US-Jeeps, zumeist von Chesterfield rauchenden Negern chauffiert, rollte in die alte Reichsmessestadt. Jeeps mit riesigen Antennen und dem Verrücktesten, was es damals gab: Jazz und Swing. Die poppigen Soundsignale von *AFN*, dem Militärsender der US-Army, hatten uns seit Wochen aus dem Äther in der Herzmitte getroffen und aufgewühlt. Jazz, *AFN*, das war's. Jetzt kam die völlig andere, neue, hinreißende *AFN*-Welt, in der alles von der Kreppsohle bis zur GI-Mütze stimmte. Das war's. Das war so, als ob wir Jungs das immer alles schon geahnt hätten. Benny Goodman und Louis Armstrong marschierten unter Stabführung von Frankie-Boy in Leipzig ein. Acht Tage lang rollten in unendlicher Schlange US-Vans durch Leipzig. Was für Wagen! Was für Soldaten! Was für Waffen! Was für Flugzeuge! Hitler, das wußten wir, nachdem wir das sahen, Hitler mußte wahnsinnig gewesen sein, diesem Amerika den Krieg zu erklären.

Wir Kids waren über Nacht alle Amis. Die Älteren rieben sich vor Staunen die Augen. War alles falsch? Ja, es war alles falsch!

Juli 1945. Die Amis ziehen ab, die Russen ein. Sechs Wochen lang. Auf Panjewagen, saufend, schießend, vergewaltigend, stinkend, dreckig – eine Söldnerarmee, von Kommissaren eines roten SS-Regimes in den Krieg gegen Hitler gehetzt, ohne Ideale, am Ende ihrer Kräfte, unwissend, warum sie in diesem Krieg gegen das braune Ungeheuer verbluten sollte oder mußte, das dem roten GPU-Monster bis auf den letzten Leichnam glich.

## *Moskau – nein, danke!*

Nach Haft und Flucht aus der DDR verblaßten die Eindrücke – bis ich vor Jahren erstmals in Moskau landete. Ich wohnte im *Rossija*. Das war also die Hauptstadt des Kommunismus. Dicker Schwefelqualm über der Stadt. Keine Kneipen. Nirgends lachende Menschen. Alle sahen aus, als ob ihnen der Kommissar um die Ecke sechzig Jahre Sowjetmacht persönlich ins Gesicht gestempelt hätte. Das rote Markenzeichen: Mißmut.

Moskau 1975. Kein Telefonbuch. Ärmliche Frauen, in alte Mäntel gehüllt oder in verschlissene Teppiche gewickelt, frieren an den Busstationen. Aus den Fenstern der Häuser fällt fahlgelbliches Licht von Glühbirnen, die schmucklos an Schnüren von der Decke baumeln. Ich ahne, was sowjetische Wohnkultur ist.

Über dem Fernseher im *Rossija*-Hotelzimmer flimmern patriotische Bilder vom Heldenkampf des sowjetischen Volkes gegen Hitler. Der Sprecher der sowjetischen Tagesschau intoniert die Meldungen mit martialischer Stentorstimme, als verkünde er ewig die Wiedergeburt Lenins.

Aus dem Radio – konkret: einem an die Hotel-Überwachungszentrale gekoppelten Lautsprecher – tönen hymnisch die gleichen geölten Endlösungs-Stimmen. Vor der Hotelzimmertür die übliche Etagen-Wächterin. Sie paßt auf alles auf – und meldet alles, obwohl du de facto nichts machen kannst. Beim Betreten des Hotels wird dir als erstes der Paß abgenommen. Du bekommst eine Papierkarte. Und nur mit dieser kannst du das strengbewachte Hotel betreten. Der vom kapitalistischen Joch befreite Sowjetbürger dagegen darf nicht mal seine Nase an die Scheiben des Hotels drücken, ohne sofort verhaftet zu werden.

Die Hotelzimmertemperatur hat nicht über siebzehn Grad Celsius zu liegen. »Energie muß für die Wehrhaftigkeit der UdSSR gegen den Klassenfeind gespart werden«, erklärt mir eine Funktionärin von Intourist. Im Klartext: Nach einem halben Jahrhundert Sowjetparadies geht den Roten der Strom aus – so wie der Ukraine das Getreide. Draußen minus dreißig Grad. Die Wanne im »Badezimmer« ohne Stöpsel. In keinem Badezimmer ein Stöpsel. Im nachhinein machte mich das exzellente Rußland-Buch des *Spiegel*-Korrespondenten Fritjoff Meyer, *Weltmacht im Untergang*, schlau darüber, warum dem so war. Da in Rußland immer mal wieder im Heilszeichen des unaufhaltsamen Fortschritts Strom und Wasser ausfallen, wurden ganze Hotels auf folgende Weise überflutet: Gäste drehten den Wasserhahn ihres Bades auf, und da kein Wasser kam, verließen sie irgendwann später das Zimmer, ohne einen weiteren Gedanken an den Wasserhahn zu verschwenden – denn da tat sich ja nichts. War der Gast weg, kam es oft vor, daß das sozialistisch versiegte Naß urplötzlich revolutionär losströmte. Dadurch sollen, so Meyer, Millionenschäden in russischen Hotels entstanden sein – bis Moskau die Order gab: alle Stöpsel weg. Es nutzt übrigens auch nichts, Stöpsel aus dem Westen mitzubringen. Die passen nicht.

## *Schoko mit Süßwein*

In der Bar des *Rossija* kein Bier. Nur warmer Süßwein. Die Gäste sind folglich schnell besoffen. So viele Betrunkene habe ich nicht mal in der »Bowery« gesehen. Vielleicht vertragen die mehr. Rußland trinkt auf nüchternen oder prall mit Borschtsch gefüllten Kohlsuppen-Magen. Es gibt keine Snacks im Hotel. Nur Schokolade. Mein Gourmet-Tip: Trinken Sie unbedingt mal in Moskau einen georgischen Süßwein, der schmeckt, als ob er mit Sirup angerührt wäre, und essen Sie dazu eine russische Tafel Schoko.

Ich besuche das legendäre Kaufhaus Gum, die wohl größte Schrotthalde der Welt. Neueste Attraktion waren kleine Heizplatten mit geringelten Drähten obendrauf – jenen Heizspiralen aus meiner Leipziger Schieberzeit nicht unähnlich. Fernseher, die ausschauten, als ob der italienische Eisdielen-Stil von 1950 nostalgische Wiederkehr feiern würde. Und erst die Blusen! Ich verstehe nun, warum die Sowjetfrauen von Meiningen heute jeden lausigen Westfetzen der stolżen sowjetischen Produktion vorziehen.

## *Schlangen und Gefrorenes*

In der Smolenskaja eine Schlange vor einem Stand. Es gab – bei minus dreißig Grad – Zitronen. Erfrorene.

Schlangen und Tiefgefrorenes auch auf dem Kremlplatz. Vor dem Mausoleum steht sich eine Menge die Beine in den Bauch, um den Erfinder des roten Terrors zu besichtigen, der tiefgefroren in der Messe-Gruft liegt. Lenin.

In der großen Staatsbuchhandlung des Sowjetboulevards nur Marx, Gorki, Puschkin, Böll, ein Buch über Paul Robeson – und Lenin über Lenin.

Im Kinderkaufhaus nur ein einziges Stofftier. Das allerdings vieltausendfach – sonst nichts.

Kein Caféhaus, keine Bierpinte, kein bürgerliches Restaurant, nur zwei verschmutzte Stehkneipen in der Moskauer Innenstadt, in denen es irgendwas kärglich Warmes gibt.

Verfallen die Fassade der monströsen Lomonossow-Universität auf den Leninhügeln über Moskau, Stuckburg des Starrsinns. Das ganze Gelände eingezäunt, um die Studenten nicht unkontrolliert rein- und rauszulassen. Big Brother überall. Hinter einem kleinen Mäuerchen, das den Platz vor dem Machwerk stalinistischer Architektur abschließt, ducken sich Halbwüchsige, die gegen Kaugummi sowjetische Orden anbieten.

Vor dem Kreml springt die Ampel auf Rot. Ein Surrton in der Luft. Die Rotgardisten der Kreml-Wache richten ihre Gewehre – »symbolisch«, sagt mir die Genossin von Intourist – auf die Passanten. Eine Sim-Limousine rauscht aus dem Kreml. Durchgehendes Ampelrot für alle anderen, damit die bonzenbesetzte Staatskarosse der revolutionären Arbeiter- und Bauernmacht auf einer eigens eingerichteten, von niemandem sonst befahrbaren Regierungs-Sonderspur ungehindert durch Moskau brausen kann. Stalins Erben ist die Quadratur der Diktatur beinahe gelungen – Fritz Langs *Metropolis* in der Sowjetmetropole. Alles hat Pause, wenn die Politruks kommen. Davon haben alle Arbeiter schon immer geträumt.

## *»Im Kreml brennt noch Licht«*

Das war sie also, die tolle Metropole des Welt-Proletariats, Hoffnung der Werktätigen auf dem gesamten Globus. Die Heimat unserer linkelnden Tiefdenker und Hochtöner. Was hatten uns die Alfred Kurellas und Erich Weinerts in Leipzig, als wir Jungmarxisten auf Linie gebracht wurden, für einen Schwachsinn über Moskau erzählt. Von wegen *Im Kreml brennt noch Licht* – Weinerts kalt erlogene Ode auf den Henker des Landes, auf Stalin. Was ich sah, war immer nur Orwell total, Faschismus pur.

Acht Tage Moskau. Auf dem Flughafen mußten wir drei Stunden Kontrollen und Warten erdulden, zuletzt in dem berüchtigten eiskalten Wartehallen-Rundbau des alten Flughafens.

Ein KGB-Pkw rollte auf »unsere« Iljuschin zu. Erst zehn Minuten vor dem Start nach Frankfurt bekam die Crew die Pässe ausgehändigt. Die Personaldaten des Flugpersonals, erklärte mir später eine sowjetische Stewardeß, würden vor jedem Abflug überprüft. Klartextübersetzung: Hatte der Pilot Krach mit seiner Frau – startet er nicht. Er könnte ja im Westen bleiben.

Als die Iljuschin endlich abhob, stand fest: Mich sieht diese verkommene Hauptstadt des tödlichsten Irrtums der Weltgeschichte nicht wieder, solange dort Lenins Ungeist wütet.

In der Maschine letzte Erinnerungen an Moskau. Ein Reporter des *Stern* war an einem der Abende zu einem hohen sowjetischen Offizier privat eingeladen worden. Am Ende der Party war das Thermometer in Moskau so tief gefallen, daß der Offizier dem *Stern*-Mann seinen Generals-Mantel aus feinstem Leder gab. Am nächsten Tag wurde der bärtige Reporter verhaftet. Der KGB folgerte sowjetlogisch, daß der *Stern*-Mann die Generalskutte nur geklaut haben konnte. Sie fragten ihn, ob er einen sowjetischen Offizier vielleicht niedergeschlagen oder umgebracht habe. Immerhin konnten wir dann gemeinsam vom Hotel aus den Irrtum aufklären. Der *Stern*-Reporter kam wieder frei.

Die Maschine landete in Frankfurt; ich hatte noch einen Stoß Fotos von Festnahmen während eines Live-Konzertes im *Rossija* mit Boney M. für *dpa* durch die Kontrollen geschleust. Das war die letzte Erinnerung an Moskau, die ich dann in der *dpa*-Filiale in Frankfurt abgab.

## *Moskau, nein, danke!*

Fritz Oehlerking, mein langjähriger Freund, der heute als Chefredakteur gleich zwei Fachzeitschriften in München dirigiert, heiratete vor zwei Jahren eine Moskauerin. Ich gab Fritz und seiner sowjetischen Frau Marina, die beide in diesen Tagen wieder in der sowjetischen Hauptstadt waren, diesen Text über das Moskau vor Gorbi mit Bitte um Korrektur. Fritz: »Moskau ist heute nicht anders, als Du es beschrieben hast, mit Ausnahme des KGB-Terrors. Die Menschen können heute alles sagen, ohne drangsaliert zu werden. Aber ihnen fehlt das Notwendigste zum Leben. Früher konnten sie nicht frei reden, hatten aber zu essen. Jetzt können sie frei reden, aber haben nichts zu essen. Ich fürchte, daß vielen die Knute des KGB lieber ist, wenn sie nur zu essen haben.« Marina: »So schlimm war es noch nie in Moskau. Es gibt so gut wie nichts.«

## *Ohrfeigen für Krenz*

Eichenberg, 10. April '90. Ich lese, daß Egon Krenz vor einem PR-Treff für sein Buch, *Wenn Mauern fallen,* in Karlsruhe von einem ehemaligen DDR-Häftling zwei Ohrfeigen bekam. Die *FAZ* schrieb am nächsten Tag todernst, daß Krenz hierzulande das volle Recht der Bundesrepublik genieße, und kein Ex-DDR-Häftling dürfe ihm daher ein paar schmieren, denn sonst würden die Methoden des Stasi-Staates in die Bundesrepublik transplantiert. So gallenbitter kann man das auch sehen – obwohl ich den Häftling irgendwo schon verstehen kann. Und jeden Bürger drüben, den die Grenze um vierzig Jahre Leben betrogen hat. Andererseits bringen Rache und Vergeltung nichts – natürlich auch keine Amnestie für Stasi. Selbst Krenz, der mir am 27. März aus Ost-Berlin schrieb, ist für die Anwendung des in einem vereinigten Deutschland dann geltenden Bundesrechts. Krenz negierte in dem Gespräch, das ich im Februar mit ihm in Hamburg hatte, durchaus nicht, daß er sich in der DDR oder in der Bundesrepublik gerichtlich zu verantworten habe. »Ich schließe nicht aus, morgen verhaftet zu werden«, sagte er mir damals. Dennoch repetierte er immer wieder, daß er beim Crash der DDR alles getan habe, um Gewalt zu verhindern. Immerhin hat Schalck-Golodkowski Anfang April in einem bemerkenswerten *Bild-* und *Welt*-Interview *(Die Sowjets haben Mielke informiert – aber falsch)* diese Behauptung von Egon Krenz bestätigt. Krenz habe, so der geflüchtete Bindestrich-Manager der DDR, mit ihm die letzten »vier Jahre eng zusammengearbeitet«. Wörtlich: »Krenz und ich wollten wie Gorbatschow handeln.«

## *Die Übersoll-Berichtswelt*

Auch der erbosteste DDR-Insasse des nun geöffneten Krenzlandes sollte sich plausiblen Gedankengängen nicht verschließen.

Der Honecker-Clan hatte sich total von jeder Realität abgeschottet – noch totaler als die diktatorische Clique die Insassen des Zonenstaates vom Westen abgeschottet hatte.

Das entschuldigt nichts, aber erklärt vieles. Krenz erzählte mir, wie er und die Politbüro-Bonzen in einer nach strengen Ritualen zelebrierten potemkinschen Übersoll-Berichtswelt lebten, in der nichts stimmte und jede – »ausnahmslos jede« – vorgetragene Zahl zunächst todsicher falsch war, was wiederum jeder Anwesende wußte. Aber gerade deshalb, weil jeder wußte, daß der andere das auch wußte, versuchten die Politbüromitglieder, sich gegenseitig im Falschspiel auszukarten. Wohl die verhängnisvollste Versammlungs-Schizophrenie, da dieses Ritual des systematischen Selbstbetrugs die Geschäftsgrundlage des Politbüros und aller anderen Gremien des real existierenden Sozialismus war.

Sein Berater, Dr. Herger, ZK-Spezialist für »Sicherheitsfragen und Westkontakte«, klopfte mir augenzwinkernd auf die Schulter und bekannte: »Sie können sich das Ausmaß und vor allem die Routine dieses Rituals perfekter Wirklichkeitsflucht nicht vorstellen.«

Im real existierenden Sozialismus war offenbar nur eines real: der Irrationalismus. Man gab sich Daten-Phantomen und vorprogrammierten Heucheleinheiten total hin. Das Politbüro war eine High-Society der Pharisäer mit abgeschaltetem Verstand und eingebautem ideologischem Sperrdifferential. Der komplexe SED-Apparat mitsamt dem bankrotten VEB-System war vollauf damit beschäftigt, dem Politbüro falsche Zahlen, Lügen, Halbwahrheiten und Verdrehungen anzuliefern, weil, wer dies nicht tat, als »Feind des Sozialismus« aus dem Teufelskreis des kommunistischen Selbstbetrugs auf Knochen der Arbeiter und Bauern verstoßen wurde.

Es war, als ob diese Politbüropest frei nach André Hellers schizophrener Songzeile verkam: »Die Lüge ist wahrer als die Wahrheit, weil die Wahrheit so verlogen ist.«

»Wir wollten daran glauben«, ergänzte Krenz, »weil wir daran glauben mußten. Denn wer nicht daran glaubte, unabdingbar, dem brach seine heißgeliebte Scheinwelt des Sozialismus zusammen. Und an die wollten wir so lange wie möglich glauben.«

Die herrschende Klasse der DDR fuhr nur – das war kein Zufall, sondern die Logistik des Selbstbetrugs – durch Straßen, die relativ sauber und heil waren, flog in Sondermaschinen und kam nur an Orte, die den repräsentativen Zelebrationszwecken der Führungsschicht vorbehalten waren – Semperoper, Gewandhaus, Interhotels, Funktionärs-Absteigen. Potemkins DDR-Ausgabe hieß Wandlitz.

29. Juni 1990. Auf Kloster Banz treffe ich während eines Treffs mit dem Thema *Radio ohne Grenzen* auf Arndt Bause, der mit Frau und beiden Töchtern die illustre Diskussionsrunde an diesem Sommerabend auf dem fränkischen Hochsitz der CSU als Gast aus der DDR komplettierte. Bause war der gleichsam akustische Kostgänger der SED. Er komponierte rund tausendzweihundert Unterhaltungsmusik-Titel, darunter den auch in der Bundesrepublik erfolgreich verlegten Titel *Sing mein Sachse, sing,* den die *Jacob-Sisters* hier vor Jahren zum Hit hochsächselten. Bause wurde Aufsichtsratsmitgleid der DDR-GEMA namens AWA (Anstalt zur Wahrung von Aufführungsrechten, mittlerweile in die GEMA integriert) und wohl der einzige DDR-Plattenmillionär. Er kaufte sich im Ostberliner »Westend« eine Villa, fuhr einen Mercedes 280 SE und keinen Trabbi, war der Wandlitz-Connection voll integriert.

Daß Bause sämtliche PDS-Parolen, wie auswendig gelernt, in der Banzer Debatierclubrunde absonderte, vom Naturschnulzpark einer DDR-Idylle bis zur Würdewaltung, die liebe, kleine DDR nicht verlassen zu haben (was dann nicht mal stimmte), ist unter Berücksichtigung seiner Stellung in der SED-Hierarchie nachvollziehbar, wenn auch wenig verständlich.

Als dann beim abendlichen Tischgespräch der gesamte Bause-Clan wie ein Mann über uns Wessies herfiel und uns gleichsam des desperaten Westmark-Überfalls auf diese DDR-Idylle bezichtigte, bohrten wir nach und hörten Antworten wie diese: »Uns ging es sehr gut.«

»Wir haben in der DDR sehr viel Schönes und oft Schöneres als hier.«

Auf meine Zwischenfrage, was es denn außer Mauer, Murks, Zensur, Zuchthaus und Stasi Schönes gegeben habe, antwortete Bauses Gattin cool: »Na, das gibt's doch hier alles auch.«

Doch beispielhaft weiter: »Korruption gibt es vor allem im Westen.«

»Wir haben eine eigene Kultur geschaffen, die jetzt von der kommerziellen Dampfwalze des Westens zusammengerollt wird.« Und so weiter. Es war wie ein Mix aus *PDS*-Propaganda und *Zeit*-Geist.

Das erstaunlichste während dieser Begegnung der dritten Art mit den Spätgeborenen des miefigen DDR-Schicks waren zwei verräterische Einlassungen des volkseigenen Schnulzenfabrikanten Bause, die ich O-Ton zitiere: »Als wir merkten, die Ostmark rutscht ab, haben wir uns gesagt, daß wir den ganzen Dreck, der jetzt passiert, mal hier im Westen abwarten und erst dann wieder in unsere Ostberliner Villa zurückkehren, wenn die Westmark drüben ist.«

Die mit einem Diamantencollier geputzte Gattin Bauses nickte dazu, die blonde Tochter im KdW-Matrosenanzug lächelte dazu, und Bause legte beruhigend seine Hand aufs Knie der wertvollen Gattin. »Meine Frau konnte ja schon immer, wann sie wollte, in den Westen fahren, und ich bekam auch stets eine Sonderbescheinigung. Wir kennen die Nachteile des Westens sehr gut.«

Unsere Landsleute von ehemals »drüben« werden für diese Bauses hoffentlich wenig Verständnis haben, da sie zu jenen zählten, die sich auf ihre Kosten ein feines Leben machen konnten.

## *Rache für Dracula?*

Rache und Vergeltung sind schlechte Ratgeber. Hat Krenz schmutzige Hände, wird er mit Sicherheit vor Gericht gestellt. Aber eine Ostberliner Generalstaatsanwaltschaft, die Erich Honecker wegen Hochverrat oder Anstiftung zum Mord oder

Strafvereitelung im Zuge mit der Entdeckung der Terroristen in der DDR vor Gericht stellen will und den todkranken ehemaligen DDR-Chef vor der Charité verhaftet, machte sich nicht nur lächerlich, sondern dringend verdächtig, von den eigenen Schandtaten abzulenken. Schandtaten, die sie, noch von Modrow dazu per »Gesetz« ermächtigt, im Schnellwaschgang durch Stasi-Akteneinsicht wegspült. Der von de Maizière als Justizminister eingesetzte Ulbricht-Büttel Wünsche wird einiges dazu getan haben, um die Mohrenwäsche der Stasi-Täter ein erhebliches Stück vorwärtszubringen.

Erich Honecker hat sicherlich nicht nur aus der Verblendung des eingefleischten Marxo-Dogmatikers heraus geglaubt, für »seine DDR« das Beste zu tun – Honecker hat – wie Mielke und sicher auch Krenz und Herger – nicht nur um die Terroristen-Nester in der DDR gewußt, sondern sie einrichten lassen. Krenz zu mir: »An Honecker ging nichts vorbei, gar nichts.« Und damit auch kaum an Krenz. Aber die Strafverfolgung kann nicht den PDS-Organen der SED-Justiz überlassen werden, sondern muß nach dem jetzt in ganz Deutschland geltenden Recht von der bundesdeutschen Justizbehörde und später von der demokratisch gewandelten Justizeinrichtung in der ehemaligen DDR vorgenommen werden.

Dabei sollte gelten: Bestrafung von Stasi-Verbrechen, ja. Aber ein klares Nein zu wahnhaften Vergeltungsfeldzügen. Diese schaffen neuen Haß, mit dem sich das einige Deutschland nicht bauen läßt.

Ich fand es entsetzlich, daß die neue Regierung in Bukarest die Angeschuldigten, aber noch nicht verurteilten Angeklagten der Securitate in Sträflingskleidern angekettet in den Gerichtssaal schleifte – das ist genau die Methodik des Stalinismus.

Die Abrechnung mit dem Dracula-Regime des Diktators darf so nicht stattfinden. Der Hang zum Schauprozeß signalisiert, daß in Bukarest noch eine Menge zu tun ist, bis wirklich Demokratie einzieht – im übrigen macht die Eile stutzig, mit der Schnelljustiz zelebriert wird. Wollen die neuen Herren ihre Mitschuld vertuschen? Nach dem blutigen Terror des »Bergarbeiter«-Mobs im Juni 1990 wird die Eile klar: Das Iliescu-Regime ist die Fortführung des Dracula-Systems unter Vorspiegelung falscher Demokratie. Die Schauprozesse sollen von der Verstrickung Iliescus in die Mordmaschine Ceauçescus vertuschen.

Der erschütternde Bericht des *Spiegel,* Ende März, über die Vernichtung von Kindern in Spezialheimen zeigt, wo die Aufgaben der Bukarester Regierung liegen sollten.

Der west-östliche Iwan läßt mich nicht los. Heute kam die neue Ausgabe der viermal im Jahr von Cornelia Gerstenmaier editierten Zeitschrift *kontinent* heraus, in der sich vorwiegend sowjetische Dissidenten den Kopf darüber zerbrechen, was an Gorbatschow dran ist.

Die Rotarmisten von Meiningen, die jetzt billigen Westblusen erliegen, statt dem Klassenfeind zu wehren, werden sich ebenso ihre Köpfe darüber zermartern, was Gorbatschow eigentlich will. Ich habe die in den letzten zwei Jahren erschienenen Gorbatschow-Biographien gelesen. Ich war danach ratlos. In keinem der als Standards ausgewiesenen Bücher über Gorbatschow gibt es auch nur einen Anflug von Hinweis darauf, daß Gorbatschow im Verlauf seiner eintönigen Apparatschik-Karriere einmal dem begegnet wäre, was Marktwirtschaft oder parlamentarisch verfaßte Demokratie ist. Der Lebenslauf des Mannes aus dem Dorf Priwolnoje in der Region Stawropol, der versteppten Gegend zwischen Schwarzem Meer und Kaspischer See, liest sich so trostlos dürr, wie diese Landschaft ausschaut. Nichts in Gorbatschows Werdegang gibt Aufschluß darüber, wo und wie sich in oder um ihn jene Neigungen entwickelt haben könnten, die zu Glasnost und Perestroika führten. Die Autoren, von Donald Morrison (*Time Magazin*) bis zu Ernest Mandel, tappen im dunkeln und zitieren Zeitgenossen, die irgendwann einmal Gorbatschow begegneten und dann eine mehr oder weniger blasse und belanglose Erinnerung auskramen, etwa, daß sich der spätere Generalsekretär über die Milchproduktion sorgte, daß er über Alkoholismus entsetzt war und Korruption beschämend fand – also Haltungen, die Gorbatschow mit vielen Funktionären, die es auch in der KPdSU gibt, teilt. Aber nirgends die Spur eines Hinweises auf die spätere Glasnost-Politik Gorbatschows, geschweige denn Verständnis für die Marktwirtschaft.

Ausgenommen sein Pragmatismus.

## *Marx fürs Herz, Technik für Kopf*

Der ideologieferne (keineswegs aber ideologiefremde) politische Utilitarismus Gorbatschows birgt möglicherweise die Brisanz dessen, was er im Untertitel seines Buches *Die zweite russische Revolution* nennt: eine sukzessive, fast schamhaft-unterschwellige Abwendung von der marxistisch-leninistischen Ideologie als Alleserklärerin hin zur Demokratie ohne Markt, denn kontrollierte Marktwirtschaft ist keine Marktwirtschaft.

Diese klammheimliche Abnabelung von der Nährmutter Marx erklärt sich weniger aus Überdruß an Ideologie als vielmehr aus der technologisch bedingten Notwendigkeit, sich mit Realitäten auseinanderzusetzen, deren Zusammenhänge nicht mehr mit Mitteln marxistischen Orthodoxie definierbar sind – von den Jets bis zu den Mega-Chips. Ich erinnere mich an ein Gespräch in der Bar des Moskauer *Rossija,* die üblicherweise nach Kreml-Dienstschluß von den Betonköpfen der stalinistischen Bürokratie rings um den Kreml gestürmt wurde. Ich meine, Gorbi weiß nur eins klar: Daß es so nicht weitergeht!

## *Mit Marx fliegt kein Jet*

An einem Abend war da ein Tisch, an dem vier sowjetische Piloten saßen und die Papyrossi so knickten wie einst die Zarenoffiziere. Elegant zurückgelehnt unterhielten sie sich, lachten, hatten einen Gesichtsausdruck, der ein völlig anderes Moskau signalisierte als das, was mir täglich als grau enttäuschte Unterdrückten-Mimik ins Auge sprang. Meine Frage an sie, wie es käme, daß sie so locker dasäßen – ohne Marx im Kreuz –, quittierten sie mit Lachen.

»Mit Marx ist kein Jet zu steuern«, bekannte einer der roten Luftgardisten und fügte hinzu: »Wir haben nichts gegen Marx. Der ist fürs Herz. Technik für den Kopf.«

Diese pragmatische Schizophrenie wurde und wird in der UdSSR – wie in deren bisherigen Kolonien – vor allem von der jüngeren Generation geübt. Ihren Oldies überließen die Kids des Kommunismus den schönen Glauben an die Bärte Marx & Engels, nebst dem an deren Schüler Lenin plus Stalin. Aber selbst zog man die Ausbildung in Navigation der ideologischen Einschulung vor. In Gorbis Lebenslauf erscheint diese Zweiteilung in ideologisches Lippenbekenntnis und utilitaristische Lebenseinstellung als exemplarische Grundveranlagung junger Menschen im allgemeinen – und der neuen Managergeneration im besonderen.

Man läßt mit sich über Marx & Co. nicht diskutieren, daran glaubt man. So wie hier an Gott – ohne Diskussion und Glauben. Der Wahn bleibt gleichsam außen vor, Etikette des Nun-mal-Sowjet-sein-Müssens – aber gehandelt wird ausschließlich nach den Formeln der praktizierten Technologie und Praxis. Die sowjetische »Jet-Generation«, deren personifizierter Protagonist der kasachstanische Kolchosen-Funktionär Gorbi wurde, ohne es zu wissen, hat den Marxismus überwunden und damit den Weg frei gemacht für Glasnost und Perestroika.

Nur: Glasnost und Perestroika sind nicht zu verwechseln mit Demokratie und Marktwirtschaft. Glasnost und Perestroika stehen für nichts anderes als die pragmatische Wandlung der UdSSR vom bloßen Terrorsystem zum differenzierten Softsozialismus.

Gorbatschow ging es nie ursprünglich um Etablierung von freier Wettbewerbswirtschaft, sondern allein um ein utilitaristisch gewandeltes, von Ideologie abgewandtes System ohne Terror, Korruption und Schlamperei.

Nur: Sozialismus ohne Ideologie, Korruption, Kommando und Schlamperei ist ein Unding – es gibt diesen Sozialismus nicht. Sozialismus ist weder als dritter Weg noch als demokratischer Sozialismus – Widerspruch in sich – realisierbar. Es gibt keinen richtigen Viertel-, Halb- oder Dreiviertel-Sozialismus. Sozialismus ist immer ganz falsch, weil der Mensch nicht plan- und kommandierbar ist und praktizierte Demokratie sich aus der Unplanbarkeit aus tausendundeinem Bürgerwillen konsolidiert – eine soziale Prozedur, die sich dem dogmatischen Weltverständnis aller Sozialisten entzieht. Auch unserem. Gorbi, der Erfinder des Sozialismus mit Stromlinie, hat ein Phantom entdeckt: den Stromlinien-Sozialismus. Genau das ist sein Problem. Die Entdeckung gibt es nämlich nicht.

Das, was er wollte, einen Sozialismus ohne Gewalt, mit menschlichem Antlitz, technokratisch, pragmatisch, sauber und effektiv, aber eben ohne praktizierte Marktwirtschaft, eben das hat ungewollt den größten Demokratieprozeß des Jahrhunderts in Bewegung gesetzt: den Zusammenbruch der osteuropäischen Diktaturen, die Befreiungsbewegungen im Baltikum, in den transkaukasischen Sowjetbereichen wie in der Ukraine und der Moldaurepublik. Hier macht sich ein brisanter Mix aus nationalen, ethnischen und sozialen Problemen unaufhaltsam Luft – aber alles das nur, weil Gorbi an den gewaltlosen, soften Stromlinien-Sozialismus glaubt. Das ist sein bleibendes historisches Verdienst, das ihn auf den Sockel aller Denkmäler bringen sollte.

Aber genau das wollte er nicht. Er wollte durch Glasnost die UdSSR als das System eines pragmatischen Sowjetismus stärken – das Gegenteil bewirkte er: Er zerstörte das System durch den Entzug seiner terroristischen Gewaltbasis. Das sowjetische Terrorregime beruhte immer auf den Bajonetten der Roten Armee – und sonst auf nichts.

Brigitte Seebacher-Brandt brachte diese Erkenntnis in einem blendenden Beitrag für das *FAZ-Magazin* vom 20. 4. 1990 *(Was bleibt von der DDR?)* auf den Satz, der das Ende der DDR beschreibt: »Der Zerfall der DDR war programmiert, als Gorbatschows Truppen nicht länger zusammenhielten.«

Also war *das,* was der von den Medien als »Entspannungsfeind« diffamierte Gerhard Löwenthal stets postulierte, daß nämlich die DDR ausschließlich auf den Panzern der Roten Armee gründe, absolut zutreffend.

## *Staatsmacht in Unterhosen*

Rückblende. 17. Juni 1953. Ich war an diesem Tag in Leipzig und eilte nach den ersten Schüssen, die mich an meinem Schreibtisch in der Schwägrichenstraße 15 aufschreckten, zum Dimitroffplatz, wo sich gegenüber dem alten Reichsgericht in einem riesigen Gebäudeensemble Staatsanwaltschaft, Gefängnis und Volkspolizeipräsidium befanden. Es war so gegen dreizehn Uhr, als ich den Dimitroffplatz erreichte. Was ich sah, war faszinierend: Vopos und Soldaten liefen ohne Hosen herum – die revoltierenden Arbeiter hatten ihnen kurzerhand die Beinkleider ausgezogen und sie so der Lächerlichkeit preisgegeben. Gegen vierzehn Uhr gab es in Leipzig keinen Widerstand der SED-Hierarchie mehr. Die Gefängnisse gestürmt. Die Redaktion der *Leipziger Volkszeitung* von den Setzern besetzt – die »bewaffneten Organe der Staatsmacht« – entmachtet in Unterhosen.

Bis dann gegen fünfzehn Uhr die T 34 anrollten. Die Rote Armee war am 17. Juni die einzige Kraft, die den Aufstand der Arbeiter niederschlagen konnte – und niederschlug. Löwenthal und Willy Brandts Gattin sahen die DDR richtig.

## *KGB – letzte Weisheit der Roten*

Gorbatschow ist offensichtlich selbst zutiefst erschrocken und schockt seine neuen Freunde im Westen, wenn er immer dann, wenn ein Stück des einstigen Imperiums abbröckelt, zu den stalinistischen Mitteln zurückzugreifen versucht ist – KGB im Kaukasus, Blockade des Baltikums. Gorbi wird – auch unter dem Druck der Ligatschow-Riege – immer wieder in Versuchung geführt, die KGB-Kräfte im Reich des Bösen, wie Reagan den Sowjetismus umschrieb, wiederzubeleben: also die nackte Gewalt des Spitzelstaates. Keine Reaktion machte mich im April 1990 stutziger als die Gorbatschows auf die Ankündigung Washingtons, Litauen im Falle einer Blockade finanziell durch Kredite zu helfen. Gorbatschow nannte die US-Hilfe für Litauen einen »Rückfall in den kalten Krieg!« – genau das war Stalins Sprache.

NUR: DIE GLASNOST-GEISTER, DIE ER RIEF, KANN ER NIE MEHR BANNEN.

Die Tragödie Gorbatschows ist, daß er nie wußte, was er tat – Medwedjew warnt zum Schluß seines Gorbatschow-Buches: »Man sollte von Gorbatschow nicht zu viel erwarten.«

Anatolij Streljanyj schrieb in der Rigaer Ausgabe der *Sowjetskaja Molodjos* am 29. Dezember 89: »Das größte Verdienst Gorbatschows besteht darin, daß er keine Gewalt anwendet, weder im Baltikum noch in Osteuropa. Was heißt aber, keine Gewalt anwenden unter den Bedingungen des Sozialismus? Es heißt, ihn sich auflösen lassen.« Korrekt. Ich meine aber auch: Gorbi hat gelernt, hat den Westen gesehen. Und sagt sich: So wollen wir auch leben.

## *Moskau wird unregierbar*

Gorbatschows Moskau steckt in heillosen Problemen. Der rote Zar, jetzt mit Präsidialvollmachten ausgestattet wie keiner im Reich der Reußen zuvor, kann das Imperium kaum mehr regieren. Gorbatschow ist eher mit einem Krisenmanager vergleichbar, der, von politischen und wirklichen Erdbeben gejagt, die Reste des Sowjetismus zu retten versucht.

SIE SIND NICHT RETTBAR. Falls Gorbatschow Rußland nicht sukzessive für die Marktwirtschaft öffnet – aber ohne die NÖP-Fisimatenten vom März 1990 – und damit für die parlamentarische Demokratie ohne marxistisches Wenn und leninistisches Aber, falls er das nicht tut, wird die UdSSR in ein bürgerkriegsähnliches Taumeln geraten, das das Land unregierbar macht. Die jetzt schon wegstrebenden peripheren Regionen werden von Sowjet-Staaten der bisherigen Landesmitte, wie etwa der Ukraine, massiv verstärkt. Die bürgerkriegsähnlichen Prozesse werden, durch Generalstreiks von Swerdlowsk bis Workuta verstärkt, in eine Revolution münden, die das Land in eine noch tiefere Armut stürzt als je zuvor – der Westen wird, Überlebensmittel liefernd, hilflos zuschauen müssen, wie sich sein Land, das nie Demokratie erlebte, selbst erwürgt.

Die unübersehbaren Anzeichen für den Crash der UdSSR – die diesen Zusammenbruch verstärkende Rolle der Medien ist dabei nicht zu unterschätzen – hat der Moskauer Publizist Anatolij Streljanyj in seinen Protokollen für eine Sendereihe bei *Radio Liberty* festgehalten – so auch seine Aufzeichnungen über das Gespräch mit Marina, die er seit zehn Jahren kennt.

Marina berichtet: »Stell dir vor, rein gar nichts habe ich in deinem Moskau auftreiben können. Ich wollte ihm Winterstiefel, Schuhe, einen anständigen Schal, Handschuhe, irgendeine Jacke und eine Mütze kaufen. Nichts gab es. Solche Zustände hat es in Moskau noch nie gegeben, noch niemals! Das erstemal war ich 1957 dort. Seitdem fahre ich unbedingt jedes Jahr zwei-, dreimal in die Hauptstadt. Zu allen Zeiten war es besser, in jeder Hinsicht. So wie jetzt war es noch nie: ein Saustall überall. Schmutz, Gedränge, Unordnung, und dann diese Kooperativen. In den Geschäften sind die Regale leer, und fünf Verkäuferinnen bewachen die leeren Regale.« (*Kontinent* 1/90)

Komplex argumentiert, ist die Revolution im Osten so zu fassen: Der sich in der jungen Generation drüben bahnbrechende Pragmatismus, der zugleich die Überwindung der Ideologe befördert, wurde ausgelöst durch den Bankrott des kommunistischen Unwirtschaftssystems.

Schalck-Golodkowski hat in dem zitierten *Welt*-Interview mehrfach darauf hingewiesen, daß sein Tun einzig und allein darin bestand, den »unausweichlichen Konkurs«, die Zahlungsunfähigkeit der DDR aufzuhalten. Dieses ökonomische Blackout kommt mit tödlicher Konsequenz auf die UdSSR zu.

Erich Wiedemann hat in seinem *Spiegel*-Beitrag (15/90), *Fidel Castros Isolation,* am gerade noch aktuellen Beispiel des stalinistischen Castro-Regimes die prinzipielle Unfähigkeit des Kommunismus noch einmal mehr eindrucksvoll geschildert.

»Kuba hat zehn Millionen Tonnen Rohzucker an osteuropäische Staaten verpfändet, das meiste davon an die Sowjetunion. Aber weil das Viehfutter ausging, mußten im vorigen Jahr die Schweine mit Zuckerrohr gefüttert werden.«

»Die Zuckerproduktion, die immer 85 Prozent des Exporteinkommens ausmacht, liegt heute fast ein Viertel unter dem Niveau des letzten Jahres vor der Revolution.«

Wiedemann zitiert die *International Herald Tribune:* »Das einzige Wunder, das Castro in 30 Jahren vollbracht hat, ist, daß auf Kuba der Zucker knapp geworden ist« – so wie in der Ukraine das Getreide.

Wiedemann weiter: »In Kuba das gleiche Bild der Verwahrlosung wie in Moskau oder Meiningen.«

»Der Sozialismus fängt gleich um die Ecke hinter der Plaza de la Catedral an: graue Straßen mit grauen Häuserfronten, von denen der Putz bröckelt. In den Gassen unten am Hafen hieven die Leute ihr Wasser mit Stricken eimerweise in den vierten Stock, weil die Wasserleitungen kaputt sind. Manche Wohnungen sind durch aneinandergenähte Tischdecken unterteilt.«

Und weiter: »Die Werktätigen warten morgens und abends jeweils eine bis zwei Stunden auf ihren Autobus, weil in Havanna zwei Drittel der ungarischen Ikarus-Busse wegen Ersatzteilmangels stillstehen.«

## *Iwan schützt Iwan*

Diese Erinnerungen beschlichen mich bei den Rotarmisten in Meiningen vom April 1990. Was wird aus ihnen, aus der Sowjetarmee in der DDR? Sicher, sie wird zurückgezogen, irgendwann in nächster Zeit – aber in was für ein Land muß Iwan ziehen?

Für ihn ist der Westen, vor dem er die DDR schützen sollte, zum Lebenswert Nr. eins geworden.

Gorbis Gardisten wollen so leben wie die fremden, freundlichen, gutgekleideten, lachenden, wohlhabenden Menschen, die sie jetzt täglich in der ganzen DDR sehen. Nach dem 1. Juli hat sich nun auch das Gepräge der DDR von Grund auf und im Blitztempo zum Wohlstandsland geändert.

In vielen Soldaten wird der Gedanke keimen, alles zu tun, um in den Westteil Deutschlands zu desertieren, wohin der Arm der KGB auch nach der Wiedervereinigung nicht reicht. Sie tun alles, um Frauen in der ehemaligen DDR zu heiraten, um dort bleiben zu können. In Prag zahlen die Iwans bereit erhebliche Summen an Kronen für eine Scheinehe. Der Iwan muß sich immer mehr vor dem eigenen Iwan schützen.

Gorbatschow steht vor unlösbaren Problemen – es sei denn, irgend jemand brächte ihm bei, was freie Marktwirtschaft, was Demokratie ist.

Ich fürchte, ihm bleibt dies für immer verschlossen. Ich wünschte, ich hätte unrecht. Und ich habe nach der historischen Kohl-Gorbatschow-Begegnung im Juli 1990 in Kasachstan neue Hoffnung, daß ich unrecht habe.

# IX
# Die letzten Tage von Pankow

## Trend:
## Mark statt Marx

## *»Mach dich weg, Holzkopf«*

Berlin, 17. Mai 1990. Einen Monat nach der Volkskammerwahl wieder Unter den Linden. In der Zwischenzeit habe ich beim Generalstaatsanwalt der DDR die Kassation des Urteils vom August 1957 beantragt. Der 1. Strafsenat des Bezirksgerichts Leipzig hatte mich ja nach Artikel 6 der DDR-Verfassung zu zwei Jahren Zuchthaus wegen Boykotthetze verurteilt – ich wollte eigentlich diesmal ohne »Vorstrafe« nach Ost-Berlin. Die Terror-Urteile gegen Wolfgang Harich und Erich Loest wurden Anfang April kassiert. Mittlerweile ist DDR-Generalstaatsanwalt Joseph, dem ich wegen der Kassation schrieb, aus dem Amt gekippt worden – er zählte zu den Verhinderern einer Rechtsdemokratie. Ich muß warten.

Erstaunlich, wie rasch sich alles wandelt. Am neuen Übergang Potsdamer Platz bieten ein Dutzend Trödler alle die jammervollen Fahnen und Orden an, die bis gestern in der DDR als Heiligtümer galten: Aktivisten-Orden, Offiziersmützen, ganze NVA-Paradeuniformen. Selbst auf der DDR-Seite gibt's am Brandenburger Tor SED-Fahnen für dreißig Ostmark zu kaufen.

Sonnenüberstrahlt der Nachmittag dieses Dienstags. Nur aus dem Garten der sowjetischen Botschaft blickt immer noch eiszeitlich versteinert der für alle Zeiten widerlegte Beton-Lenin auf den Boulevard. Vopos verscheuchen knüppelwinkend falsche Westparker vor der Botschaft – ich denke daran, was einem Vopo an der Frankfurter Hauptwache widerführe, wenn er einem Falschparker mit dem Knüppel drohen würde. Am *Operncafe* stehen die ersten westlichen Sonnenschirme mit Stuyvesant-Slogans, Schöllers Eiscreme wird geschleckt, Bitburger gezischt – der Westen rollt unübersehbar seine Palette auf.

Aber die SED-Verkommenheit schaut immer noch aus allen

Ritzen und Regalen der Pleiterepublik. Aus der Humboldt-Uni kommen SED- Funktionäre mit einem PDS-Plakat. Auf dem Palast der Republik flattert die Spalterflagge. Diese Symbole irritieren, stören, machen mißtrauisch – geht so die Einheit? Die Regierung des Herrn de Maizière ist längst im Amt.

Vor dem finsteren Marx-Engels-Monument vor der Ostseite des Republikpalastes lassen sich New York Teenies ablichten, denn »das steht nicht mehr lange«, wie eine Ost-Berlinerin grinsend meint, die ihren Kinderwagen durch das aufkeimende Grün schiebt.

Neben dem Zeughaus ziehen alle halbe Stunde fünf NVA-Gardisten des »Wachbataillon Friedrich Engels« mit Stechschritt und aufgepflanzten Bajonett auf – ausgerechnet zu Ehren der Opfer des Faschismus, die im Kampf gegen Bajonett und Stechschritt starben. Wenige Meter westwärts wird einem diese Gala-Uniform der SED-Paradesoldaten für zweihundert Westmark mit zwei Hosen hinterhergeschmissen. Der Ausverkauf des SED-Regimes ist im vollen Gange, und die NVA tut so, als sei alles beim alten Stasi-Protz geblieben. Eppelmann muß wissen, daß diese Bajonett-Gardisten gleichnishaft für den Schießbefehl stehen.

Eisschleckende junge Holländerinnen lassen sich zum Entsetzen eines NVA-Offiziers neben den Stechschritt-Söldnern ablichten. Alle grinsen. Ich bekam mit, wie die Wachablösung aus der »Ehrenwache« feixend herauskam. Einer der Gardisten zu seinem Kameraden: »Das gibt wieder Lachkrämpfe.«

Ein Passant aus der Bundesrepublik fragt mich: »Dreht hier Hollywood 'ne Naziklamotte?«

Ich mache Fotos. Der Parade-Spuk wird bald vorbei sein. Der Stacheldraht tritt ratenweise, Stachel um Stachel, ab. Die Auslagen in Ost-Berlins Vorzeigegeschäften Unter den Linden werden ob ihres Billiglooks bestaunt. Ganze Schaufenster-Kilometer sind hier mit Angeboten dekoriert, die nach Einführung der D-Mark in der DDR unverkäuflich werden. Das »Haus des sowjetischen Buches« wird ebenso verschwinden wie die Schaufensterecke namens »Bulgaria«.

Die Botschaften Frankreichs und Englands können ihre überflüssigen »Linden«-Quartiere freigeben für den Einzug westlicher Firmen und Geschäfte. Unter den Linden wird der Ku-Damm der neunziger werden, denn jener kann mit der Pracht dieses Boulevards nicht mithalten, zumal die West-Berliner Konsummeile verbilligt und verbraucht ist.

Unter dem liebevollen Servus-Titel »Tschüß SED« – als ob *die* jemand wiedersehen wollte – soll am Ost-Berliner Museumsufer mit einer Foto- und Plakat-Ausstellung der Zusammenbruch des Regimes »dokumentiert« werden. Ich fand diese Polit-Vernissage so arm und eng zusammengestückelt, wie die ganze DDR, vom provokativen Hauptbild angefangen, das Honecker und Kohl beim trauten Händeschütteln zeigt, bis zur bewußten Aussparung der Rolle der USA, deren eiserne Dauer-Präsenz in Bonn und Berlin die imperialistischen Pläne der roten Weltmacht, sich ganz Berlin zu versichern, scheitern ließ und damit auch den Exitus des Stasi-Staates bewirkte. Geschichte muß in der ehemaligen DDR erst noch gelernt werden. Der mit Umsicht gepflegte Antiamerikanismus, der dem unserer Medien in nichts nachsteht, ist ein Kloß im Hals der Wiedervereinigung. Einst die pulsierende Mitte der Metropole, lenkt dieses heute eher steppenleer wirkende Stück Urberlin den Blick auf die Perspektiven der kommenden Hauptstadt der Republik Deutschland. Grüne haben das einstige Sperr-Gebiet um den Potsdamer Platz, der exakt den halben Weg zwischen Reichstag und Checkpoint Charly markiert, vorsorglich mit Jungbäumen bepflanzt und alle Welt eingeladen, es ihnen gleichzutun. Diese ökologischen Blütenträume werden kaum aufgehen, da das Haus Daimler längst das Konzept für den Platz plaziert hat: Eine hypermoderne Konstruktion aus Beton und Spucke wird das einstige historische Machtfeld des Hitlerismus zum Herzstück gesamtdeutscher Prosperität wandeln.

Die Grünen schreien natürlich. Aber Momper sieht die neuen Pfründe. Außerdem gibt's wirkliches Parkgrün in Hülle und Fülle diesseits des Brandenburger Tores – der Todesstreifen wird eine zentrale Citytrasse werden. Ein städtebaulicher Verkehrshit. Während auf der westlichen Seite des neuen Übergangs Potsdamer Platz – wie an allen anderen Übergängen – niemand kontrolliert, stehen die einzig wirklich verdienten Arbeitslosen von morgen in voller Grepo-Montur zu Hunderten auf der Ostseite herum und üben sich in der sinnlosen Paßkontrolle.

Als mein Sohn Tilly (sechzehn) in der Höhe der Wallstraße durch die dort zerklüftete Mauer in den Ostteil durchsteigt, faucht ihn ein Hauptmann der Grenztruppen an: »Mach dich weg, Holzkopf.«

Die alte DDR hat mit diesem Zuruf in Tilly den jüngsten neuen Freund gewonnen. Ich jedenfalls kann mit ihm, der zum zweiten Male mit mir in dieser DDR war, über diese kaum mehr reden. »Das ist alles null.«

Auch sein siebzehnjähriger Freund Markus und meine achtzehnjährige Tochter Katja sind nach dem Ost-Berliner Spaziergang – den wir gemeinsam vor vier Wochen mit einem Gang durch das verwüstete thüringische Meiningen vorbereitet hatten – von der Präsenz der Vopos und Parade-Soldaten abgestoßen. Drei Jungbürger: Markus:»Solange die da sind, will ich nicht mehr rüber.«

Tilly: »Ich habe besseres zu tun als diesen Stasimasken meinen Paß zu zeigen.«

Katja: »Ich habe gut drei Kilometer Zeitung über die DDR in den letzten Monaten gelesen – aber solange rote Soldaten und Vopos kontrollieren und paradieren, will ich mit der DDR nichts zu tun haben.«

Was diese drei Kids denken, läßt sich hochrechnen. Die demokratisch gewählte Konkursverwaltung der DDR muß die Stasi-Rituale bald entfernen.

## *Mit Vopo-Eskorte durch Dresden*

27. April 1990.Es regnet von Aschaffenburg bis Dresden. Nach einem guten Gespräch mit Rolf-Dieter Meißner, Direktor der Staatlichen Museen in Meiningen, rollen wir in Richtung Zwickau. Vor uns wieder ein Lkw mit Rotarmisten, die uns das

V-Zeichen machen. Wir geben das Victory zurück. Die Muschiks lachen.

Meißner fürchtet, daß im Gefolge der D-Mark-Einführung die Hälfte seiner sechzig festangestellten Mitarbeiter entlassen werden muß.

An der Intertankstelle zwischen Naumburg und Weißenfels gibt es für acht handbetriebene Zapfsäulen einen Kassierer.

Ich denke: Sechzig Museums-Angestellte und ein Tank-Kassierer, das geht in der Marktwirtschaft kaum – ganz abgesehen davon, daß es auch keinen Kassierer mehr geben wird, der zwischen den Zapfsäulen hin- und herspringt und nach jeder Tankfüllung die »Automaten« wieder auf Null stellt, weil sie das von allein nicht können – geheimnisvolle VEB-Automatik.

Vor allen Tankstellen Autoschlangen – bei Bad Lausick fuhren wir an einem Zapfcenter vorbei, vor dem abgezählte hundertsechsundzwanzig Trabis warteten.

Die Innenstadt von Leipzig hat, man achte (!), eine Tankstelle gegenüber dem Neuen Rathaus, die Samstagmittag schließt.

Gegen vierzehn Uhr verlassen wir hinter dem Hermsdorfer Kreuz die wellige und zerbröckelnde Transit-»Autobahn« in Richtung Zwickau.

Die DDR sieht im Regen noch schlimmer aus. Dreck, Abfall, Bauschutt längst der zerklüfteten Pflasterstraße, die nach Zwikkau führt. Verrußte Fabrikschornsteine hinter zerschlissenen Werkshallen. Die Landschaft ist industriell aufs Gräßlichste zersiedelt.

Rücksichtslos wurden rostige Rohre und demolierte Trassen quer durch die einst parkähnliche Landschaft geführt. Aus allen Schloten qualmt Schmutz – die Grünen sollten in die DDR umziehen, sie hätten eine Lebensaufgabe, wenn es ihnen, was ich bezweifle, ums Ökologische geht. Ihnen ging und geht es gegen Bonn – und sonst um gar nichts. Die flächendeckende Umweltverwüstung in der einstigen Sowjetzone ist genau das, was man als die kulturelle Identität des zusammengefallenen Stasi-Supergaues bezeichnen könnte. Den trauten Winkel einer Armeleuteherberge haben uns nur die »Sommers« einreden wollen.

Ich frage mich auf dieser Fahrt schon wieder, was unsere Korrespondenten, Literaten, Botschafter und Manager, die drüben ein und ausgingen, solange die SED noch herrschte, eigentlich getan haben, um diese ökologische Zerstörung der DDR kundzutun. Sie haben diese Umwelt-Katastrophe im anderen Teil Deutschlands schlicht verschwiegen oder honett als Sündenfall verniedlicht. Die einen aus lauter Anbiederung an die SED, die anderen aus unlauterer Gier, Geschäfte mit dem Honecker-Clan zu machen. Die dritten aus Gleichgültigkeit. Niemandem konnten der Zerfall der Städte und die Zerstörung der Umgebung entgehen.

Zwickau ist in der nach unten offenen DDR-Verrottungs-Skala der absolute Mega-Hit des real existierenden Sozialismus.

Die Einfahrt in die alte sächsische Industriemetropole gleicht einem Trip durch eine Vorstadt, frei nach der Marxschen Verelendungstheorie: Rußgeschwärzte, zerborstene Fassaden, leerstehende Harlem-Hütten ohne Fenster.

Und wo noch jemand wohnte, weht die deutsche Fahne aus dem blinden Guckloch, das in der DDR als Fenster gelten mußte.

Dazwischen armselige Geschäfte – aber vor den Geschäften plötzlich Plakatständer mit dem knalligen Rot für *Bild.*

## *Bild, Bier & Cola*

Bild gibt es in Sachsen komplett – keine Straße in Zwickau, Chemnitz oder Hohenstein-Ernstthal ohne *Bild* – der erste, unübersehbare Farbfleck im DDR-Alltagsgrau. Über eine Million Exemplare des Massenblatts werden täglich in der DDR verkauft.

Ein Leipziger Freund aus vergangenen Tagen gesteht mir anderntags: »Ich sammle *Bild.* Das ist für uns die erste freie Information. Ich kann das nach so langen Jahren einfach nicht zum Altpapier geben.«

Und Hopfen und Malz ist da. Komplett. Allen voran, soweit wir das sehen konnten, Paulaner mit der ganzen Produktpalette vom Pils bis zum Hefeweizen. Und kein Konsum-Geschäft, kein HO-Laden ohne Cola.

Der Westen ist im Osten gleichsam im Heilszeichen des trademarke-geschützten Dreigestirns Bild, Bier & Cola aufgegangen.

In den Einkaufstaschen der Zwickauerinnen ist offensichtlich kein Platz mehr für die drittklassige Secondhandware der Abfallwirtschaft. Die Colabüchse liegt hier traut neben *Bild.* Die Arbeiterinnen, die sich jetzt Zitronen kaufen, lernen wieder lächeln.

Die stille Revolution kam von den Arbeitern und Bauern in deren Namen sie unterdrückt wurden. Dort, wo das Elend am sichtbarsten ausgelegt ist, in der pauperisierten Industrielandschaft Sachsens und Thüringens, dort weht die deutsche Fahne, dort klebt an jedem parkenden Trabbi die CDU-Plakette.

Dort aber, wo die uniformen Platten-Neubauten ohne Fenstersims und Balkon das Stadtbild zerstören, da kleben PDS-Plakate – da ließ es sich die Stasistaat-Elite auf Kosten jener Arbeiter und Bauern gut gehen, denen sie vierzig Jahre vermiesten – man kann übrigens darauf wetten, daß – nicht wenige Wartburgs und Ladas, die noch den DDR-Aufkleber am Wagen haben, von SED-Privilegierten gelenkt werden. Sie geben Westautos oft keine Vorfahrt, zeigen den Vogel und verbergen auch sonst kaum, daß sie sauer auf uns und die Wende in der DDR sind: Sie schauen weg oder geben angeberisch Gas, lassen den Wessie wissen, daß man ihn nicht will.

Ganz anders bei den Arbeitern. Sie grüßen, hupen, grinsen, nicken, heben den Daumen, machen das Victory-Zeichen. Eine Schizophrenie für sich, daß ausgerechnet das auf dem Leninismus basierende SED-Regime am eigenen Leibe erfahren mußte, daß es sich in der Arbeiterklasse der DDR seinen alles entscheidenden Gegner schuf.

Es muß festgehalten werden: Die Wende in der DDR wurde weder von den schicken Literaten noch vom redeflüssigen Neuen Forum oder den properen Pfarrern realisiert, sondern einzig und allein von jenen jungen Facharbeitern und deren mutigen Frauen, die den Ausbruch aus dem KZ-Staat wagten und damit dem zurückgebliebenen Proletariat den Mut gaben, in Leipzig, Zwickau, Chemnitz, Plauen, Suhl oder Magdeburg auf den Straßen und Plätzen das Ende der SED-Diktatur zu erzwingen. Die Linke würde – die PDS-SPD-Koop-Demo am 1. Mai in Berlin bewies dies deutlicher als alle Bekundungen – wenn sie von den Arbeitern nicht daran gehindert würden, den sozialistischen Gesamtirrtum noch mal von vorne begehen.

Das liefe dann so: Nach einem Jahr würden die ersten Kritiker gerügt, später verbannt, dann eingelocht. Der Exodus würde erneut beginnen. Die erste Mauer würde gebaut, die Zuchthäuser neu mit politischen Gefangenen aufgefüllt, Cola und *Bild* verboten.

Das Ganze noch mal von vorn. Die Arbeiter erkannten die Gefahr und schufen den Spruch, der sie alle gegen die falschen Weltverbesserer eint: »NIE WIEDER SOZIALISMUS!«

So grau und grämlich die Altstadt von Zwickau auch ausschaut, sie ist in ihrer städtebaulichen Substanz zwar angeschlagen, aber wieder aufzubauen.

Anders Chemnitz. Die ehemalige Karl-Marx-Stadt hatte vor allem unter dem Bauplattensyndrom der SED-Architekten zu leiden.

Als namentliche Metropole des personifizierten Weltirrtums namens Marx, jener ideologischen Leid-Planke aller Polit-Querulanten des zwanzigsten Jahrhunderts, mußte die City von Chemnitz dazu herhalten, die endlöserischen Bau-Phantasmagorien des Politbüros Platz zu machen. Folglich hat Chemnitz kein Zentrum mehr, sondern ist eine von Straßenbahnen, Trabiströmen und Betonklötzen zerklüftete Wüstenei, die den Besucher abweist.

## *Karl Mays Geburtshaus*

Vor Chemnitz haben wir in Hohenstein-Ernstthal nach dem Geburtshaus von Karl May gesucht. Wir fanden es in einer von kleinen und vergammelten Häusern umsäumten Durchgangsstraße im oberen Teil des Ortes. Seit der Rehabilitierung von Karl May – der jahrelang als faschistoider Vorkämpfer des arischen Herrenwahns denunziert wurde – hat man die Straße vor drei oder vier Jahren nach ihm benannt.

Wir standen vor dem kleinen, baufälligen Häuschen, in dem der erfolgreichste deutsche Schriftsteller geboren wurde. Ein verblichener Zettel an der Tür weist darauf hin, daß das Geburtshaus nur ab und zu und in jedem Fall am Wochenende nie geöffnet ist. Man spürt, daß die SED neben ihrem Gott Karl Marx keinen Karl May haben wollte.

Mir fällt ein Witz ein, der in Leipzig erzählt wurde: Fritz trifft seinen Freund Hein, fragt ihn, was er mache. Heinz: »Ach, ich habe Ferien und da lese ich mal *Das Kapital* von Karl May«

»Was machst du«, staunt Fritz, »*Das Kapital* ist doch nicht von Karl May, sondern von Karl Marx.«

»Aha«, meint Heinz, »ich habe mich schon gewundert. Ich bin auf Seite fünfzig und bis dahin gab's keinen einzigen Indianer.«

Wieder auf der Transit-Autobahn Chemnitz–Dresden.

Zwanzig Minuten vor Dresden ein Stau. Ursache eine Autobahnbrücke, deren eine Hälfte einst von der Wehrmacht weggesprengt wurde.

In dem halben Jahrhundert seit dem Krieg wurde die Brücke nie wieder aufgebaut. Und genauso sieht ein Teil des DDR-Autobahnnetzes aus: Es wurde an dieser Platten-Autobahn nur herumgeflickt, meistens aber überhaupt nichts gemacht. Die Ränder der Autobahn zerbröseln.

Andererseits: Was wäre eigentlich mit der DDR heute, wenn es diese Autobahn-Reste aus der Nazizeit nicht gäbe. Man müßte mit fünfzehn Stunden Autofahrt von Aschaffenburg nach Dresden und zurück rechnen – der Wagen wäre danach ein Muster ohne Wert.

Ohne dieses Autobahn-Torso wäre die DDR nicht erreichbar. Ausgerechnet der sich »einst« verlogen antifaschistisch gebärdende Musterstaat deutscher Geschichte verdankt heute seine Wiederherstellung auch einem Relikt aus dem Tausendjährigen Reich: Der Autobahn. Sie ist fast das einzige, was noch halbwegs brauchbar ist.

Dresden. Allenthalben spüren wir die Überbleibsel der einst prachtvollen Stadt, des sächsischen Elbflorenz.

Nur: Je näher wir dem einstigen Zentrum kommen, desto fremder wirkt Dresden. Wie in Chemnitz hat die präsidiale Sowjet-Architektur die City verwüstet. Statt eines intimen Begegnungszentrums – wie es Leipzig noch besitzt – bietet Dresden rund um den Zwinger Tristesse. Ein fehlender Markt bringt jede City zum Infarkt. Nur Handel und Wandel bringen Geschäfte und Kneipen. Wir verfahren uns restlos in der unbeschilderten, sinnlos geführten Straßen-Wüstenei und stoppen vor zwei Vopos mit Motorrad. »Na, da habbder euch scha dodal verhedderd, Gameraden«, sagt der eine grinsend. »Farhd mir nach.« Und ab geht die Post – mit Vopo-Blaulicht-Motorrad quer durch die verrottete City zum Hotel *Dresdner Hof.* Vopo im Schoko-Look. Wir haben uns herzlich bedankt. Der Vopo: »Iss doch glaar. Mir sinn een Folg.«

Der *Dresdner Hof* hat internationales Niveau – mit nur wenigen Abstrichen. Alles, bis aufs Telefon in den Westen, funktioniert. Die Zimmer komfortabel – mit TV und drei Videoprogrammen inklusive Softporno (*»Emanuelle«*). Im Bad Fön, Schuhanzieher – pro Kopf und Nacht zweihundertzehn Westmark.

Erster Rundgang. Die Schloßkirche. Die barocke Pracht sieht geplündert aus. Die Semper-Oper riecht nach Reichskanzlei-Baustil – mir gefällt sie nicht. Erinnert an das neue Leipziger Opernhaus. Der Zwinger eine Baustelle mit verrosteten Gerüsten, Lattenzäunen.

Eine Gedenktafel mahnt: »Anglo-amerikanische Bomberverbände zerstörten den Zwinger . . .«

Und als demagogischer Schlagobers: »Am 8. Mai befreite die Rote Armee Dresden.« Danach wurde folglich der Zwinger von den Iwans geschützt und in »voller Pracht wiederaufgebaut.«

Die Pracht ist längst wieder beginnendem Verfall gewichen. Vor allem aber: Der Zwinger wurde nicht durch anglo-amerikanische Verbände zerstört, sondern durch britische Bomber. Und die Schuld an der Zerstörung des Zwingers trägt nicht London, sondern Hitler, der den Krieg vom Zaun brach. Die Wortwahl »anglo-amerikanische Bomberverbände« belegt die nahtlose Übernahme der OKW-Sprachregelung, die den ostdeutschen Kommunisten dazu diente, den Antiamerikanismus der Nazis nahtlos in den real existierenden Sozialismus einzubringen. Letzterer schuf direkt neben dem Zwinger einen volkseigenen Schnellimbiß mit dem sinnigen Namen *Zwinger*, gegen den alle Frittenbuden oder Frikadellencenter hierzulande sich wie Atzungsoasen ausnehmen – billig und heruntergekommen wie die Innenstadt inklusive des »Einkaufszentrums« an der Webergasse.

Ein volkskammerstilgeprägtes Unhaus verdeckt die Ruinenlandschaft des Dresdner Schlosses zwischen Frauenkirche und Zwinger. Das Regime hat diese Zeugnisse barocker Baukunst hemmungslos der Verrottung preisgegeben. Ulbricht sagte mir mal als jungem Leipziger Gewifa-Studenten: »Wir brauchen keine Denkmäler vom Klassenstaat.« Das Schandmal des Dresdens von heute war einst Dresdens Zierde: Die Frauenkirche. Aus einem Trümmerberg ragt unmittelbar gegenüber der glatten *Dresdner Hof*-Fassade ein Turmtorso.

Dresden – wo fängt der Wiederaufbau einer Metropole an, deren Innenstadt irreparabel auf Distanz zum menschlichen Kontakt gebracht wurde? Sicherlich an der Elbe, dort, wo die Brühlschen Terrassen von einstigen Elbflorenz künden, wo die Schiffe der Elbschiffahrt anlanden – diese heißen natürlich »Ernst Thälmann« und »Wilhelm Pieck« – noch!

Gleich neben dem *Dresdner Hof* prangt eine Gedenktafel, die an den »Widerstandskämpfer Walter Ulbricht« erinnert. In der Münzgasse, an der Seite des Luxushotels, hat sich in einem von unten bis oben perfekt renovierten Patrizierhaus die West-LB niedergelassen, dazu eine renommierte Münchner Kanzlei. An der Ecke eine Edel-Pinte mit Holsten-Bier. Gegenüber ein Bierkeller mit Swing-Quartett und Paulaner – da, an der Elbe entsteht das neue Dresden.

## *Trip zur grünen Hölle*

28. April 1990. Der Frühstückskaffee im *Dresdner Hof* ist gut. Es wird Jacobs, Onko oder Tchibo und nicht der Grüne aus Nicaragua sein.

Nur Brot und Brötchen schmecken nicht. Nirgends. Wahrscheinlich gibt's zwischen Rostock und Riesa nur ein einziges sozialistischen Volksbrot-Rezept. Das Personal dafür perfekt. Das *Bellevue* am Elbufer soll noch besser sein. Das Semper-Inkasso läßt grüßen.

Unser Tagesplan. Wir wollen über Waldheim nach Leipzig, verfahren uns aber in Dresden, da in der Stadt fast keine Verkehrsschilder zu finden sind. Die wenigen Hinweistafeln sind verwirrend, komplettieren den Eindruck, daß die Elbestadt auf die neuen Verkehrsströme nicht eingestellt ist – der verheerende Straßenzustand des katzenkopfgepflasterten Dresdens unterläuft mühelos den jammervollen sozialistischen Alptraum of Drive in anderen DDR-Städten. Die Ausfahrt führt nochmals am schmutzigsten Wasserlauf Westeuropas vorbei – an der Elbe. Die zerfallene Barockpracht verschwindet im Weichbild des Rückspiegels, verfallene Villenquartiere wechseln mit den gesichtslosen Plattenbauprodukten der VEB-Wohnzellen-Zersiedlung. Die Stadt, einst von sechzehnhundert hauptamtlichen Stasi-Beamten und ihren zahllosen Zuträgern beherrscht, von hunderttausend SED-Mitgliedern willenlos gegen ein paar Billig-Privilegien dem Verfall preisgegeben, hinterläßt zwiespältige Gefühle im scheidenden Besucher. Nicht zufällig hatten hier am 18. März die PDS-Kostümbildner der SED knapp achtzehn Prozent der Wähler erreicht – mehr als die SPD. Die CDU holte 36,9 Prozent.

## »Kein Freibier für niemand«

Letzte Augenblicke: Die quietschende, verrostete Straßenbahn, die sich durch das zerbröselnde Mittelpflaster der Straße wie ein Panzer rasselnd ihren Weg pflügt. Stand-Bilder seiner stehengebliebenen Zeit. Die Spray-Zeile mit dem Gagout »Kein Freibier für niemand« entläßt uns grinsend aus einer Stadt, die es verdammt schwer haben wird. Ihre Zigarettenfabriken sind so gut wie tot, chancenlos gegen die aufrückende Westkonkurrenz. Wir lasen im Hotel, daß die Dresdner Schokoladenfabrik *VEB Elbflorenz* ihre Schotten gänzlich dichtmachte – dreihundert Mitarbeiter arbeitslos. Neue Arbeitsplätze werden allerdings überall angeboten. Das eben eröffnete Karstadt braucht Verkäuferinnen. Der Otto-Versand hat eine Filiale eröffnet und braucht jede Menge Mitarbeiter. Auf vielen der VW-Verkaufsbusse mit Jeans, Radio Recordern oder dem kompletten Harribo-Nasch, die auf dem Trödelmarkt zwischen Zwinger und Webergasse stehen, prangt der bezeichnende Text: »Suchen Arbeitskräfte für die BRD.«

Endlich gelangen wir auf die Autobahn Richtung Leipzig.

Kurz vor Döblin biegen wir in Richtung Waldheim ab. Wir holpern und kurven über Nebenlandstraßen durch die mittelsächsische Hügellandschaft auf Waldheim zu, vorbei an kleinen Dörfern, auf deren Häusern LPG-Mitarbeiter oder Kleinstbauern abenteuerliche Antennengerüste aufgestellt haben, um die Signale aus dem freien Westen auf den real existierenden DDR-Boden runterzuholen. Erstaunlich die vielen Parabolspiegel neuester Bauart, welche die zwanzig Programme des Kopernikus- und Astra-Satelliten empfangen können. Jedenfalls ließ sich auf dem Lande die SED-Diktatur menschlicher überleben als in den Städten.

## *Wer nichts wagt, kommt nicht nach Waldheim*

Nach drei Jahrzehnten stehe ich unvermittelt vor der Eingangspforte zur »Grünen Hölle von Sachsen«, vor dem Zuchthaus Waldheim – für ungezählte Menschen fürchterliche Endstation ihrer Existenz. Ein Wärter in neuer dunkelblauer Justiz-Uniform schaut neugierig auf unsere Kameras, sagt nichts, läßt uns knipsen. Er hatte wohl die *Stern*-Reportage über die Stasi-Foltern in der benachbarten Waldheimer Nervenklinik gelesen, die wir »Hoppla« nannten – Kürzel für Haft- oder Pflegeanstalt.

Waldheim macht den DDR-typischen heruntergekommenen, abgerissenen Eindruck – aber auf dem Haus des Gefängnisdirektors, gegenüber dem Zuchthaus-Komplex gelegen, steht ein Parabolspiegel. Hinter der Resistenz des Zuchthaus-Meisters offensichtlich ein sowjetisches Militärprojekt. Eine Tafel untersagt jede Weiterfahrt für ausländische Militärmissionen. Gemeint sind die US-Missionen in Potsdam und Leipzig.

Ich wurde am 24. März 1959 nach zwei Jahren Haft aus dem Zuchthaus Waldheim entlassen. Ich saß in der »Bremen«, dem wohl berüchtigsten Zellenhaus Westeuropas. »Bremen«, weil der Längsbau mit seinen zahllosen Zellenfenstern nächtens ausschaute wie ein im Tal verankerter Ozeanriese.

Waldheim, idyllisch im Tal der Zschopau gelegen, zwölftausend Einwohner, wurde 1271 als Burgflecken gegründet, erhielt schon 1286 Stadtrecht – und muß einst ein Kleinod Sachsens gewesen sein, bevor das alte Kloster vom letzten sächsischen König zum Gefängnis gemacht wurde.

Der Waldheimer Zuchthauskomplex, der bis dreitausend Häftlinge aufnimmt, aber während der großen Verhaftungswellen mit bis zu 6000 Inhaftierten überbelegt war, ist nur von der Nordseite her etwas einsehbar, vom Meinsberg blickend, entdeckt man hinter Werkstätten das Ungetüm der »Bremen« und die Spitze der Klosterkirche. Aber der alte Klosterbau, in dem, jedenfalls zu meiner Zeit, die Neuankömmlinge und später die Abgänge eingepfercht wurden, ist ebensowenig zu sehen wie die übrigen Zellen- und Verwaltungsgebäude.

In einem dieser Verliese hat Karl May viele Jahre gesessen. May wurde immer wieder wegen kleiner Betrügereien eingelocht. In Waldheim soll er in der Gefängnis-Bibliothek beim Studium über nordamerikanische Indianerstämme die Figur von Winnetou erfunden haben.

## *Sechsundzwanzig Häftlinge erwürgt*

Die Geschichte von Waldheim nach dem Kriege muß noch geschrieben werden – neben Frankfurt/Oder soll Waldheim das einzige Zuchthaus gewesen sein, in dem bis zur Abschaffung der Todesstrafe in der DDR auf dem Richtblock Menschen hingerichtet wurden – in Frankfurt/Oder bediente man sich der Guillotine. Teile der antistalinistischen Wlassow-Armee wurden von NKWD nach dem Krieg nach Waldheim verschleppt – die kyrillischen Inschriften in den Wandschränken hatten mich daran erinnert. Mir war erzählt worden, daß die sowjetische Wachmannschaft seinerzeit im Winter die Zellenfenster zertrümmert hätten, um die Angehörigen der Wlassow-Armee erfrieren zu lassen.

Am spektakulärsten waren jedoch jene Waldheimer Vorgänge, in deren Gefolge in der Nacht vom 3. zum 4. November 1950 sechsundzwanzig Häftlinge mit Drahtschlingen von deutschen Henkersknechten im Keller der »Bremen« erwürgt wurden – ich erwähnte es schon. Später distanzierte sich die DDR-Justiz unter dem Druck Moskaus von den Waldheimer Morden. Aber das Klima war seitdem in der »Bremen« vergiftet – die Lebenslänglichen in der obersten Etage des Zellenschiffs erzählten, wie sie die Schreie der Strangulierten hörten. Die Wärter der »Bremen« waren sorgfältig vom Stasi ausgewählte Menschenschinder.

Ich dachte an die Entzugszelle von zwei auf zwei Metern, in die ich gepfercht worden war. Freigang gab es nicht. Montagmorgens mußten wir Entzugshäftlinge in der »Bremen« – es gab als Bestrafungs-Steigerung noch die Arrestanten, die in abgedunkelten Verliesen dahinvegetierten – vor den Zellen völlig nackt antreten.

Jungen Vopo-Offizierschülern wurde an uns nackten »Entzuglern« demonstriert, wie man Häftlinge absucht. Wir mußten uns bücken, damit uns die Nachwuchsschnüffler den Hintern ausleuchten konnten. Einige Gefangene wehrten sich gegen die Visite der uniformierten »Arschäologen«, wie wir sie nannten, mit aufgestauten Winden. Die dramatische Langeweile des Nichtwissens über Wunder, die nie eintraten, zehrte an den Nerven des Häftlings in Einzelhaft. Das Zählen der abgesessenen Tage nervte zudem, denn bei fünfhundert abgezählten Tagen blieben immer noch fünfhundert, wenn man tausend absitzen mußte. Ich habe dort immerhin zweihundertvierzig Tage in Einzelhaft verbracht. Täglich repetierte ich die Hauptstädte der Welt, das Periodische System der Elemente und sonstige Wissensgebiete, um geistig nicht abzubauen.

Für acht Wochen kam ich Ende 1958 in eine größere Gemeinschaftszelle mit zwölf Mithäftlingen. Um die Zeit totzuschlagen, hatten wir eine einmalige Idee: Wir gründeten eine eigene DDR-Regierung. Da ich Ulbricht imitieren konnte, wurde ich Generalsekretär, ein Mörder wurde Justizminister, ein Sittlichkeitstäter Verkehrschef. Die Sitzungen dauerten täglich bis zu sechs Stunden. Ich eröffnete die Tagung der DDR-Regierung in der »Bremen« stets pünktlich nach dem Frühstück gegen acht Uhr morgens.

Unter den Wärtern sprach sich die Regierungsbildung in der Gemeinschaftszelle vom dritten Stock schnell herum, wie uns die Kalfaktoren berichteten. Die Vopos drängten sich darum, in der dritten Etage der »Bremen« Dienst zu tun, um an der Tür zu lauschen, wie wir die DDR-Regierung verhohnepipelten. Die Wärter sollen sich, so die Kalfaktoren, vor Lachen gekrümmt haben. Später kam ich in die Zelle eines zu zehn Jahren Zuchthaus verurteilten Kriminellen. Der hatte sich einen bösen Gag ausgedacht, um die Wärter zu ärgern. Er bohrte tagelang in einem kleinen Loch in der Zellenwand unter dem Gitterfenster. Den Beamten fiel das auf. Sie witterten Unrat, womöglich Ausbruch.

Dabei war das Loch nicht größer als ein Daumen. Das einzige, was mein Haftkamerad mit dem Loch tat, war indessen, es vollzuspucken, richtig aus voller Lunge in das Loch zu rotzen. Die Wärter holten zwei Offiziere, plötzlich wurde die Zellentür aufgerissen. Wir wurden angebrüllt, sofort rauszutreten. Einer der Offiziere stocherte wie besessen in der Loch-Spucke. Wir sind fast gestorben vor Lachen.

Als ich am 25. März 1959 entlassen wurde, fragte mich der Zuchthausdirektor, ob ich Beschwerden hätte. Ich antwortete, daß mir »die Vorzüglichkeit des so glänzend vitaminös zusammengesetzten Essens ebenso behagt« habe wie »das Entgegenkommen der Wärter«. Ich hatte mir diesen Abschiedssatz einstudiert, insbesondere das »behagt«. Der Mann warf mich förmlich aus dem Zuchthaus. Einem älteren Mitgefangenen, dem nach seinem zweiten Infarkt eine Art Notentlassung gewährt wurde, weil es die Vopo nicht gern sah, wenn jemand im Zuchthaus starb, diesem Todkranken nahm die Wache am Zuchthaustor, das ich jetzt so schön renoviert wiedersah, den Krückstock ab: »Där Schdogg iss Eischendum des Folges«, sächselte der Idiot.

Vera, die mich vor dem Gefängnistor erwartete, bat ich, dem Alten neben mir einen Krückstock zu besorgen. So schnell wurde sicherlich nie wieder ein Krückstock gekauft.

Der arme Kerl keuchte mit dem schönen neuen Stück für hundert Ostmark zum Bahnhof in der Oberstadt Waldheims hinauf. Ich habe ihn nie wiedergesehen. Wie er sind Zehntausende Waldheimer und Bautzener, Torgauer und Brandenburger im Nichts des Vergessens verschwunden.

Sicher – als ich Waldheim jetzt wiedersah, war es wie ein Abtauchen in ein fremdes Leben. Der flotte Leipziger Spruch: »Wer nichts wagt, kommt nicht nach Waldheim«, ging mir freilich nie wieder so von den Lippen, wie ich ihn als Student ausspuckte und dabei wohl damals die insgeheimen Ängste vor dem Polizeiregime karikierend zu verdrängen suchte.

Ich habe viel vergessen und allen vergeben; es ist so, als ob ich im Rückblick an ein zweites Ich erinnert worden wäre. Waldheim kam mir allerdings immer in Erinnerung, wenn die RAF-Gangster und ihre juristischen wie journalistischen Hiwis von »Isolationsfolter« in Hochsicherheitstrakten schwafelten.

Was sich in den DDR-Zuchthäusern abspielte, ist hierzulande nicht einmal denkbar. Ich mache vom Meinsberg aus »Bremen«-Fotos – das war's dann. War ich da wirklich mal drin? In diesem Moment rastet sich mit vier Piepsern das C-Telefon ein. Der Richtfunk unserer Post in Leipzig reicht bis Waldheim. Das hat mich befriedigt. Vor einunddreißig Jahren wurde ich als gebrochener junger Mann aus dem Zuchthaus gestoßen. Heute stehe ich vor der »Grünen Hölle« Sachsens mit Autotelefon.

Die Weiterfahrt nach Leipzig führt durch eine Landschaft, in der ich meine Jugendferien verbracht habe: Frohburg, Burg Gnandstein, Bad Lausick, Colditz. Nichts ist mehr vom Liebreiz dieser schönen Flecken übrig – alles verfallen.

## *Espenhainer Mondlandschaft*

Wir passieren das Braunkohlenrevier Böhlen und Espenhain, die qualmenden Menetekel der monströsesten europäischen Dreckschleuder. Ich habe hier, im Haftarbeitslager Regis-Breitingen sechs Wochen lang Schienen im Tagebau verlegt. Auch daran kaum Erinnerungen. Verdrängt. Gottlob. Und Böhlen? Wenn der Emissions-Spuk vorbei ist, wird diese abgebaute Mondlandschaft im südlichen Flachlandbecken Leipzigs ein phantastisches Urlaubsgebiet abgeben. Große Badeseen in den leergebaggerten Revieren sind bereits entstanden. Das Grün der wild wuchernden Fauna der Schonungen ist trotz des qualmenden Horrors voll angegangen. Kein Baum, den ich sah, hatte Schaden genommen. Alles blüht und grünt so wie an der wohl am meisten befahrenen Autobahn zwischen Frankfurt und Aschaffenburg.

Das Baumsterben als Zwangsneurose ökologischer Medien-Hysterie? Spontanvegetation, die im Qualm der Braunkohle prächtig aufblüht?

Am Horizont reckt sich ein Klotz in den Blick. Das Völkerschlachtdenkmal. Lange hatte ich es nicht mehr gesehen, das Mammut-Spektakel, das mir immer schon imponiert hat. Für mich das Denkmal aller Denkmäler.

## *Kein Bier im Kaffeebaum*

11. Mai 1990. Zu unserer zehnten Fahrt in die DDR seit Januar rollen wir – Armin und ich – diesmal übers hessische Hünefeld rüber in die DDR, erreichen bei Buttlar die innerdeutsche Grenze und sind gegen Mittag in Bad Salzungen. Der Ort ist bis zur Unkenntlichkeit von Walzwerken und Zulieferindustrie zersiedelt, verschmutzt und verkommen. Schwamm drüber – die DDR ist komplett kaputtgemacht worden. Es ergibt wenig Sinn, dies von Ort zu Ort zu repetieren. Wir sind nur immer wieder erschüttert, wie komplex die SED das Land platt machte. Wir erreichen bei Eisenach die Autobahn und kommen rasch – Tempo hundertdreißig – bis zur Ausfahrt Meerane. Eigentlich wollte ich die sächsische Stadt besuchen, um einmal den Geburtsort von Erich Knauf zu sehen, einst Lektor der Büchergilde Gutenberg, Pressechef der Terra und zudem Texter vieler Werner Bochmann-Hits in Rühmann-Filmen. Zusammen mit Knauf wurde Erich Oser, der unter dem Pseudonym e.o. plauen *Vater und Sohn* erfand, verhaftet. Beide, e.o. plauen und Knauf, wurden von ein und demselben Denunzianten der Gestapo ausgeliefert. Knauf hingerichtet. Oser beging in der Zelle Selbstmord. Ich erinnere mich daran, daß auch Werner Bochmann, der an diesem 17. Mai neunzig wurde, ebenfalls aus Meerane stammt.

Die Zeit läßt aber den Abstecher nach Meerane nicht zu. Wir fahren von der Autobahn ab in Richtung Altenburg. Als Junge habe ich gemeinsam mit meinen Eltern oft die schöne Stadt besucht, die Burg, das Spielkartenmuseum. Altenburg 1990. Das Pflaster der Innenstadt aufgerissen, Häuserzeilen im letzten Verfall. Wir schauen zu, daß wir weiterkommen.

Wir haben keine Lust mehr, uns das Immergleiche anzugukken, das uns seit Meiningen in jeder DDR-Stadt begegnet. Selbst die weltberühmte Altenburger Spielkartenfabrik schaut von draußen aus wie ein Kartenhaus, das gleich zusammenstürzt. Das Abstoßendste an Altenburg sind die Kasernen der Sowjetarmee – keinem GI wären derlei Verliese zuzumuten.

Gegen siebzehn Uhr Leipzig. Zum dritten Male in diesem Jahr. Wir steigen im *Astoria* ab, dem einstigen Prachthotel neben dem Hauptbahnhof. Das Haus ist gut geführt, die Zimmer korrekt, sauber, alt. Wir besichtigen das *Merkur*, Leipzigs neokapitalistische Edelherberge, eine potthäßliche Betonsäule an einer infrastrukturlosen Ecke Leipzigs, seelenlos die Innenarchitektur. Bars und Restaurant sind als fahlglitzernde Devisenfallen aufgestellt worden – man spürt förmlich die Westmark-Gier aus jeder Ecke des semi-modernen Glaspalastes. Gemessen am gelungenen Hotelneubau *Dresdner Hof*, ein Rückfall in die Steinzeit des Hotelbaus – so ausverkauft die Nobelherberge auch sein mag.

Nach der langen Fahrt dürstet es uns nach kühlem Biere. Ein Vierteljahrhundert habe ich immerhin in Leipzig gelebt, aber was auch immer in Leipzig war und geschah: Ein frisches Helles vom Faß zählte in der alten Buch- und Messestadt stets zu den absoluten Naturkonstanten. Ich glaube, daß es nirgends sonst in der Welt so viele Bierpinten gab.

Doch an diesem 11. Mai 1990 suchten wir vergebens nach einem kalt angezischten Blonden. Alle Versuche scheiterten: In *Zills Tunnel*, einst Mekka der Faßfans, gab es nur ein fad schmeckendes DDR-Flaschenbier, halbkalt.

Im *Kaffeebaum*, der historischsten Kneipe Leipzigs, in der Schubert und Schumann komponierten, unweit der Thomaskirche und gegenüber dem einstigen *Filmeck*, dem komischsten Kino Leipzigs mit zwei Parketts und einer Leinwand, also im *Kaffeebaum* wollten wir auf den beiden Kutschersitzen am Eingang Platz nehmen. Aber schon kam ein Kellner und erklärte uns: »Hier dierfmer geen Bier serfiern.« Warum?

»Weils der Obscheggdleider noch nich erlaubd.«

Wir gingen – zumal es überdies auch im *Kaffeebaum* kein Faßbier gab. Noch nicht. Nächster Versuch, ein Bier zu trinken: der *Atrium-Hof* am alten Bach-Haus an der Thomaskirche, Stammkneipe der *Pfeffermühle*, dem legendären Kabarett der Stadt. Wieder kein Faßbier. Nur Henninger aus der Flasche. Im überhitzten *Paulaner* auch nicht – an der Bar des *Astoria* zum Tagesausklang – unfaßbar: kein Faßbier. Im Juli gab's dann im Astoria Faßbier-Premiere mit Königspilsener.

12. Mai 1990. Ich will sehen, wo ich früher gewohnt habe.

Unser ehemaliges Nachbarhaus in der einstigen Großgörschenstraße (heute Johannisallee) steht noch. Verrottet. Auch das Eckhaus an der Straße des 18. Oktober, früher Leipzigs repräsentativstes Wohnhaus – ein Jammer. Farbige Studenten aus Mosambik sind darin untergebracht. Zu meiner Zeit wohnte hier Leipzigs führende Ärzteelite – etwa der Chef der Chirurgischen, Professor Hohlbaum. Der Bau mit dem überbordenden Gründerjahr-Balkon im ersten Stock, den Stuckfiguren, kann noch gerettet werden. Auch die drei danebenstehenden Bourgeois-Burgen edelster Wohnhaus-Architektur Leipzigs.

Nächste Station: die Güldengossaerstraße, einst eine bevorzugte Wohngegend im Süden der City mit herrlich freiem Blick auf Probstheida und die Tieflandebene vor Leipzigs südlichen Toren.

Heute ist alles zugewachsen. Sträucher und Bäume verstellen jede Sicht, Vorgärten sind verwildert. Die schöne Straße ist so zugewuchert, daß sie unansehnlich geworden ist. Aber auch hier ist die Wohnsubstanz erhalten geblieben – die Güldengossaerstraße und die Kommandant-Prendel-Allee werden bald wieder bevorzugtes Wohngebiet.

Armin ist immer wieder fassungslos, daß die Mieter und Bewohner der Häuser in jene tiefe Lethargie verfallen sind, die sie hindert, wenigstens die Vorgärten ein wenig herzurichten. In vier Jahrzehnten ist es der SED-Diktatur gelungen, private Initiativen selbst da zu vernichten, wo sie ohne jede drohende Gefahr einer Repression durch den Geheimdienststaat angebracht gewesen wären, um dem ohnehin depressiven Gesamtzustand des Landes ein paar grüne Seiten abzugewinnen.

Es ist für Menschen, die in der Demokratie groß geworden sind, nicht nachvollziehbar, wie lähmend sich eine jahrzehntelange Deformation von Seele und Bewußtsein auswirkt.

Offensichtlich haben sich die DDR-Bürger am Ende dieses Systems ganz in ihre vier eigenen Wände zurückgezogen.

Wir haben das deutlich in der kleinen Wohnung meines Freundes Gerd in der Essener Straße gespürt. Das vierstöckige Mietshaus, malträtiert durch ein undichtes Dach und verstopfte Abflüsse, war vom Parterre bis zum Boden pieksauber und blitzblank. In der Sechsunddreißig-Mark-Mietwohnung kein Staubkorn. Die innere Emigration hatte hier unübersehbare Überlebens-Zeichen gesetzt.

Wir holen Gisela und Gerd ab zu einer Woche Urlaub im Spessart – sie fahren zum ersten Male in den Westen, er zweiundsechzig, pensionierter Beamter mit tausend Ostmark Ruhegeld, sie, gut zehn Jahre jünger und Hausfrau mit der Passion, halbtags in der gewandelten DDR wieder zu arbeiten.

Vorher fuhren wir in den Leipziger Osten, die Ernst-Thälmann-Straße entlang. Als ich Erich Loests Antwort im *FAZ*-Fragebogen las, daß für ihn der Zustand Leipzigs das größte Unglück sei, habe ich Loests Reaktion im Grunde als leicht überzogen bewertet.

## *In den Slums der SED*

Wenn du aber durch Neuschönefeld und Volkmarsdorf gehst, wird dir Loests Antwort verständlich.

Hier hat der Sozialismus zu Schutt zerronnene Dokumente seiner Sinnlosigkeit hinterlassen, die unter die Haut gehen. Ganze Stadtteile, wohl größer als ganz Aschaffenburg, im Verfall.

Der Vergleich mit Harlem oder der Bronx stimmt nicht, denn in den maroden Farbigenquartieren treibt eine ungeheure Vitalität die buntesten Blüten und Scheinblüten hervor. Aber hier in Leipzig schauen uns die wenigen Überlebenden in den SED-Slums an wie hohläugige Figuren aus Käthe Kollwitzens Schrekkenskabinett.

Während das alte Leipzig verfiel, hat die SED in Leipzig-Grünau ein ebenso gigantisches wie häßliches Neubaugebiet aus dem Boden gestampft und ohne jede Infrastruktur seelenlos in die Gegend gestellt.

Ohne Kneipen, Kinos, Läden und Attraktionen, wie sie bei uns selbst in den mißlungensten Neubauvierteln, etwa dem Bremer Vahr-Viertel, üblich sind.

Weithin sichtbar hat das abgewirtschaftete Regime die steinernen Symbole der Kommandowirtschaft im monströsen Plattenbauwahn hochgezogen, eine Neurose, die das Alte zerstörte und im vermeintlich Neuen die Zerstörung der Wohnkultur zum Prinzip erhob.

Wir fahren an den sowjetischen Kasernen in Gohlis – mit eigenem Knast –, kommen ans Schkeuditzer Autobahnkreuz. Stau.

Wir kehren um, kommen am Flughafen Schkeuditz (Flughaufen wäre treffender) vorbei, passieren das Leipziger Ausflugsziel *Haus Auensee*, Plagwitz, Richtung Markranstädt, umfahren die Autobahn bis Jena.

Im Auto entbrennt, wie anderes, eine Diskussion über SED, Stasi, Verbrechen, Mitschuld, eine automobile Weltbilanz unter dem Motto: »Wie konnte die DDR passieren?«

# X
# Amok der Zukurzgekommenen

## Sozialismus:
## Irrtum in Rot

## *Sozialismus. Der Amok der Zukurzgekommenen*

12. Mai 1990. Wir diskutieren auf der Fahrt aus der DDR via Westen das Thema: »War die DDR ein Verbrechen?«

Einigkeit herrscht, daß das Zugrunderichten eines ganzes Landes ein soziales Verbrechen war – aber bei der Frage, ob die Mannschaft um Ulbricht und Honecker von Anfang an politische Kriminelle waren wie Hitler, kommen wir nicht auf einen Nenner – die News von den Terroristen in der DDR gab es an diesem Maitag noch nicht.

Natürlich war die Gruppe Ulbricht, die 1945 bei Frankfurt/Oder aus Moskau kommend landete, nichts anderes als ein stalinistisch motivierter Vollstreckungs-Verein des Kremls, dessen Politik längst zu einem der mörderischsten Kriminalfälle der Geschichte verkommen war. Nur: Ob das den Genossen um Ulbricht so klar war, wie ich es hier im nachhinein formuliere, wage ich zu bezweifeln. Ganz bestimmt war Erich Honecker kein Mann, der das Kriminelle des Stalinismus auch nur in etwa ahnte, als er nach mehr als zehn Jahren Hitler-Haft wieder das Licht der Freiheit erblickte. Daher hielt ich von der verständlichen Honecker-Hysterie nichts und überschrieb meinen *Bild*-Kommentar vom 2. Februar 1990 mit der Zeile *Hände weg von Honecker* – auch eine allgemeine Entstasifizierung bringt beide Teile Deutschlands um keine Zentimeter näher und eher die Demokratie um. Tage nach diesem Honecker-Kommentar sprach ich mit Egon Krenz und dem ehemaligen ZK-Chef für Sicherheitsfragen, Wolfgang Herger, der als schlauester Kopf des ZK galt. Diese Begegnung bestärkte mich, wie ich schon erwähnte, Abrechnungs-Strategien als Mittel der nötigen Vergangenheitsbewältigung des Stasi-Regimes zu verwerfen.

Außerdem bedeutet die Absage an eine allgemeine Abrechnung mit dem SED-Staat natürlich nicht, daß nicht überall da, wo Verbrechen geschehen sind – etwa die Morde von Waldheim oder die Enthauptungen von Dresden, die Unterstützung der Terroristen –, diese nach dem nun in ganz Deutschland geltenden Strafrecht abgeurteilt werden.

Dies wird auf Einzelpersonen als Täter beschränkt sein müssen. Eine Kollektivschuld darf es nicht geben.

## *Da Rasse. Dort Klasse.*

Ich meine, daß politische Verbrechen nicht vornehmlich oder gar allein in kriminellen Veranlagungen faschistischer oder stalinistischer Politiker begründet waren und sind, sondern daß politische Schwerkriminalität eher ein Resultat von Ideologien ist, die gesellschaftliche Endlösungen als vermeintliche Revolutionen anbieten. Verkürzt gesagt: beim Marxismus–Leninismus den Klassenhaß. Bei Hitler den Rassenhaß.

Ich habe beide Ideologien als junger Mensch in Aktion erlebt. In der Schule wurde uns eingehämmert, daß alle Weltübel nur durch Beseitigung der fremden, sprich: jüdischen, Rasse gelöst würden.

Kaum war der Spuk des Hitlerismus vorüber, wurde mir von der SED eingepaukt, daß alle Weltübel durch Beseitigung der herrschenden Klasse außer Kraft gesetzt würden.

Wohlgemerkt: Beide, die Roten wie die Braunen, haben nicht von der geistigen Beseitigung der artfremden Rasse, respektive der herrschenden Klasse, gesprochen, sondern immer deren physische Liquidation gefordert, also Massenmord.

Mir ist daher der sogenannte Historiker-Streit von Anfang an unverständlich geblieben, da niemand mit dem Gleichnis von Rassen- und Klassenmord, also rot & braun, irgend etwas aufrechnen, aufwiegen will, sondern lediglich historisch hinterlegt, daß Endlösungs-Ideologien nahezu identisch sind, weil sie von der physischen Vernichtung des ideologisch projizierten »Feindes« ausgehen. Ich sehe keinen Unterschied zwischen der roten und der braunen Vernichtungsmaschine – habe beide erlebt und weiß: Das war weithin identisch und hatte nur eine Differenz: Hitlers Rassenwahn war vordergründig als politisches Schwerverbrechen durchschaubar und deshalb nach zwölf Jahren Horror vernichtet.

Stalins Klassenhass dagegen war marxistisch-humanistisch kostümiert und hat allein wegen dieser gigantischen Verkleidung siebzig Jahre überstanden und zig-Millionen Menschen das Leben gekostet – selbst noch in Kambodscha, Vietnam oder Afghanistan und schließlich in Peking und Rumänien.

Für die Opfer ist es überdies total egal, wer sie vernichtete. Tot ist tot. Ob von SS oder GPU und KGB ermordet.

Mit jedem Menschen stirbt eine Welt, seine Welt, unsere Welt.

In der ideologischen Substanz und mörderischen Auswirkung sind daher Stalinismus und Hitlerismus gleichzusetzen. Die Frage nach dem verbrecherischen Charakter des SED-Staates ist auch die Frage nach jenen Funktionären des Terrors, die irgendwann erkennen mußten, daß ihr Tun einer monströsen Vernichtungsmaschinerie diente. Nur: Diese Frage ist für das schuldig gewordene Kollektiv der Funktionäre nicht kollektiv zu beantworten, sondern im Sinne des geltenden Rechts nur individuell.

Abscheulich sind in diesem Zusammenhang jene abenteuerlichen Marxismusretter, die auf den angeblichen Humanismus von Marx und Engels hinweisen, um dem stalinschen Massenmord gleichsam postum noch einen Persilschein auszustellen.

Diese Heuchler vom Dienst, sie sitzen weit verbreitet und fest in unseren Medien, müssen sich vorrechnen lassen, daß die absolutistisch-dogmatische Ideologie von Karl Marx und seinen Epigonen in ihrer Leninschen Konsequenz eben nicht nur auf die ökonomische Expropriation der vermeintlichen Expropriateure hinausläuft, sondern immer auf die physische Liquidation – also auf den massenhaft inszenierten Tod Andersdenkender.

Die Problematik liegt aber ohnehin nicht im akademischen Historikerstreit. Das eigentliche Phänomen dürfte wohl die Verführbarkeit von Massen sein, die veranlagte Bereitschaft von Massen, sich von politischen Wahnideen verführen zu lassen –

und dies meine ich nicht nur für die vollendeten Fälle des verbrecherischen Extremismus bei Hitler und Stalin, sondern vor allem auch für jene Keimzellen der Gewalt, in denen sich politischer Extremismus anbahnt – so wie etwa in jener Gewalt- und Schwarzen-Block-Demoszene in der Bundesrepublik, die nicht vor Mord und Totschlag zurückschreckt, sondern den Tod des Andersdenkenden von Schleyer bis Herrhausen auf ihre roten SS-Fahnen geschmiert haben.

## *Wollt ihr den totalen Frieden?*

Ludolf Herrmann, der so früh verstorbene Publizist und Chefredakteur von *Capital*, lenkte 1981 durch eine tiefenscharfe Beschreibung des sogenannten »Friedensmarsches von Bonn« meine Aufmerksamkeit auf das Phänomen der Massenverführbarkeit.

Über den Auflauf im Bonner Hofgarten schrieb Herrmann: »Die Schüler, die hier zusammengelaufen waren, sind vor allem ein weiteres Mal anfällig gemacht worden für den Totalitarismus massenhaften Gleichverhaltens. Der latente Faschismus . . ., ließ auch im Bonner Hofgarten seine Anklänge spüren . . . Nur deshalb war es auch möglich, die versammelten Gefühle für ihre Zwecke instrumentieren können.«

Herrmanns folgende Beobachtung entfachte einen wahren Haßsturm auf den Journalisten – vierundzwanzig Mitarbeiter des *Bayerischen Rundfunks* distanzierten sich von Herrmann, als dessen Kommentar gesendet worden war. Gruner + Jahr, wie anders, bestellte seinen *Capital*-Chef zum Rapport, zwei Staatsanwälte stellten Strafantrag, ein damals amtierende Chefredakteur des *Stern*, der noch die Fälschung Hitlers vor sich hatte, verglich Herrmanns Kommentar ausgerechnet mit dem *Stürmer* – für mich war diese wütende Reaktion die Bestätigung dafür, daß Herrmann exakt die offene Wunde der kostümierten Friedenskämpfer berührt, die Herzmitte der emotionell aufgeputschten Massen-Verführbarkeit getroffen hatte: die Zukurzgekommenen.

Herrmann: »Die meisten der Versammelten waren auf irgendeine dumpfe Weise Friedensfreunde, und wenn ihnen der Begriff Frieden nur als gruppentherapeutisches Mittel diente, um für Momente der Massenerotik die kleine, rachitische Seele aus dem Gefängnis der pickeligen Körper flattern und sich mit anderen Seelen zur Hochzeit des Friedensgefühles vereinigen zu lassen – wer darf den zur Masse Geborenen verargen, wenn sie sich in der Masse vitalisieren?«

DEN ZUR MASSE GEBORENEN. Herrmann begnügte sich eben nicht mit der üblichen Aufzählung der Blabla-Parolen des ferngesteuerten Auflaufs, sondern legte die krude Psychose der lila gewandeten Latzhosenemanzen und ihrer beglatzten Frustzwerge bloß, die den schamanenhaft gebeugten Kriechgang der manisch Depressiven vor den laufenden Kameras der bundesdeutschen Fernsehpolizisten einübten. Ludolf Herrmann, der übrigens als erster Franz Alt als »charismatischen Heuchler« erkannte, analysierte die von Moskau gestiftete und immer wieder neu mit Parolen munitionierte »Friedensbewegung« als taktisches Kalkül der Kreml-Strategie, dumpfe Masseneffekte nach Goebbels-Art wider Bonn aufzufächern, den Orkus des sozialen Bodensatzes zu organisieren, um die Bundesrepublik aus dem Nato-Bündnis zu stoßen. Herrmann brachte diese Berliner Sportpalast-Strategie der ferngelenkten Friedenskämpfer auf die brisante Formel: »WOLLT IHR DEN TOTALEN FRIEDEN? JA, WIR WOLLEN IHN! WOLLT IHR IHN TOTALER, ALS WIR IHN UNS HEUTE ÜBERHAUPT VORSTELLEN KÖNNEN? WIR WOLLEN IHN! WOLLT IHR IHN BIS ZUR VERNICHTUNG DES GEGNERS?«

Es kam anders. Die sowjetische Strategie ging nicht auf. Die Nato hungerte die Machtgier des Stalinismus so lange aus, bis Gorbatschow sie abschaffte. Der gigantische Friedenskämpfer-Schwindel, den die Sowjets inszenierten, flog auf, Osteuropas Kommunismus brach zusammen.

Die Analyse Herrmanns erwies sich als zutreffend.

Der sowjetische Schriftsteller Lew Timofejew brachte das russische Resultat der hysterischen Masseninstrumentierung in seinem Buch *Die Kunst der Bauern, zu hungern* auf die Formel: »DAS SOWJETISCHE SYSTEM IST DIE DIKTATUR DER UNBEGABTEN, DIE

Diktatur der Angst, welche die Unbegabten erfasst, wenn sie mit Begabung konfrontiert werden. Es ist im besonderen die Angst, auf dem Markt zu verlieren oder überrumpelt zu werden. Es ist genau diese Angst, die der sozialistischen Idee auf der ganzen Welt die Nahrung gibt.«

Genau so ist es – auch jetzt beim Zusammenwachsen beider deutschen Teile zu einer Republik.

Gregor Gysi setzte *a priori* auf solche entfachten sozialen Furcht-Kakophonien, die er mit Hilfe jener subventionierten Literaten und Medienmultiplizierer hüben und drüben intonieren läßt, um Deutschland zu hintertreiben.

Lafontaine war sich nicht zu schade, seine Angstnoten dem PDS-Panikorchester kostenlos zur Verfügung zu stellen.

Zu ergänzen ist Timofejews Erkenntnis durch den ausdrücklichen Hinweis auf jene Ideologie, die die Angstmache als System betreibt.

Die Angstmache vor der herrschenden Klasse, die den Rest der Menschheit ausplündere, sprich: Marxismus.

Die Angstmache vor der jüdischen Rasse, die den Arier von innen her zu entarten trachte, sprich: Hitler-Faschismus.

Die professionellen Kassandristen haben stets auf jene gesetzt, die nur bis zur nächsten Gedankengabelung zu denken vermögen und sich vor allem dann vermeintlicher Bedrohungen vom Rassismus bis zur Radioaktivität besonders gern annehmen, wenn sie nicht sinnlich zu erfassen sind, sich also vor allem dazu eignen, agitatorisch als besonders bedrohlich aufgeblasen zu werden.

Erich Wiedemann hat diese Dooms-Daddelei in seinem Buch *Die deutschen Ängste* (Ullstein 1989) bei den Grünen so beschrieben: »Die Grün-Alternativen verzichten auf die Darstellung von Realität. Sie hauten im Wahlkampf hemmungslos auf die Katastrophenpauke, daß die Fetzen flogen. Als Plakatmaskottchen figurierte ein Baby mit Gasmaske in einer erkennbar gottverlassenen Welt. Der Erfolg gab ihnen recht. Die Panikpartei ging souverän mit 8,3 Prozent durchs Ziel. Merke: Panikmache zielt aufs Unterbewußtsein, und da hat Sachlichkeit bekanntlich nichts verloren.«

Und weiter: »Es fällt aber auf, daß einzeln auftretende Individuen weniger zu Angstausbrüchen neigen als Kongresse und Parteikonvente, daß sich die Angst vorzugsweise im Kollektiv entfaltet, was darauf schließen läßt, daß sie psychotischer Natur ist oder daß sie Rhetorik und Aktionismus braucht, um sich richtig entfalten zu können, oder beides.«

## *Antreten zum Chorheulen*

Die Friedenskampf-Instrukteure des Bonner Hofgarten-Theaters hatten 1981 ihr agitatorisches Einmaleins gelernt, um das Chorheulen nach den vorgegebenen Horror-Noten als Protest gegen die Nato und Kampf für den Frieden zu kaschieren. In Wirklichkeit war die stalinistisch durchsäuerte Friedensbewegung nie etwas anderes als der Versuch des Kremls, in der Bundesrepublik Unruhe zu veranstalten – daß die Mitläufer dieser Massenhysterie keinen Anflug von Ahnung hatten, wer hinter der Inszenierung stand, versteht sich am Rande.

## *Repsody in brown*

Auch das erbärmliche Zwischenspiel des gescheiterten Journalisten Schönhuber war ausschließlich über vorsätzlich angefachte Ängste instrumentiert worden, vorneweg jene unappetitliche Ausländer-Furchtmache, die die Republikaner in die Nähe der NS-Ideologie manövrierte. Schönhubers Repsody in brown ließ überall dort Haß- und Hämeneurosen aufblühen, wo Ausländerangst als Fortsetzung einer intellektuellen Pubertät mit anderen Mitteln zu bewerkstelligen war. Kurz: im Bannkreis der Dummheit und des Zukurzgekommenseins.

Sigmund Freud: »Eine besondere Bedeutung beansprucht der Fall, daß eine größere Anzahl von Menschen gemeinsam den Versuch unternimmt, sich Glücksversicherung und Leidensschutz durch wahnhafte Umbildung der Wirklichkeit zu schaffen.«

Die Strategen der wahnhaften Umbildung der Wirklichkeit mieden daher allezeit die demokratischen Instanzen von der Gemeinde bis zum Parlament – diese »Diktatur der Mehrheiten« scheuen sie wie der Teufel das Weihwasser. Die zwei Fundis Ebermann & Trampert bekennen zwanghaft in ihrem Wahnwerk *Die Zukunft der Grünen* dies:

»Parlamentsarbeit ist zwar wichtig, gesellschaftliche Umwälzungen aber sind durch parlamentarische Beschlußfassungen nun wirklich nicht zu bewerkstelligen.« Die Hafenstraße läßt grüßen. Die Allianz der Zukurzgekommenen greift zur Zwille. Auf den mit Angst & Armut gedüngten Äckern ziehen die roten und braunen Verführer ihre furchtbaren Furchen.

## *Die letzten Tage von Pankow*

13. Juno 1990. Ich stehe am Fenster des Journalistenclubs im achtzehnten Stockwerk des Springer-Hochhauses an der Kochstraße und sehe unten NVA-Lkws anrollen, dann einen Bagger. Die Mauer zerbricht unter dem Rammen dieses Riesen-Räumers. Ich denke daran, daß Axel Springer unbeirrt die Teilung Berlins beklagte und die Einheit des Landes postulierte. Springers Tragik ist, dies nicht mehr erleben zu können. Ich denke an Axel Springers Freund und Weggenossen Matthias Walden, wie er wohl das Ende der Mauer kommentiert hätte.

Vor 15 Jahren schrieb Walden: »Das war der Makel der Makler im Westen: der Irrglaube an die Partnerschaft mit den Konstrukteuren der Abgrenzung.«

Die Ostberliner Regierung hatte diesen 13. Juni 1990 zum Startpunkt der endgültigen Beseitigung des Schandwerkes bis zum Ende des Jahres anberaumt. Die letzten Tage der Spitzeldemokratie sind angebrochen.

Peter Tamm und Heiner Bremer schauen auf die Lindenstraße. Der Vorstandsvorsitzende der Springer AG hatte eben das künftige Engagement des Hauses in der DDR erklärt und in etwa so argumentiert: keine Vergewaltigung der DDR durch westliche Techniktransfers, sondern durchweg Kooperation. Auf Fragen, ob das alles gutgehen könne, Tamm kurz: »Der Markt wird das richten. Gerecht, schnell und gut.« Ich sehe das genau so. Ich sehe Peter Fechters Grab vom Springer-Haus aus, das die SED-Megaphone im trauten Unisono mit den Lautsprechern der militanten Kampagneros hierzulande als »Hochburg des kalten Krieges« *(taz)* schmähten. Da fallen einem dann so Gedanken ein wie »Fechter ist nicht umsonst gestorben«. Sicher nicht. Und doch irgendwie. Die Bernauer Straße hat es beim Zerschneiden Berlins am härtesten getroffen. Jetzt zerbricht die Mauer an der Bernauer – und das Unfaßbare aus dem Blickwinkel von Springers Hochsitz aus mitzuerleben, erschüttert mich.

Eine Stunde später. Vor dem *Schweizer Hof* angeln wir uns eine Ostberliner Taxe, einen betagten Lada. Tilly will sich den Gurt anlegen. Der Ostberliner Fahrer: »Lieber nicht. Das Ding reibt dir die Haut ab.« Der Wagen hat auch keine Kopfstützen. »Da guckt keiner hin. Alles Krampf.«

DDR wie sie leibt und lebt. Wir fahren über den Potsdamer Platz. Es wird nur noch durchgewinkt. Die Kontrollen versanden sukzessive. Kaum noch Grenzbeamte zu sehen. Der Taxifahrer chauffiert uns am ehemaligen Reichsluftfahrtministerium vorbei, Görings Sitz, heute Haus der DDR-Ministerien, verunstaltet durch eine meterlange Mosaikwüstenei. Dann seufzt unser Fahrer: »Ich habe mir einen Mercedes bestellt«, sucht der Ostberliner Chauffeur das Gespräch. »Aber das dauert noch. Bis dahin muß ich mit dem Lada nun auch noch meine Frau ernähren. Die dumme Kuh hat sozialistische Planwirtschaft studiert und ist natürlich prompt arbeitslos.«

Wir steigen am Roten Rathaus aus. Zwei ärmliche Vopo-Wartburgs stehen da, dahinter ein Mannschaftswagen. Momper ist bei Schwierzina zu Besuch. Wir schlendern zum *Centrum* am Alex. Der monströse Betonpfeiler, auf dem der Ostberliner Fernsehturm zu balancieren scheint, ist von seltener Häßlichkeit, Risse durchziehen ihn. Der Um- und Unterbau der schaustellerischen SED-Säule aus gezackter Schizo-Architektur setzte neue Zeichen in der nach unten offenen Geschmacklosigkeits-Skala volkseigener Renommier-Ästhetik.

Bäume sind Mangelware in Ost-Berlin. Stadtgrün war den roten Betonplatten-Planern bei der architektonischen Verwüstung Ost-Berlins offensichtlich im Wege. Ost-Berlins angegammelte Steinwüste rings um die Leipziger Straße, Volkskammer und Alexanderplatz demonstriert die Miserabilität der antihumanen Wabenmentalität. Das Häßliche war offensichtlich oberstes ästhetisches Prinzip der an die Macht geratenen kleinbürgerlich geprägten Politruk-Hierarchie. An einigen Geschäften fahren westdeutsche Transporter vor, bringen fix und fertig montierte Schaufensterscheiben mit, um sie anstelle der tauben Glasbruch-Sehschlitze der alten HO-Herrlichkeit einzubauen. Verdreckt und verkommen der S-Bahnhof am Alex, Visitenkarte des kommunistischen Konkurses. Wir bahnen uns durch das Schwarzmarktgewühl vor dem *Centrum* eine Gasse. Radiorecorder und Ostmark sind die Bestseller des schwarzen Handels. Niemand schreitet ein. Tausende Vietnamesen stehen in Gruppen mit dicken Geldscheinbündeln in den Händen herum. Die überschießenden Ostmarkbestände, die am 1. Juli nicht umgetauscht werden, drücken auf den Schwarzmarkt. Ich frage einen Ostberliner, was man denn mit dem Geld noch machen könnte. »Janz eenfach. Du koofst zehntausend Ostmark für tausend Westmark. Dann gehste ins *Centrum* und holst dir tausend Klobürsten für zwofuffzig das Stück. Die Dinger kannste im Westen genauso für zwofuffzig verscherbeln. Geschissen wird immer. Oder du koofst Teppichklopfer fürn Appel und 'n Ei.«

## *Strandgut des Kommunismus*

Die letzten Tage von Pankow als Schwarzmarkt, dem illegitimen Vorboten des freien Marktes. Einer bietet Ostmark für eins zu zwanzig an. Was wird aus den Nordkoreanern, den Kubanern, denen aus Mosambik, aus all diesen kommunistischen Importzöglingen für die SED-Kaderschmiede, die nach fertigem KP-Drill wieder in ihre Länder zurückgeschickt werden sollten, um unter afrikanischen Apfelsinenhainen die Papierblüten des Arbeiter- und Bauernparadieses zu preisen – oder mit Gewalt »durchzuführen«, wie sie es im SED-Slang gelernt haben?

Alles Durchsetzer, lauter kleine Bonzen in statum nascendi. Wir können die wohl nie gebrauchen.

Auf dem ersten und letzten Schwarzmarkt der kommunistischen Frustrepublik entwickelt dieses Strandgut des sozialistischen Generalirrtums nicht viel mehr als jene kriminelle Energie, die ihnen bislang nur ideologisch vermittelt wurde.

Verrostet und verschmutzt die Rolltreppe im *Centrum,* die gummierten Führungsleisten angerissen. Die uniformen Kollektiv-Regalflächen bieten ausnahmslos Schund und Dutzendware, die nirgends abzusetzen sind – Klobürsten und Teppichklopfer ausgenommen. Schlangen vor der VEB-Kosmetik – ich würde davon nichts kaufen, so düster ist die VEB-Gesichtsschmiere verpackt.

## *Übermorgen und vorvorgestern*

Einsamer Höhepunkt: die Schallplattenabteilung im vierten Stock, die größte und repräsentativste der DDR, wie uns stolz von einer Verkäuferin bedeutet wird. Tilly bekam einen Lachkrampf – außer Roths Rennsteig-Liedern und den Bachmotetten in Secondhand-Aufführungen – nichts von heute, Plattitüde der SED-Kunstverhinderung: Der Untertan wird in unerlebte Vergangenheit zurückgeschickt oder auf nie erlebtes Übermorgen vertröstet, damit die Gegenwart nicht vorkommt. Der ideologische Dreh der Diktatur im Kopf der Unterdrückten hieß stets:

ÜBERMORGEN ODER VORVORGESTERN, ABER NIE HEUTE.

So war's bei der DEFA, in der Buchproduktion. Am erträglichsten waren die verordneten SED-Kulturstöße immer dann, wenn die Regisseure und Schauspieler einen historischen Stoff zu bewältigen hatten. Da konnten sie schalten und walten, ohne sich mit staatssicherheitsbesetzten Gegenwartsstoffen den eigenen Strick zu drehen.

Die DDR-Zeitrechnung blieb irgendwann um 1965 stehen. Diesen Infarkt des erwürgten Fortschritts fälschten die bezahlten Balladen-Bataillone der Zonen-Zuchtmeister in jene verlogene Idyllisierung einer fiktiven »DDR-Identität« um, die Honeckers Untertanen als biedermeierlich betuliche Antiquität stilisieren wollten, als beschauliches Nachtmützen-Land im Winkeldasein, »wo die Frau am Klavier eine Etüde von Hofmeister klimpert« *(FAZ)*, poetisch geprägte Kultur-Beschaulichkeit als Kontrapunkt zum mammongestreßten Managermenschen des Westens.

Diese Fälschung der verrotteten Zuchthaus-Realität durch die SED-Agitatoren in den privilegierten Volvo- und Villenghettos richtete sich vor allem an die charakterlich labilen Menschen, die die SED als Vorzugsuntertanen begünstigte. »Fachliche Dürftigkeit wurde durch Parteibuchbesitz ausgeglichen«, so Karlheinz Blaschke, Dozent an der Kirchlichen Hochschule in Leipzig.

Niemand unter den bezahlten Troubadouren Honeckers sang verlogener als Christa Wolf. Jürgen Serke zitiert diese amusische Kniebeuge des Todesautomaten-Terrors: »Die DDR darf keine Kolonie westlicher Konzerne werden! Es sind Ansätze bei uns, die wir bewahren sollten. Wir können etwas ins Weltgefüge einbringen, was woanders nicht ist.«

Stimmt, die Terroristen-Nester, das gelbe Elend von Bautzen, das Frauenzuchthaus Hoheneck, die Trümmer von Plagwitz oder die Bitterfelder Luft.

Robert Leicht gab in dem *Zeit*-Aufmacher vom 22. Juni 1990 die Antwort auf diese SED-Schönfärberei: »Nein, ein solcher Staat kann sich nicht mehr aus eigener Kraft moralisch sanieren – und sei es auch nur für eine Periode des ruhigen Übergangs. Wie soll, da das Leichengift des Verbrechens von oben den Staatsapparat durchdrungen hat, noch ein Mindestmaß an Vertrauen in sein geordnetes Funktionieren zurückkehren . . ., also gesamtdeutsche Wahlen so bald wie möglich.«

Auch das gibt es in der *Zeit.*

An der Volkskammer ist das Spalteremblem abmontiert. Überm PDS-Quartier flattert die Spalterflagge. Gegenüber der Volkskammer hat die FDJ eine Mahnwache postiert, ein Haufen verlorener Blauhemden. Keiner redet mit ihnen, manche machen mitleidige Bemerkungen wie: »Manche lernen's nie.« Innenminister Diestel fährt in einem Citroën vor.

Am Zeughaus sind heute die Stechschritt-Soldaten des Wachbataillons Friedrich Engels verschwunden.

Der amerikanische Botschafter in der DDR rollt in einem Cadillac Unter den Linden entlang, auch nicht mehr oft.

Wir halten eine West-Taxe an. Sie nimmt uns mit, obwohl noch verboten. Der Fahrer: »Iss ja sowieso nur noch 'n paar Tage, der Quatsch.«

Am Potsdamer Platz wird unser West-Taxi durchgewunken.

Das war's dann wohl, DDR.

## *Die Wölfe sind unter uns*

14. Juno '90. Ich sitze morgens im *Kranzler* am Ku'damm-Eck. Einundzwanzig Grad. Schön. Blättere in Tageszeitungen.

Im Ostberliner *Morgen* steht, daß unsere Krauter und Junker nun wieder gen Ostland reiten, um den DDR-Bauern das Land zu rauben. PDS-Panikmache à gogo.

Pfarrer Eppelmann will die Einheit erst 1992. Bis dahin möchte er erst mal so richtig schön regieren. Mit Leninmütze zwischen SED-Generälen, Dienstpistole in der Hosentasche, gepanzertem Ministerwagen und Swimmingpool in der NVA-Villa. Seine geschiedene Frau kam ob des neuen Reichtums auch zurück. Wie schön. Der einstige Wehrdienstverweigerer will die »Eigenständigkeit der NVA erhalten«. Rainer ist stolz, daß die NVA-Luftwaffe »voll einsatzbereit ist«. Der einst gegen die NVA eifernde Pfarrer a. D. hat offenbar den *Schießbefehl DV 30/10* aus dem christlichen Bewußtsein gedrängt. Mittags hingegen zieht es den NVA-Apologeten regelmäßig nach West-Berlin, wenn er mit westlichen Zeitungskorrespondenten bei üppigen Diners über die Perspektiven der Honecker-Armee plaudert. Im Osten agitieren. Im Westen dinieren.

Popen und Pädagogen reisen stets mit hochfliegenden Moralismen in die Politik ein – sobald sie drin sind, funktionieren sie ihre Ethik mühelos in elitäre Inkassoinstitute und andere Vorteilsnahmen um.

Auch die neue DDR stinkt immer noch vom Kopf her. Wünsche, Ulbrichts juristischer Messerschleifer, der die Terrormaschine ölte und die Paragraphen-Messer auf Zuchthaus wetzte, wurde der erste Justizminister der gewählten DDR.

Ich lese weiter: Markus Wolf erklärt, die Stasi hätte nur indirekte Beziehungen zur Terrorszene gehabt, nämlich positive: Der Staatssicherheitsdienst war den ob ihrer jungfräulichen Unschuld gestrauchelten westdeutschen Terroristen lediglich dabei behilflich, aus dem Terror »auszusteigen«.

Das MfS als karitativer Verein, der den Mördern Pontos hilft, wieder auf ordentliche Bahnen zu gelangen.

Er, Wolf, wolle jeden wegen Rufmord drankriegen, der ihm unterstelle, er habe von Kontakten der Stasi zu den Terroristen gewußt.

Rufmord. Wolf das Opfer. Die Opfer von Ponto bis Herrhausen dagegen sind selber schuld. Warum waren sie auch Spätkapitalisten, statt sich der sozialistischen Morgenröte anzuschließen. Dann wären sie heute nicht tot, sondern bezögen Stasi-Rente. Es ist der alte SS-Zynismus, der diesen Wolf umtreibt: Nicht der Mörder ist schuld, sondern der Ermordete.

Ich schrieb Tage später im *Bild*-Kommentar: »1946 kam mit Hildegard Knef der erste deutsche Nachkriegsfilm in die Kinos: DIE MÖRDER SIND UNTER UNS.

Damals ging es um die KZ-Schuld des SS-Staates.

Heute geht es um die Blutschuld des Stasi-Regimes.

Das Drehbuch heißt heute: DIE WÖLFE SIND UNTER UNS.«

## *Buckelkrummer Ulbricht-General*

In Coburg wurde ein Tunnel unter der innerdeutschen Grenze entdeckt – war das die Stasi-Schleuse des Terrorismus? Als Markus Wolf im November '89 den Wendehals mimte, der einst buckelkrumme Stasi-General, der sich smart in Glasnostwinde drehen wollte, ohne sich naß zu machen, las ich sein Buch *Die Troika.*

Über Seiten verbreitet der Agentenboß der SED eine derart vermuffte Spießigkeit, daß ich Zweifel bekam, ob der Autor wirklich Mielkes Ex-Vize war? Er schwärmte davon, daß es schon 1937 in Moskau Intelligenzläden gab, also Intershops für die herrschende Kaste der Sowjetschickeria. Er wärmte Erinnerungen auf, deren kleinbürgerlicher Zuschnitt mich an Frank Schirrmachers Porträt der Christa Wolf in der *FAZ* vom 2. Juni '90 erinnerte (»Dem Druck des härteren, strengeren Lebens standhalten«).

Schirrmacher schildert, wie Christa Wolf, deren schlechtes Deutsch und künstlerisch weithin überschätzten Rang er in Erinnerung ruft, wie diese literarische Hofschranze des Honecker-Clans dem unter Minderwertigkeitsgefühlen und Rivalitätskomplexen leidenden Regime zu Diensten war, so, »als handele es sich bei dem stacheldraht- und minenbewehrten Staat nur um eine besonders sensible Variante der machtgeschützten Innerlichkeit«.

Dann trifft Schirrmacher genau jenen Nerv, der die Prostitution solcher literarischen und politischen Intelligenz wie der beiden Wölfe möglicherweise mit erklärt: »Die Paradoxie liegt darin, daß Christa Wolf, wie so viele andere Intellektuelle ihrer Generation, eben dies tat: Sie wählte die authentische, bürgerliche Familie ihrer Herkunft gleichsam ab und ersetzte sie durch den Staat und seine bedingungslosen Treueforderungen.«

Sicherlich müßte hier statt Staat SED stehen, denn Staat und Stasi waren das Instrumentarium des Politbüros – nicht umgekehrt. Deshalb ist auch »nichts davon bekannt, daß Christa Wolf das Spitzel- und Terrorsystem der Staatssicherheit, den Schießbefehl, die jahrzehntelange Einmauerung des Landes kritisiert hätte ...« Mit »gouvernantenhaftem Beschwichtigungseifer« hat sie alle Kritik an der SED-Diktatur abgewiesen – und ihr jüngstes Buch *Was bleibt*, in dem sie ganz genau so wie Markus Wolf in der *Troika* versucht, sich als eine Verfolgte des Systems und Protagonistin der Perestroika dem Leser anzudienen, »ist sentimental und unglaubwürdig bis an die Grenzen des Kitschs‹«.

Es ist eben diese elende, spießige »Anstreicher-aus-Braunau-Gesinnung«, dieser dumpfe Aufbruch der Demagogie aus den Niederungen der Gegenintelligenz, die sich mit der Vehemenz und Zähigkeit krimineller Energie zur Aufhetzung der Gefühle anschickt – rot oder braun. Sie bieten den Zukurzgekommenen die mörderische Ideologie als Ersatz-Idylle für die verlorene Familie an.

## *Watte für Oskar*

14. Juno 1990, abends. Die deutsche Einheit kommt im D-Zug-Tempo.

Geld-Container der Bundesbank rollen, NVA-bewacht und D-Mark-beladen, ins Blechgeldland.

Die Volkskammer spult im Laufbandverfahren die neuen Gesetze ab.

Allensbach stellt fest: Vor dem 18. März fühlten sich erst einundzwanzig Prozent aller DDRler freier als vor dem 9. November. Im Mai 1990 waren es zweiundsiebzig Prozent.

Und an diesem Abend, unmittelbar vor dem großen WM-Kick im Bundes-Glotzarium, stellt das *Zweite* Oskar Lafontaine, gerade genesen von dem Alptraum – Attentat einer geistesverwirrten Messerstecherin, im Politperiodikum *Was nun, Herr ...?* aus.

Diese soft, aber fair gemachte Sendung nimmt politische Prominenzen in die weich abgepolsterte Fragezange. Oskar Lafontaine, glänzend gelaunt, pariert die Wattefragen von Klaus Bresser und Klaus-Peter Siegloch mühelos. Er wiederholt unentwegt zwei Generalthesen:

1. Nach der Währungsunion kommt die Massenarbeitslosigkeit in der DDR – und er ist dann Retter.

2. Kohl hat die Geldklammer für ganz Deutschland im Alleingang gegen Bundesbank, Finanzminister und alle Vernunft gemacht.

Siegloch und Bresser stehen vor diesen Parolen wie begossene Pudel: Sie fragen nicht nach.

Zum Beispiel, woher Lafontaine weiß, daß nach der Währungsunion die große Massenarbeitslosigkeit kommt.

Bresser und Siegloch sind zum Zeitpunkt dieser Sendung die Daten aus dem Wirtschaftsministerium und der Bundesanstalt für Arbeit bekannt, die übereinstimmend mit allen übrigen Erhebungen offiziellen und offiziösen Charakters über die sozialen Folgen der Währungsunion in der DDR besagen:

a) Die große Arbeitslosigkeit bleibt aus.

b) Es gibt eine riesige Umschichtung: Die bürokratischen Wasserköpfe der VEBs wandern in die aufblühende Service- Industrie und so weiter und so fort.

c) Selbst der ärmste Arbeitslose hat mit vierhundert Westmark eine höhere Kaufkraft zur Verfügung als bislang der bestverdienende Ingenieur im Arbeiter- und Mauernstaat.

Zum anderen korrigieren Bresser und Siegloch Lafontaine keineswegs bei dem Versuch, sechs Millionen Zuschauern die Legende unter die Weste zu jubeln, dieser Kanzler habe die Währungsunion im Alleingang gemacht. Kein Kanzler der Welt kann ein derartiges Unternehmen, für das es kein Vorbild gab, im Alleingang gegen die monetären Sachverwalter im Lande machen. Pöhl und Stoltenberg haben, wie alle anderen Fachgremien, ihre Vorschläge gemacht und die Währungsunion schließlich im Einvernehmen mit Kanzler und Koalition so ausbalanciert, daß dieses Jahrhundertunternehmen zu einem historischen Werk gelingen mußte, ganz abgesehen von der infantilen Strategie Lafontaines, seine Machtgelüste an einer offensichtlich politisch erhofften Arbeitslosigkeit stillen zu wollen. Er ist, wie Arnulf Baring in *Bild* schrieb, »ein Naturtalent: für eigene Zwecke«. Fritz Ullrich Fack in der *FAZ*: »An Zynismen hat es Lafontaine selbst selten fehlen lassen. Erinnert sei nur an das auf Helmut Schmidt gemünzte Wort von den ›Sekundärtugenden‹, die sich bei jedem KZ-Kommandanten finden ließen. Die SPD hat dem gehätschelten Lafontaine allzu vieles durchgehen lassen: Nicht nur solche üblen Entgleisungen, sondern auch seine Sprunghaftigkeit, seine Pressionen gegenüber der Partei, seinen schillernden Lebensstil und die Primadonnenhaftigkeit.« Fack gelangt in die Zielgerade und spricht in diesem Leitartikel (*Lafontaines Griff zur Macht, FAZ,* 16. Juni '90) an, daß Lafontaine »mit seiner Bremspolitik in Sachen Einheit ... immer auf das Biertisch-Potential der Einheitsgegner zielte und deren niedrigstes Motiv, den Wohlstands-Chauvinismus, der vom Teilen und von Opfern nichts wissen will«. Selbst der Leitartikler der nun gewiß nicht Lafontaine abgeneigten *Frankfurter Rundschau* am 12. Juni: »Wie immer bei Lafontaine: Bis zu einem gewissen Punkt kann man ihm gut folgen. Dann wächst daneben Zweifel, ob Zeit, Form oder Ton angemessen sind, ob die Lust, Aufmerksamkeit zu erringen, nicht eigentlich eine Sucht ist.« Tage später resümiert die *FR* den Lafontaine-Absturz: »Seine Kanzlerkandidatur hat jetzt nur noch Nullwert.« Rudolf Leonhardt zieht am 29. Juni auf Seite eins der *Zeit* Wilhelm Busch herbei, um Lafontaines Spiel mit dem Parteivorsitzenden Vogel poetisch zu illustrieren. »Wenn einer, der mit Mühe kaum geklettert ist auf einen Baum, schon meint, daß er ein Vogel wär', so irrt sich der.«

## *Die Spalternative*

Es war pure Machtgier, es ist die von Brandt angesprochene Mischung aus Mussolini und Napoleon, die den politischen Durchlauferhitzer aus Saarbrücken umtreibt und wohl zur größten Nachkriegsgefahr in der deutschen Politik prädestiniert. Lafontaine ist ein mit allen Mitteln zur Macht entschlossener Mann, dessen Provinzialität mit Macht nicht umgehen kann.

Aber er artikuliert nicht nur den Wohlstands-Chauvinismus eines gewissen, aber nicht flächendeckenden Biertisch-Potentials – deutsche Biertische sind politisch besser als oft ihr öffentlich gemachter Ruf.

Es ist das alternative Umfeld, das sich durch Lafontaine angesprochen fühlt, eine Generation von Leuten, denen Deutschland Wurst ist, die vorgeben, europäisch zu denken, dahinter aber lediglich ihre Abneigung gegenüber der Demokratie verbergen, die ihnen bei der Realisierung ihre dumpf empfundenen Irrationale nur hinderlich ist. Es sind dies die Spalternativen.

16. Juni '90. Peter Glotz äußert sich in der für ihn bezeichnenden Weise in einer Tages-Kolumne von *Bild* pro Lafontaine.

Ich bin Peter Glotz zweimal begegnet und weiß, wie er vom Bannstrahl der Partei getroffen wurde, als man ihn aus der Geschäftsstelle der SPD in Bonn verjagte und dazu zwang, in Bayern eine aussichtslose Wiederkehr seiner Karriere zu betreiben. Der Intellektuelle Glotz, stets über dem Niveau seiner Umwelt argumentierend, ist als Gesprächspartner bayerischer Lederhosen-Direktheit ungeeignet. Ich begegnete ihm in der Bonner SPD-Baracke, sprach mit ihm über die Entwicklung der Medien. Mich beeindruckte neben seiner routinierten Art zu diskutieren sein bemerkenswertes Fachwissen, sein kommunikatives Up-to-date-Sein von BIGFON bis Btx. Aber mich beeindruckte auch seine höchst bewegliche Unbeweglichkeit – eine Eigenschaft, die er mit Heiner Geißler und Gregor Gysi aufs verblüffendste teilt. Alle drei sind von einer beunruhigenden Flexibilität innerhalb des Ghettos ihrer Dogmenkäfige. Heiner Geißler übrigens am stärksten, Gysi am wenigsten – so meine Eindrücke nach Gesprächen mit Geißler, Glotz und Gysi.

Das zweite Mal traf ich Peter Glotz in einem kleinen Zirkel in Josef von Ferenczys Grünwalder Edel-Domizil. Auch hier zog Glotz mit dem Charme des dialektisch geschulten Argumentierers die Diskussion an sich, zumal er nie aus der Rolle fällt, sondern seine Argumente immer wieder neu ins Feld führt. Daß er nun pro Lafontaine in *Bild* schreibt, zeigt jedoch nur an, daß Glotz auch immer ein Opportunist der Macht war: Seine Parteinahme für Lafontaine, die durchaus der individuellen Gefühlsferne von Peter Glotz zur nationalen Frage entspricht, macht natürlich nur dadurch Sinn, daß er sich im Gefolge Lafontaines ein Comeback in der Baracke verspricht – ohne Vogel. Meinem Freund Helmut Walther, dem Chef der rührigen *Aktion Funk und Fernsehen,* schrieb Peter Glotz am 15. Juni: »In der Vereinigungsfrage bin ich ganz auf seiten Lafontaines.«

Lafontaine – Hans-Jochen Vogel hat das ebenso scharf wie Willy Brandt und Momper erkannt – trieb mit seinem Einheitsspiel, mit der vorsätzlichen Einkalkulierung von Millionen Arbeitslosen, politisch weiter um – um in Bonn an die Macht zu kommen. Ein Spiel, das nicht aufgeht. Die Umfragen des ZDF im Juni 1990 weisen das deutlich aus. Die deutsche Einheit geht an der SPD vorbei, wenn sie sich nicht von Lafontaine trennt. Aber die Sozialdemokratie ist mit ihrer intellektuellen Durchdringung durch linke Ideologen und grüne Eiferer festgelegt. Das von ihr ursächlich verursachte Feedback aus den von ihr munitionierten wie personalisierten Medien und nicht zuletzt die verblasen nationallosen Vorstellungen des niedersächsischen Regierungschefs Schröder mutieren die SPD schnell zur nichtdeutschen Spalternative.

Dazu paßten die peinlichen Versuche der Sozialdemokratie, der Bonner Koalition im Juni 1990 das Terroristen-Debakel in der DDR anzulasten. Bonn, Bundesanwaltschaft und Verfassungsschutz hätten seit 1986 gewußt, wohin die Reise der Terroristen ginge, meinte der *Sozialdemokratische Pressedienst.* Bonn habe gekuscht und den Kopf in den Sand gesteckt, um die DDR zu schonen – ein Gipfel des Zynismus. Die SPD war es, die die Schließung der Erfassungsstelle für politische Verbrechen in der DDR in Salzgitter forderte. Die SPD war es, die mit der SED um gemeinsame Grundwerte verhandelte und zusammen mit der SED-Clique jenes ominöse Schandpapier von 1987 herausbrachte. Bleibt zu hoffen, daß in der Sozialdemokratie, die ich mehrere Jahre wählte, jene Kräfte wieder Fuß fassen, die, von Ideologie und ökologischen Wahnvorstellungen befreit, wieder zu einer pragmatisch-demokratischen Politik der sozialen Demokratie zurückfinden.

17. Juni 1990. Ein Sonntag. In Ost-Berlin gedenken DDR und

Bonn gemeinsam der Opfer des Aufstandes von 1953, der durch Rote Armee und Stasi gemeinsam blutig niedergeschlagen wurde.

Am selben Tag erklären Ost-Berlins Staatsanwälte, daß die Terroristen, die in der DDR gefaßt wurden, nicht an Bonn ausgeliefert werden. Sie wären DDR-Bürger.

Nur sind das eben keine DDR-Bürger, sondern von der Stasi ferngelenkte, versorgte und motivierte Mörder, denen man eine gefälschte SED-Existenz im Schlick der Diktatur besorgte, um sie weiter gegen die Demokratie zu benutzen und vor dem Arm der Gerechtigkeit zu schützen. Plötzlich sind solche Mörder DDR-Bürger. Die Ostberliner Justiz noch in der Hand der SED? Erst als Susanne Albrecht erkennt, daß sie in Bonn mehr Recht zur erwarten hätte als in Ost-Berlin, lief sie über.

Jener linke Flügel deutscher Sozialdemokratie, der von Gerhard Schröder, Oskar Lafontaine, Volker Hauff, Spoeri, Engholm geprägt wird, kann sich auf eine Gesinnungs-Gefolgschaft vor allem in den elektronischen Medien, aber auch in Blättern wie *Zeit* und *Stern* stützen, die den ökologisch umorientierten und damit politisch desorientierten Sozialisten die verbale Munition für die Spalternative liefern.

Hinter diesem Netzwerk zwischen Sozialdemokratie und Medien funktionieren Absprachen und Kampagnen, die erstaunlich sind. Kaum hatten die Sozialdemokraten die vernichtenden Umfragen für Lafontaine im *ZDF-Barometer* vom 15. Juni 1990 zur Kenntnis genommen und festgestellt, daß ihr Kanzlerkandidat ausgerechnet auf der Linie von Gregor Gysi argumentierte, der die herbeigewünschte Massenarbeitslosigkeit lafontainegleich zur obersten PDS-Parole beförderte, bereicherten sie ihren Agitprop um eine bemerkenswerte Variante grassierender Ablenkungs-Demagogie. Offenbar hatten ihre Strategie-Scouts in einem Buch des Chefredakteurs vom *Hessischen Rundfunk*, Wilhelm von Sternburg (*Adenauer: Eine deutsche Legende*, Fischer Taschenbuch 1990), einen Aspekt ausgeguckt, der sich aktuell in der Vertuschung von Lafontaines Teilungs-Patzer verwursten ließ.

Wilhelm von Sternburg behauptet, daß Adenauer alle Möglichkeiten zur Wiederherstellung der deutschen Einheit in den Wind geschlagen habe, er sei der »Teilungskanzler«, dessen Politik »am 13. August 1961 auf kaum noch zu überblickende Weise ihre Widerlegung fand«. Adenauer als geistiger Mitbegründer der Mauer – dies von einem Manne zu hören, der im Dienste des *Hessischen Rundfunks* die deutsche Öffentlichkeit mehr als nur einmal mit Kommentaren und Berichten versorgt hatte, die selbst zur Linken die Haare zu Berge stehen ließen ob ihrer demagogischen Infernalität und Teilungsbereitschaft, erstaunt nur jene, die nicht zur Kenntnis genommen haben, zu welchen dialektischen Eiertänzen die deutsche Linke bereit ist.

Wie von ungefähr tauchte Sternburgs These am 15. Juni im Thema der *Zeit* auf. Überschrift der *Zeit*-Serie: *Die Legende von der Teilung.* Legende! In derselben *Zeit* findet sich auf Seite einundvierzig ein Beitrag von Rolf Steininger, der festschreibt, daß die deutsche Teilung ein Werk vor allem Adenauers gewesen sei, dem die »Integration Westdeutschlands in den Westen wichtiger war als die Wiedervereinigung«. *Zeit*-Inhaber Bucerius relativierte diesen Artikel am 29. Juni. Aber diese Adenauer-Legende wird in den Medien die Runde machen. Die sozialdemokratische Linke und ihre Medienverbündeten werden, um von der langjährigen SPD-Kumpanei mit der SED abzulenken, den Schwarzen Peter der deutschen Spaltung dem alten Adenauer in die Schuhe schieben wollen und dabei, wie so oft, die historische Wahrheit unterschlagen, die da heißt:

Adenauer hat ein wiedervereinigtes Deutschland auf der Grundlage Stalinscher Politik totaler Einverleibung Deutschlands in die sowjetische Hegemonie abgelehnt.

Und Adenauer hat auf das Bündnis des Westens gesetzt, und zwar in dem Wissen, daß allein die wehrhafte Absage an den stalinistischen Horror eine Chance bot, auf Dauer für ganz Deutschland den Kommunismus zu überleben.

Wie recht Adenauer hatte, kann jeder in den Annalen seit dem neunten November 1989 nachlesen.

## *Kurzschluß in der linken Denke*

Für die Deutsche Linke ein unvorstellbarer Graus: die DM. Aber die heilende Kraft der Deutschen Mark wird mehr zur Überwindung des SED-Infernos beitragen als alle Politik zusammen, weil sich in dieser D-Mark der Wettbewerbswille und die Leistungsbilanz eines ganzen Volkes manifestiert haben. Es ist Helmut Kohls und Hans-Dietrich Genschers Verdienst, diesen Staatsvertrag unbeirrt und mit Akribie in Szene gesetzt und gegen erhebliche Widerstände – auch unterschwellig in der Ostberliner Regierung – realisiert zu haben.

Die unglaubliche Stärke der Mark und der unaufhaltsame Wirtschaftsboom im Lande trotz der Überflutung mit Flüchtlingen aus allen Ländern des Ostens, diese ungebrochene Durchschlagskraft der Mark hat der deutschen Einheit den entscheidenden Schub gegeben – und Marx den Todesstoß.

Was bleibt? Gewiß, die Überlebenden der Stasi-Connection und Kurzschluß-Schäden, die die linke Denke vier Jahrzehnte in wehrlose Köpfe eingebaut und in den Gedankenabläufen vieler Menschen in der ehemaligen DDR angerichtet hat.

Es sind nicht nur die verlogenen PDS-Idyllisierungen des nackten Terrors in der DDR als dritter Weg zum Sozialismus, der nur etwas verfehlt wurde; es sind nicht allein die poetisch verblümten Suggestionen, daß das Ganze nur ein technischer Betriebsunfall des sonst so richtigen Systems gewesen sei.

Der Generalbaß dieser Propaganda läuft darauf hinaus, den DDR-Zauber als Wiederholungsfall zu empfehlen, das Ganze noch mal von vorn, nur diesmal so richtig sozialistisch.

Der Kurzschluß linker Denke liegt in der Unfähigkeit aller ideologisch Tendierten begründet, die Welt nicht als die Willensvielfalt von tausendundeinem Individuum zu begreifen, sondern den Bürger als willenloses Objekt menschheitsbeglükkender Endlösungen zu behandeln und zu vernichten. Vom ehrenwerten Karl-Heinz Böhm bis zum Zyniker Gysi reicht diese Galerie jener von Beglückungszwängen getriebener Edel-Ideologen, wobei es das Edle bei Gysi noch zu entdecken gilt.

Links, das ist die Kraft, die stets das Gute will, jedoch das

Böse schafft. Unter Stabführung Gysis heulen sie nun im Chor, daß mit dem elenden Reichtum der D-Mark das letzte Refugium kultureller DDR-Identität vernichtet würde, daß die kalten kapitalistischen Geldwölfe die kulturelle Wertewelt des Sozialismus zerfleischen. Ein Blick durch linke Medien zeigt, daß dort von den Verbrechen der SED immer weniger die Rede ist, dafür immer mehr von der maßlosen Gewalt des Westens, der die DDR moralisch und kulturvernichtend aufrolle – als ob es je in dem flächendeckenden Überwachungssystem namens DDR, in dem nun die Toten der sozialistischen Konzentrationslager entdeckt werden, Moral und Kultur gegeben habe. Es gab nur Stasi, Zensur, Terror, Mauer, Verbote, Schießbefehl und Zuchthaus.

Mein alter Freund Gerd schrieb heute aus Leipzig, daß er immer wieder auf Leute trifft, die »den Stacheldraht nicht aus dem Gehirn kriegen, die eher bereit sind, den Stasistock zu küssen, der sie schlug, als den aufrechten Gang zu lernen.«

Gerd weiter: »Wir haben heute die Ausstellung des Leipziger Bürgerkomitees über die Stasi besucht. Ich glaube, noch nie hat sich ein so arroganter Geheimdienst so blamiert. Alles, was bei denen dreimal geheim war, hängt heute dreimal vergrößert an der Wand. Ab und zu läuft ein Band mit der Stimme des Stasi-Chefs von Leipzig. So schal der Unfug ist, den er herunterleiert, so irrwitzig wirkt das heute. Auszüge über Stasi-Gehälter, Renten, Urlaubsheime, alles hängt an der Wand. Observationsprotokolle, die diese kleinen Moritze auf dem Kriegspfad gegen harmlose Leute zeigen. Uniformen in Vitrinen, die ganz falschen Ausweise, heimische Fotos von Inlandssklaven – wenn es je einen kriminellen Verein gab, dann diesen. Gisela und ich waren befriedigt, daß wir diesen Tag erlebt haben. Die Stasi im Museum. Wir sind mit der Straßenbahn nach Hause gefahren. Das erste Mal seit Jahren war's mir nicht mehr Wurscht: Gisela und ich wollten dabei erstmals wieder in Fahrtrichtung sitzen. Und nie wieder links.«

Bitte beachten Sie
die folgenden Seiten